N° 79 | 2023

POLITIQUE EUROPÉENNE

Judiciarisation

Ordonner ou contester l'économie européenne par le droit

Sous la direction de Benjamin Lemoine et Damien Piron

L'Harmattan

*Revue publiée avec le soutien du laboratoire Pacte Grenoble,
de l'European School of Political and Social Sciences (ESPOL),
de l'Institut des sciences humaines et sociales du CNRS,
et de l'Institut d'études européennes (IEE) de l'Université
Saint-Louis – Bruxelles*

Pacte
Laboratoire de sciences sociales
http://www.pacte-grenoble.fr/

ESPOL
EUROPEAN SCHOOL OF POLITICAL AND SOCIAL SCIENCES
www.espol-lille.eu

iee
Institut d'études européennes
UNIVERSITÉ **SAINT-LOUIS**-BRUXELLES

Politique européenne
Centre d'études européennes de Sciences Po
28, rue des Saints-Pères
F - 75 007 Paris
Tél. (+ 33 1) 45 49 83 52
Fax (+ 33 1) 45 49 83 60
http://politique-europeenne.eu/

www.editions-harmattan.fr
ISBN : 978-2-14-049784-1
EAN : 9782140497841

DOSSIER

LECTURES CRITIQUES

Dossier

POLITIQUE EUROPÉENNE
N° 79 | 2023
Benjamin Lemoine, Damien Piron
p. 8-31

Introduction

Ordonner ou contester l'économie européenne par le droit

Benjamin Lemoine
CNRS/École normale supérieure (Centre Maurice Halbwachs)

Damien Piron
Université de Liège (Département de Science politique – UR Cité)

Le 5 mai 2020, le Tribunal constitutionnel allemand déclare « non contraignante en Allemagne » la validation par la Cour de justice de l'Union européenne (CJUE) du programme d'acquisition massive de titres de dette publique initié en 2015 par la Banque centrale européenne (BCE) afin de sauver la zone euro « *whatever it takes* »[1]. Saisi par une large coalition de citoyens, d'universitaires, d'entrepreneurs et d'élus eurosceptiques, le *Bundesverfassungsgericht* accuse la BCE d'outrepasser son mandat, strictement circonscrit au champ monétaire, et de s'aventurer dans le domaine de la politique économique en mettant en œuvre une forme de financement monétaire des dettes publiques, pourtant prohibée par les traités européens. Le Tribunal constitutionnel allemand reproche en outre à la CJUE de ne pas contrôler de manière effective la manière dont la BCE exerce son mandat. Il décide en conséquence de substituer son contrôle à celui des juges de Luxembourg – au mépris du principe de la primauté absolue du droit européen sur le droit interne (y compris constitutionnel) des États membres défendu par ceux-ci. Les juges allemands somment la BCE de démontrer, dans les trois mois, que ses actions sont conformes aux objectifs des traités européens. À défaut, ils menacent d'interdire la participation de la Banque centrale nationale, la puissante *Bundesbank*, à ce programme.

Ce verdict résonne comme un coup de tonnerre dans le cénacle des observateurs de l'Union européenne (UE). Dès le lendemain, la presse spécule sur les conséquences de cet « arrêt d'une brutalité inouïe » (Quatremer, 2020). Selon le député socialiste Christian Hutin, l'Allemagne réaffirme par cette décision « que la patronne c'est elle et que l'euro ne saurait être autre chose qu'un *Deutchmark* [sic] bis » (Hutin, 2020). Le journaliste des *Échos*, Guillaume Benoît, soutient quant à lui que l' « *ultimatum* » posé par les juges de Karlsruhe

1 *Bundesverfassungsgericht* (BVerfG), PSPP II, Arrêt du 5 mai 2020 (disponible en version française sur le site Internet de la Cour constitutionnelle fédérale allemande : <www.bundesverfassungsgericht.de>).

pourrait « faire courir un risque au plan d'urgence pandémie » décidé deux mois plus tôt par la BCE et que cette menace serait « prise au sérieux par les marchés », comme en témoigne l'évolution du taux italien à dix ans, qui « a bondi de près de 17 points de base après la publication de la décision » (Benoît, 2020).

Dans cette scène de la vie sociale et démocratique, le droit est central pour contester ou ordonner l'économie européenne. Les hautes Cours des ordres juridiques européen et allemand se livrent une « guerre du dernier mot » (Supiot, 2019), largement commentée[2], dans laquelle le jugement de la Cour de Karlsruhe répond à un activisme politique poursuivi sur le terrain du droit par des entrepreneurs de cause contestant l'intégration économique et monétaire européenne depuis le traité de Maastricht. Dans d'autres cas, le recours politique au droit sert à disqualifier, sinon éliminer, l'adversaire, mais aussi à accuser publiquement le détournement, personnel, idéologique ou clientéliste, des instruments de gouvernement de l'économie (qu'il s'agisse de politique monétaire, de calcul de l'inflation ou de la sincérité des comptes budgétaires), déviés de la poursuite de l'intérêt général. Surtout, droit contre droit, les cours de justice nationales ont la capacité de faire vaciller des architectures normatives internationales, l'échafaudage du droit européen, en éprouvant leur solidité, en contestant la trahison de leur cause originelle et en les rappelant à l' « ordre » de leur genèse. Mais l'action sur le terrain juridique a aussi pour visée et pour effet de mettre en débat des pratiques de créativité comptable, de lever le voile sur l'évasion fiscale, de révéler les conflits d'intérêts structurels entre secteur public et milieux bancaires et financiers, ou encore de repolitiser les rapports socialement différenciés de la population à l'argent public, à l'impôt (Spire, 2012, 2018), ainsi qu'au droit lui-même et à ses contournements (Angeletti, 2017, 2019).

La façon dont le droit constitue une ressource pour l'action politique dans le gouvernement de l'économie en Europe est au cœur de ce numéro thématique. Situé au croisement de la sociologie politique du droit (Cohen et Vauchez, 2010 ; Israël, 2009) et de la sociologie des finances publiques (Bezes et Siné, 2011 ; Lemoine, 2016 ; Piron, 2019), il propose une sociologie du *déplacement sur le terrain juridique* des politiques relatives à la monnaie, à la dette publique, à la confection des budgets et à la supervision financière. Quelles sont les modalités d'affrontement entre différentes formes juridiques (droit de l'arbitrage, de l'investissement, droit financier *versus* « droits humains », droits de l'environ-

2 *Cf.* la contribution de Guillaume Grégoire dans ce numéro. Voir également Alter (2021) ; Fontan et Howarth (2021) ; ou encore Stark, Mayer et Schnabl (2020).

nement naissants) ? Quels sont les potentialités, les limites et les effets de ces entreprises de stabilisation/déstabilisation de l'ordre économique par le droit ?

Le droit (international, constitutionnel, économique, des affaires, etc.) peut être saisi pour consolider le *statu quo*, verrouiller l'espace des possibles sur une doctrine d'usages et de pratiques restrictives. Mais il peut également être doté d'un caractère émancipateur : sur le modèle de la démarche « statactiviste » (Bruno, Didier et Prévieux, 2014), qui prône l'utilisation des statistiques au service de l'émancipation sociale, les formes d'activisme juridique (« jurid-activisme ») déployées dans le domaine économique peuvent également créer des opportunités d'action et ouvrir à des formes de contestation et de subversion de l'ordre monétaire, budgétaire et financier européen.

Ce dossier réunit les contributions de chercheurs français et belges issus de plusieurs disciplines des sciences humaines et sociales (droit, sociologie, sciences politiques) qui partagent le souci de réencastrer le droit et ses usages dans les stratégies plus larges de mise en ordre ou de contestation qu'ils servent. De la BCE aux militants des comités pour l'annulation des dettes, en passant par les juridictions constitutionnelles européenne et domestiques, les gouvernements et les parlements nationaux, ou encore l'affrontement entre un État européen et une banque d'affaires étatsunienne, les contributions qui le composent envisagent le droit et ses usages en tant que ressources à part entière pour l'action sociale. En traquant les effets des controverses juridiques sur le gouvernement économique en Europe dans des sites variés, elles donnent à voir comment le droit est saisi, négocié, imposé par une variété d'institutions et d'acteurs à différents moments de la vie d'une norme – de l'élaboration de la loi et la transposition de la législation européenne à sa contestation sous la forme de procès ou de quasi-procès, en passant par sa mise en œuvre.

(Re)penser le droit comme arme politique

Le phénomène juridique est classiquement étudié à l'aune de deux approches : l'une interne, l'autre externe. Les sciences juridiques, historiquement, ont privilégié une perspective *internaliste*, un « juridisme » qui appréhende les « faits de droit [...] à travers les seuls faits de texte » (Caillosse, 1994, p. 131). Cette représentation se centre sur la logique interne du droit, envisagé comme un corpus de règles de référence préétablies et surplombantes, une « Raison » transcendante qui s'imposerait verticalement à la société. Mais ce repli sur soi dans l'appréhension du droit a été vivement contesté. La mise en œuvre du *New Deal* aux États-Unis s'est accompagnée de l'essor d'une tradition de « réalisme juridique », qui souligne la nature intrinsèquement politique du droit. Dans une perspective tant descriptive que prescriptive et réformatrice, ses tenants revendiquent de saisir le droit avec les méthodes des sciences sociales. Trouvant aujourd'hui un prolongement dans le mouvement *Law and Society*, ces auteurs plaident en faveur de l'étude du « droit en action » (*law in action*) – par opposition au « droit des livres » (*law in books*), décontextualisé et figé au cœur de l'approche internaliste (Pound, 1910).

Cette approche *externaliste* du droit est attentive à l'influence mutuelle des phénomènes juridiques et de l'environnement social, culturel et politique. Elle est l'entrée privilégiée par la sociologie du droit, qui met en avant la « fonction heuristique du droit » (Commaille, 2015, p. 20) pour saisir l'organisation de la société et de ses mutations. Dans la tradition francophone, la sociologie du droit puise ses racines dans le paradigme de la domination, qui envisage les relations entre droit et société de manière causale et unilatérale, laissant peu de place aux contre-usages. La « Critique du Droit », d'inspiration marxiste, qui se consolide durant la décennie 1970 place l'accent sur l'aspect coercitif du droit, conçu comme un élément de la superstructure. Aux États-Unis, les *Critical Legal Studies* s'attachaient à démontrer comment l'ordre juridique était « complice de la domination politique et sociale » (Israël, 2009, p. 25). Sous son apparente neutralité formelle, le droit agirait « en réalité » comme un puissant opérateur du pouvoir de l'État, au service de la protection des intérêts économiques, sociaux et politiques de la classe dominante (Kaluszynski, 2010). Dans cette optique, il apparaît illusoire, sinon contre-productif, de contester (par) le droit, en raison des retombées négatives que peut induire une « victoire » sur le terrain juridique (démobilisation des masses, inapplication des décisions, voire contre-mobilisation).

Le dépassement du marxisme a consolidé, de façon paradoxale, l'assise de ce paradigme de la domination. Malgré ce qui les distingue, Michel Foucault (1975) envisage ainsi le droit comme un instrument de contrôle social participant d'une gouvernementalité disciplinaire, tandis que Pierre Bourdieu (1986) y voit un instrument de domination symbolique destiné à légitimer la reproduction de l'ordre social. Tout comme les principes que la loi véhicule, sa mise en œuvre est loin d'être neutre et de nombreux travaux mettent en exergue les inégalités auxquelles donne lieu son application par l'administration et la justice (Barrault-Stella et Spire, 2017 ; Bessière et Gollac, 2020).

La sociologie a depuis lors développé une représentation plus nuancée du droit et de sa portée politique et sociale. Dans la tradition wébérienne, les travaux de Pierre Lascoumes (1990, p. 52) invitent à concevoir l'ordre juridique « non comme un ensemble d'impératifs mais comme un ensemble de ressources ». Le droit se conçoit alors « en termes d'enjeux, de stratégies de pouvoir dans son recours et dans ses usages, d'interactions entre ceux qui l'énoncent et ceux qui l'investissent en fonction d'objectifs différenciés et/ou antagonistes » (Commaille, 2015, p. 337). Liora Israël (2009, p. 11) insiste quant à elle sur le « caractère bipolaire du droit » : dans un ordre juridique parcouru de tensions et de contradictions, le droit peut s'ériger en instrument de pouvoir comme de contre-pouvoir, doté d'un potentiel émancipateur. Le droit, en tant que ressource sous contrainte, entretient en effet des relations ambivalentes avec l'action collective. S'il est un instrument d'encadrement, de limitation, voire de répression des luttes et de la contestation sociale – et même de naturalisation et de fixation des rapports de force et des inégalités qui traversent la société –, il produit aussi des effets de réversibilité : retourné contre l'État, il apparaît comme une « arme » politique et une modalité de contestation à part entière. Loin d'être uniquement une armature disciplinaire, le droit se révèle aussi être une source de potentialités.

« L'arme du droit » (Israël, 2009) se prête à une grande variété d'usages dans un mouvement social, qui s'étendent de la conceptualisation d'une cause à la vérification de la mise en œuvre d'une promesse ou d'un jugement, sans oublier son rôle de ressource institutionnelle ou symbolique (McAdam, 1982). Richard L. Abel (1998) distingue les usages défensifs ou protecteurs du droit (où celui-ci opère comme un « bouclier ») de ses usages offensifs (où il agit telle une « épée »). Du procès à la menace de recours, en passant par des modes parajudiciaires de règlement des litiges (médiation, arbitrage, etc.), la justice se laisse décrire comme une arène, susceptible de servir de « plate-forme d'expression » (Israël, 2009, p. 29) à des mouvements sociaux, dans une visée de sensibilisation ou de lutte pour la reconnaissance du statut de victime de la part de groupes minoritaires ou opprimés. Porter plainte force non seulement la justice à se prononcer, mais peut également permettre de sensibiliser l'opinion, d'embrigader ou encore de désenclaver une controverse jusqu'alors circonscrite.

La sociologie politique s'est également intéressée aux professionnels du droit. Une vaste littérature interroge les formes d'engagement politique des avocats (*cause lawyering*), mais aussi des juges et magistrats, des professeurs d'université ou encore des notaires, sous l'angle des stratégies de pouvoir qu'ils développent, de leur rapport à l'État ou encore de leurs interactions avec les mouvements sociaux (Avril, 2020 ; Bessière et Gollac, 2020 ; Karpik, 1995 ; Le Béguec, 2003 ; Sacriste, 2011). Ces analyses empiriques mettent en évidence la diversité des rapports au politique des professionnels du droit, progressistes ou réactionnaires, sous la forme d'un engagement (ou non), explicite ou plus discret, sous couvert d'expertise, par exemple. De nombreuses analyses se sont intéressées aux avocats en tant que groupe social, capable de jouer du droit comme une arme face au pouvoir en place. Lucien Karpik (1995) a mis en évidence la montée en puissance, depuis la décennie 1990, d'un barreau « d'affaires » et l'importance croissante accordée au marché dans la profession – au détriment de formes plus désintéressées de service au public. Pierre France et Antoine Vauchez (2017) ont quant à eux montré les fonctions d'intermédiation et d'influence endossées par les avocats d'affaires entre les réformateurs publics et le monde économique.

D'autres analyses encore insistent sur le phénomène de « dé-territorialisation » ou de « re- territorialisation » du droit qui découle du démembrement de l'État et de la coexistence de multiples espaces juridiques enchevêtrés : étatique, infra-étatique, supra- et transnational. La dénationalisation du droit charrie une série de transformations de sa nature : relativisation du formalisme et essor de la contractualisation, mise en concurrence d'ordres normatifs semi-autonomes (*forum shopping*) au profit des acteurs les mieux dotés en capital juridique (États et multinationales) ou encore « euphémisation du politique » (Commaille, 2015, p. 183) par l'évacuation de questions politiques vers des forums « techniques » – à l'instar du transfert de compétences vers des agences de régulation dites « indépendantes » et autres « institutions non majoritaires » (Thatcher et Stone Sweet, 2002). À nouveau, cette transnationalisation du droit ne représente pas exclusivement une menace : elle ouvre également de nouveaux espaces et instruments de contestation, ainsi qu'en témoigne le développement d'une « globalisation contre-hégémonique » (Gautney *et al.*, 2009). Opérant une mise en relation assumée du registre politique et du registre juridique, des mouvements sociaux n'hésitent pas à se saisir d'autres formes de droit reconnues par les ordres juridiques supranationaux ou étrangers (droit international, droits humains, etc.) pour défendre les droits des dominés. Dans cette logique de globalisation de la résistance, des ordres normatifs concurrents peuvent ainsi « devenir autant de référents et de leviers d'action dans la perspective d'un usage contestataire du droit » (Israël, 2009, p. 138), visant à tendre vers une répartition davantage égalitaire des ressources.

Espace politique et juridique multi-niveaux, l'UE est au cœur des transformations examinées par la sociologie du droit contemporaine. Plusieurs études inscrites dans les courants du néo-institutionnalisme historique et de la théorie néo-fonctionnaliste ont souligné l'importance de l'intégration par le droit et l'activisme avec lequel la CJUE a œuvré, par une série de coups de force jurisprudentiels, à la construction d'un fédéralisme juridique à part entière, doté de son propre cadre juridique (Alter, 2010 ; Hirschl, 2004 ; Stone Sweet, 2000, 2004). Les arrêts fondateurs de la justice européenne ont d'abord été saisis comme ressources par une série d'acteurs hétérogènes (institutions communautaires, mais aussi entreprises multinationales et groupes d'intérêt transnationaux) pour contourner les obstacles rencontrés sur la scène domestique, avant d'être progressivement suivis par les cours et doctrines nationales. Antoine Vauchez insiste sur la dimension constitutive du « droit de l'Europe » dans l'intégration européenne. Il situe dans ce champ juridique transnational fragile « le lieu géométrique de l'institution de l'Europe » (Vauchez, 2013, p. 27), dont les juristes seraient les « courtiers », et qui se consolide sous l'effet du triptyque de la jurisprudence, du code et de la Constitution.

Ériger, gouverner et consolider l'Union économique et monétaire par le droit

Cette construction juridico-politique de l'Europe n'est toutefois pas une construction neutre. Le néo-gramscien Stephen Gill (1998) voit au contraire dans ces infrastructures l'une des consécrations les plus abouties de constitutionnalisation et de rigidification des politiques macroéconomiques. Versant politico-juridique du néolibéralisme disciplinaire, le néo-constitutionnalisme peut être défini comme un projet politique et social assumé visant à établir les « cadres juridiques et politiques qui contribuent tout autant à faciliter les formes néolibérales d'intégration économique mondiale et l'extension du marché mondial » (Gill et Cutler, 2014, p. 6, notre traduction). Cette structure de gouvernement de l'économie politique internationale repose tant sur la transformation des constitutions domestiques, que sur une « libéralisation » de l'économie à travers un ensemble de règles de droit « dur » (à l'instar des traités européens et internationaux de commerce et d'investissement), mais aussi « souple » (*soft law*), *via* des incitations et des dispositifs de mise en concurrence favorisant des changements constitutionnels, légaux et institutionnels dans la conduite des politiques macro-économiques nationales. Les bénéfices soulignés par ses partisans (dépolitisation, efficacité institutionnelle et stabilisation de l'ordre économique international) donnent à voir un ensemble varié et contesté de « projets délibérés pour isoler l'économie et le pouvoir privé de tout potentiel de démocratisation du contrôle en recourant, si nécessaire, à des mesures disciplinaires punitives » (*ibid.*, p. 11, notre traduction).

C'est que, tout comme les (néo-) marxistes, les théoriciens néo-libéraux appréhendent eux aussi le droit comme un instrument de domination, au service de la concrétisation de l'ordre économique et de l'endiguement des insurrections sociales et politiques. Le courant de la « *constitutional economics* », popularisé par l'économiste étatsunien James Buchanan (Buchanan, 1987, 1990 ; Buchanan et Tullock, 1962), chef de file de la théorie des choix publics et récipiendaire du prix de la banque de Suède en sciences économiques (le « Prix Nobel » d'économie), ambitionne ainsi d'inscrire l'équilibre budgétaire au cœur de la constitution afin de limiter le pouvoir discrétionnaire des gouvernements dans les domaines sociaux et économiques – une manière douce de « détrôner la politique », selon l'expression d'Hayek lui-même (Chamayou, 2018). De leur côté, les ordo-libéraux allemands plaident en faveur d'un État fort, chargé d'une politique active de « mise en ordre » (*Ordnungspolitik*) d'une économie concurrentielle. Cet interventionnisme juridique opère tant en amont, par la création d'un cadre juridico-institutionnel propice à l'instauration d'un ordre concurrentiel, qu'en aval, à travers une « police des marchés » capable de lever les obstacles auxquels se heurte le jeu de la concurrence dans son exercice (Foucault, 2004).

La matérialisation de cette conception ordo-/néo-libérale du droit au service de l'ordre économique est bien documentée dans le cas de l'intégration monétaire et budgétaire européenne : une dense littérature présente l'Union économique et monétaire (UEM) comme un instrument de verrouillage d'une politique économique orthodoxe, orientée vers la stabilité des prix, la surveillance des finances publiques et la mise en compétition des travailleurs (Gill, 1998 ; Lovering, 2023 ; Ojala, 2021 ; Ryner, 2015 ; Streeck, 2014). Le droit communautaire organise avant tout le transfert des compétences monétaires vers une banque centrale commune, la BCE, dotée d'un très large degré d'indépendance vis-à-vis du pouvoir politique en vue d'exercer au mieux son mandat, théoriquement limité à la maîtrise de l'inflation dans une logique de préservation de la valeur de la monnaie unique européenne (Fontan, 2018).

Pour éviter les effets inflationnistes généralement associés au financement monétaire des déficits budgétaires (« faire tourner la planche à billets »), cette européanisation du levier monétaire s'accompagne d'une soumission des États membres à la discipline de marché et au principe de libre concurrence dans l'émission de leur dette souveraine (Lemoine, 2016). Cette stratégie de « responsabilisation » financière vise à transformer l'État en acteur « comme les autres » sur les marchés financiers, en éradiquant les facilités de financement dont il jouissait historiquement en raison de ses prérogatives souveraines idiosyncrasiques – désormais reléguées au rang de « privilèges » d'un autre temps. Cette entreprise de banalisation du statut des puissances publiques sur les marchés financiers[3] se concrétise à travers une triple interdiction de financement monétaire direct (auprès de la BCE et des banques centrales nationales), d'accès privilégié aux institutions financières (que les gouvernements ne peuvent plus contraindre à acquérir des titres de dette à des conditions imposées par voie d'autorité) et de solidarité financière verticale (de l'UE vis-à-vis des États membres) et horizontale (entre États).

En complément, le droit (quasi) constitutionnel européen prévoit un dense arsenal normatif de contrôle des finances publiques nationales, mis en œuvre dans le Pacte de Stabilité et de Croissance (PSC). À la suite de la crise de la zone euro (Tooze, 2018), ce cadre a été réformé en vue de durcir les choix austéritaires de réduction et de plafonnement de la dépense publique par le droit budgétaire (Blyth, 2013 ; Streeck, 2014). Deux paquets législatifs, adoptés en 2011 (« *six-pack* ») et 2013 (« *two-pack* »), équipent la gouvernance budgétaire européenne d'une batterie de nouveaux instruments : cadres budgétaires nationaux, procédure concernant les déséquilibres macroéconomiques, conseils budgétaires indépendants, etc. Le « semestre européen », un cycle intégré de surveillance budgétaire reposant sur l'établissement de recommandations par pays (*country-specific recommendations* – CSR), s'est particulièrement imposé comme une évolution centrale au cours de la décennie écoulée (Haas *et al.*, 2020 ; Verdun et Zeitlin, 2018). Cette procédure offre de larges marges discrétionnaires à la Commission européenne, qui cherche par ce canal à accroître son contrôle sur les politiques économiques, budgétaires et sociales nationales (Vanheuverzwijn, 2017) – comme le confirme le choix de conditionner le versement des subsides du Plan de relance européen à la mise en œuvre de ces CSR.

L'aboutissement contemporain de l'impératif austéritaire européen réside dans la « neutralisation constitutionnelle des possibilités de la politique conjoncturelle » (Lordon, 2014, p. 62) prévue par le Traité sur la Stabilité, la Gouvernance

3 Sur les relations ambiguës entre États souverains et acteurs financiers, *cf.* notre contribution dans ce numéro.

et la Coordination au sein de l'UEM (TSCG)[4]. Ce traité international requiert la transposition dans le droit national des parties contractantes – dont le champ s'étend à pratiquement tous les États membres de l'UE – d'une « règle d'or » d'équilibre budgétaire « au moyen de dispositions contraignantes et permanentes, de préférence constitutionnelles. Par ce cadre juridique renforcé, le contrôle communautaire des finances publiques nationales s'étend désormais à l'ensemble des maillons de la politique budgétaire. Ainsi, dans les États fédéraux, l'orthodoxie budgétaire connaît un prolongement au niveau des entités subnationales. Pour répondre aux injonctions européennes et rassurer les marchés financiers, la loi – à majorité spéciale – qui organise le système de financement des Communautés et des Régions en Belgique contient, depuis 2014, un mécanisme de participation de ces entités à « l'assainissement » budgétaire – sur le modèle de la « solution » imaginée vingt-cinq ans plus tôt, lors de l'entrée du pays dans la course à la qualification à l'euro (Piron, 2022a).

Dans le domaine de l'harmonisation statistique et comptable, les prérogatives juridiques, mais aussi les ressources humaines et financières d'Eurostat – l'Office statistique de l'UE – ont également connu un renforcement notable au début de la décennie 2010 afin d'accroître le contrôle exercé par la bureaucratie du chiffre européen sur la confection nationale des statistiques de finances publiques (Piron, 2022b). Le « droit statistique » ne joue toutefois pas unilatéralement en faveur des comptables nationaux et de leur orthodoxie : de nombreuses institutions publiques ont contesté devant le juge la « jurisprudence » rendue par Eurostat au sujet de la délimitation des contours du secteur des administrations publiques. En Grèce, Andréas Georgiou, statisticien en chef d'ELSTAT, l'institut statistique national, a même été condamné en 2016 à des peines de prison par la Cour Suprême pour avoir porté préjudice à « l'intérêt national ». Le haut fonctionnaire à la carrière internationale, passé par le Fonds monétaire international (FMI), aurait transmis à Eurostat des données catastrophiques sur l'état de la dette et du déficit, sans obtenir au préalable l'approbation de son conseil d'administration. La communauté experte internationale dénonce une instrumentalisation politique de la justice, la fabrique sociale d'un bouc-émissaire, une victime expiatoire, jetée au public, de la crise austéritaire endurée par la population. Les plaignants quant à eux font de l'expert incriminé l'incarnation de la perte de souveraineté nationale, tant en matière de production et publication des chiffres légitimes que de gestion des finances publiques (Lemoine, 2018).

---

4 Pour les débats sur la transposition du TSCG en France, *cf.* la contribution de Thomas Lepinay dans ce numéro.

Enfin, les principaux décideurs européens se sont accordés en 2013 autour de la création d'une Union bancaire[5], jusqu'alors inexistante, en vue de briser la boucle de rétroaction négative (*doom loop*) entre dettes bancaires et dettes publiques – l'argent public, *via* l'endettement, étant mobilisé pour sauver le système financier. Ce nouveau volet de l'UEM prévoit le transfert du niveau national vers la BCE de la compétence de surveillance des banques dites « systémiques », ainsi que la création d'un mécanisme de résolution unique de l'éventuelle faillite d'une de ces mêmes institutions financières. Le troisième pilier de cette architecture, le fonds de garantie européen des dépôts des citoyens, n'a toutefois pas (encore) vu le jour, en raison de l'opposition manifestée par certains États, dont l'Allemagne, à l'encontre de cette forme de solidarité, jugée excessive (Howarth et Macartney, 2019).

Le gouvernement économique européen entre judiciarisation et juridicisation

À la suite de la consolidation de l'UEM dans le sillage de la crise de la zone euro, une littérature située au carrefour du droit et de la science politique a identifié une tendance croissante à la « judiciarisation » (« *judicialisation* » en anglais) des politiques économiques européennes, définie comme « un recours accru à l'institution judiciaire pour régler les conflits » (Pélisse, 2009, p. 74)[6]. De tels recours ont remis en cause les protocoles d'accord conclus entre la Troïka[7] et les États sous assistance financière européenne (Saurugger et Fontan, 2019) ou encore l'inscription dans le droit international, c'est-à-dire en-dehors du droit formel de l'UE, du mécanisme de solidarité européen (Beukers et De Witte, 2013 ; Gocaj et Meunier, 2013) et de la « règle d'or » d'équilibre des finances

5 *Cf.* la contribution d'Alexandre Violle dans ce numéro.

6 Des auteurs anglo-saxons proposent les définitions suivantes du concept de judiciarisation : « *the reliance on courts and judicial means for addressing core moral predicaments, public policy questions, and political controversies* » (Hirschl, 2008, p. 1) ou encore « *how judicial law-making – defined as the law produced by the judge through normative interpretation, reason-giving, and the application of legal norms to facts in the course of resolving disputes – influences the strategic behaviour of non-judicial agents of governance* » (Stone Sweet, 2010, p. 7). Outre ces références, voir également Alter (2010) ; Blichner et Molander (2008) ; Ferejohn (2002) ; Hirschl (2004) et Teubner (1987).

7 La Troïka est une institution informelle, composée de représentants de la BCE, de la Commission européenne et du FMI, créée en 2010 en vue de négocier et d'assurer l'exécution des contreparties demandées aux États sollicitant une assistance financière européenne dans le cadre de la crise de la zone euro.

publiques instituée par le TSCG (Adams, Fabbrini et Larouche, 2014 ; Beukers, De Witte et Kilpatrick, 2017).

La forme procès permet, dans le domaine macroéconomique comme ailleurs, de solder les comptes entre camps politiques. Les multiples recours intentés devant les juridictions nationales et la CJUE afin de contester le renforcement des règles budgétaires ou les nouvelles institutions et politiques créées pour répondre aux crises financières privées et publiques apparaissent ainsi comme la dernière manifestation en date d'un phénomène au long cours : l'opposition sociale et politique à l'usage du droit, par les institutions européennes, pour renforcer l'ordre macroéconomique (Fabbrini, 2014 ; Saurugger et Fontan, 2019 ; Saurugger et Terpan, 2017 ; Vauchez, 2012). Dans l'article qu'il consacre à ce dossier, Guillaume Grégoire analyse la dispute – évoquée en ouverture de cette introduction – entre le Tribunal constitutionnel allemand et la CJUE pour examiner les effets du déplacement sur le terrain juridictionnel des controverses macroéconomiques, résultant de la constitutionnalisation de l'UEM. Décrivant les référentiels économiques qui sous-tendent la jurisprudence de ces deux cours suprêmes, il démontre qu'elles érigent chacune le marché en point de référence, tout en tirant des conséquences opposées de ce « fondamentalisme de marché ». Cette analyse met en évidence la politisation paradoxale des juges constitutionnels : ces institutions non majoritaires, qui jouissent d'un large degré d'indépendance, s'érigent aujourd'hui en gardiens d'un ordre de marché dépolitisé et objectivé.

Thomas Lépinay interroge ensuite la transposition nationale de l'arsenal de règles budgétaires européennes, et plus particulièrement du TSCG. Il décrit les initiatives déployées par le gouvernement socialiste français pour restreindre la portée contraignante de ces exigences, et les conflits institutionnels qui s'ouvrent face à cette stratégie d'assouplissement. La Cour des comptes et le Haut Conseil des finances publiques (qui en est quasiment l'émanation) tentent, en vain, d'enrôler le Conseil constitutionnel autour du principe juridique de sincérité budgétaire, dans l'optique de rendre le non-respect des règles budgétaires passible de sanction. Des juridictions nationales, ici la Cour des comptes dans sa rivalité structurelle avec le ministère de l'Économie et des Finances, jouent le droit européen des finances publiques comme une opportunité de reprendre la main sur le jeu institutionnel domestique et de verrouiller l'espace des possibles budgétaires. L'entreprise de montée en puissance des magistrats du budget, qui se veulent les traducteurs légitimes du droit européen des finances publiques, est endiguée par l'exécutif financier national, jaloux de sa souveraineté et de son pouvoir discrétionnaire. La partition « souple » retenue par la France est validée par le président de la Commission européenne conformément à une tautologie – « parce que c'est la France... » – exprimant les rapports de force interétatiques au sein de la zone euro. L'application de la loi et de la contrainte européennes se révèle élastique (Pistor, 2021) : radicale et rigide à la périphérie (comme l'a dévoilé le cas grec) et souple pour les États « centraux » et « puissants ». Enfin, ce cas d'étude met en lumière l'ambivalence intrinsèque du droit financier public européen : même largement contourné par la France, il exerce une contrainte indirecte tangible et structure le débat public, en colonisant l'espace médiatique et en enserrant le jeu politique légitime.

Si l'examen du rôle du juge, des Cours et de la jurisprudence occupe une place importante dans ce dossier, cette dimension n'épuise toutefois pas l'analyse du déplacement sur le terrain du droit des politiques monétaires, budgétaires et financières. Le concept de « judiciarisation » ne rend en effet compte que de l'une des multiples facettes des usages du droit dans la conduite des politiques économiques. Examiner les usages du droit « en action » implique également de s'intéresser aux cas de non- ou de quasi-judiciarisation des finances publiques, ainsi qu'aux mobilisations du droit et du raisonnement juridique *en-dehors* de l'arène strictement judiciaire – que ce soit dans les enceintes politiques (*via* la confection de normes de droit ou la transposition de normes européennes) ou au sein de la société civile (comme dans le cas de la diffusion de l'idée de dette illégitime). Tout en faisant partie intégrante de notre interrogation, l'examen de la « judiciarisation » de ces politiques prend place dans le cadre d'une réflexion plus générale sur les processus de « juridicisation » (« *juridification* » en anglais), appréhendés comme « une formalisation juridique accrue des relations sociales, une extension du droit comme modèle et référence pratique pour les actions » (Pélisse, 2009, p. 75-76).

Tout d'abord, le *non-recours* au droit et à la justice mérite aussi d'être questionné : en cas de conflit, pourquoi certains acteurs refusent-ils sciemment de porter leurs revendications devant le juge alors que cette éventualité leur est offerte ? Quelles voies alternatives privilégient-ils alors, et à quelles fins ? L'application du droit peut faire l'objet de *négociations* bi- ou plurilatérales ou encore d'arbitrages. S'ouvre alors un jeu de négociations entre États souverains et créanciers privés autour, par exemple, de la définition des principes juridiques légitimes (droit financier et des contrats *versus* droits fondamentaux) et du degré de leur application.

Notre article documente les jeux ambigus d'un État souverain semi-périphérique envers la financiarisation et ses codes. À l'avant-garde de l'innovation financière sur sa dette, le Trésor belge conclut au tournant de la décennie 1990 des paris risqués sur la convergence monétaire européenne. Il se présente alors comme un acteur « comme un autre » sur les marchés internationaux des capitaux ; il adopte les codes juridiques et se plie aux règles de la financiarisation, dont il tire initialement profit. Mais lorsque les pertes s'accumulent, l'État belge réaffirme ses prérogatives souveraines : il menace sa contrepartie privée, la banque Merrill Lynch, d'aller au procès et d'en déplacer le terrain devant les juridictions domestiques (plutôt que new-yorkaises), tout en minimisant stratégiquement son degré de sophistication pour souligner sa dépendance envers la banque d'affaires. À la suite d'un accord à l'amiable entre les parties, l'affaire est réduite à un « accident de parcours » et se solde sur une consolidation des dispositifs de la financiarisation et des risques qu'elle induit. Ce cas montre que la position des États dans la hiérarchie financière internationale n'a rien de figé et que l'utilisation de dispositifs à des fins de compétitivité financière (émettre à des taux plus bas en offrant des garanties juridiques aux créanciers pour les rassurer) peut potentiellement mettre le rang d'un État sur la sellette : les clauses contractuelles augmentant la performance d'émission de dette et protégeant les investisseurs ont pour contrepartie d'exposer les souverains à de potentiels points de vulnérabilité juridique. Si les États s'exposent alors à faire l'objet de poursuite devant des cours étrangères, certains d'entre eux peuvent jouer de leurs prérogatives et de la menace du procès pour consolider leur position vis-à-vis de leurs créanciers privés.

Ensuite, agir sur les finances publiques par le droit n'est en outre pas l'apanage exclusif des professionnels du droit, mais peut aussi être le fait d'intellectuels ou encore d'agents institutionnels (des professionnels de la politique ou d'organisations internationales comme les Nations Unies ou le FMI). Alexandre Violle analyse ainsi les controverses qui accompagnent l'exercice par la BCE de sa compétence de supervision bancaire, acquise de haute lutte lors de la crise « des dettes souveraines », à partir de deux séquences de juridicisation : l'une relative à la mise en œuvre des accords internationaux de Bâle, l'autre en lien avec la négociation des règlements européens. L'article met en évidence les approches divergentes du concept de stabilité financière portées par les acteurs publics et privés de la supervision bancaire (BCE, États européens et anglo-américains, administrations nationales et communautaires, économistes académiques, etc.). Sur fond de conflits de souverainetés, ceux-ci s'opposent sur les modalités légitimes d'intervention juridique de la BCE – au moyen d'une régulation unilatérale et uniforme ou, au contraire, d'instruments souples, sensibles aux singularités nationales – et, par extension, sur sa capacité à orienter les conduites des banques de la zone euro par le droit.

Ces tactiques de juridicisation peuvent également émaner d'activistes, d'organisations non gouvernementales (actives dans le champ de la défense des Droits humains, par exemple) et d'associations de citoyens qui veulent mettre en balance les obligations et dettes des États auprès des créanciers financiers avec leurs obligations et dettes sociales auprès des populations : respect des droits fondamentaux (tels que le droit au logement, à la santé, à l'éducation ou à la culture), notamment lors des crises de la dette, où celle-ci paraît insoutenable non plus seulement économiquement, mais aussi socialement et politiquement. Le recours au droit peut également nourrir des stratégies politiques émergentes ou dominées. Des interprétations juridiques alternatives peuvent servir à légitimer des revendications politiques innovantes et controversées, à l'instar des projets d'audits de la dette publique et d'annulation des dettes odieuses. Dans de tels contextes, l'enjeu consiste à prendre appui sur le droit en vue d'étayer des problématisations alternatives de phénomènes largement balisés.

La contribution de Jessy Bailly décrit un cas de juridicisation de l'expertise sur les dettes souveraines – auditées comme illégitimes par les savoirs du droit et du calcul économique – où n'est pas pour autant jouée la carte de la judiciarisation (et la mobilisation des tribunaux). En s'intéressant aux usages politiques et symboliques du droit par les militants « annulationnistes » comme un vecteur de contestation des politiques économiques et budgétaires promues par certains gouvernements et institutions nationales, son article montre le droit international dans son versant contestataire et subversif. Au carrefour de la sociologie du droit et des mouvements sociaux, Bailly retrace la trajectoire intellectuelle du Comité pour l'abolition des dettes illégitimes (CADTM) depuis la décennie 1980. Le travail « d'exégèse juridique » réalisé par ces profanes du droit pour accréditer la théorie de la dette illégitime en vue de défendre la démocratie sociale fournit un cas éclairant de critique du droit (pro- créanciers) par le droit international, en jouant sur les contradictions qui parcourent un ordre juridique pluriel.

Enfin, l'article de Félicien Pagnon constitue une autre illustration des formes de « jurid-activisme » en retraçant la genèse d'une loi portée par une députée écologiste, novice dans le domaine financier, et qui visait à obliger l'exécutif français à examiner sa politique budgétaire à l'aune des nouveaux indicateurs de richesse. Initialement conçu comme une ressource en vue de contester l'ordre des finances publiques, le droit s'affirme au fil des étapes qui jalonnent le processus d'écriture législative comme un cadre rigide, qui restreint fortement la portée subversive de l'initiative. L'écart considérable qui sépare l'intention de départ et la version minimaliste du texte finalement votée par l'Assemblée nationale illustre en creux la solidité de l'édifice juridique qui soutient l'ordre budgétaire, ainsi que l'importance des ressources politiques et de l'expertise juridique (concentrée au niveau des conseillers gouvernementaux et de l'administration parlementaire) requises en vue de l'amender.

Prendre pour objet des opérations et situations où l'action politico-économique, sous l'effet de mobilisations sociales et institutionnelles, se déplace sur le terrain du droit donne à voir la façon dont l'Europe elle-même est « mise en ordre » (Gayon et Lemoine, 2014) ou, au contraire, subvertie pour rouvrir le champ des possibles.

Bibliographie

Abel, Richard L. (1998), « Speaking Law to Power: Occasions for Cause Lawyering », *in* Austin Sarat et Stuart A. Scheingold (dirs), *Cause Lawyering – Political Commitments and Professional Responsibilities*, Oxford, Oxford University Press, p. 69-117.

Adams, Maurice ; Fabbrini, Federico et Larouche, Pierre (2014), *The constitutionalization of European budgetary constraints*, London, Bloomsbury.

Alter, Karen J. (2010), *Establishing the Supremacy of European Law – The Making of an International Rule of Law in Europe*, Oxford, Oxford University Press.

Alter, Karen J. (2021), « When and how to legally challenge economic globalization: A comment on the German Constitutional Court's false promise », *International Journal of Constitutional Law*, vol. 19 (1), p. 269-284.

Angeletti, Thomas (2017), « Finance on Trial: Rules and Justifications in the Libor Case », *European Journal of Sociology*, vol. 58 (1), p. 113-141.

Angeletti, Thomas (2019), « The Differential Management of Financial Illegalisms: Assigning Responsibilities in the Libor Scandal », *Law & Society Review*, vol. 53 (4), p. 1233-1265.

Avril, Lola (2020), « Passer à l'Europe. Logiques et formes de l'investissement des premiers *Euro-lawyers* dans les politiques européennes », *Politique européenne*, vol. 69 (3), p. 124-148.

Barrault-Stella, Lorenzo et Spire, Alexis (2017), « Introduction. Quand les classes supérieures s'arrangent avec le droit », *Sociétés contemporaines*, vol. 108 (4), p. 5-14.

Benoît, Guillaume (2020), « La Cour constitutionnelle allemande lance un ultimatum à la BCE », *Les Échos*, 6 mai.

Bessière, Céline et Gollac, Sibylle (2020), *Le genre du capital. Comment la famille reproduit les inégalités*, Paris, La Découverte.

Beukers, Thomas et De Witte, Bruno (2013), « The Court of Justice approves the creation of the European Stability Mechanism outside the EU legal order: Pringle », *Common Market Law Review*, vol. 50 (3), p. 805-848.

Beukers, Thomas ; De Witte, Bruno et Kilpatrick, Claire (dirs) (2017), *Constitutional Change through Euro-Crisis Law*, Cambridge, Cambridge University Press.

Bezes, Philippe et Siné, Alexandre (2011), *Gouverner (par) les finances publiques*, Paris, Presses de Sciences Po.

Blichner, Lars et Molander, Anders (2008), « Mapping Juridification », *European Law Journal*, vol. 14 (1), p. 36-54.

Blyth, Mark (2013), *Austerity: The History of a Dangerous Idea*, Oxford, Oxford University Press.

Bourdieu, Pierre (1986), « La force du droit : éléments pour une sociologie du champ juridique », *Actes de la recherche en sciences sociales*, vol. 64, p. 3-19.

Bruno, Isabelle ; Didier, Emmanuel et Prévieux, Julien (2014), *Statactivisme : comment lutter avec des nombres*, Paris, La Découverte.

Buchanan, James (1987), « The Constitution of Economic Policy », *The American Economic Review*, vol. 77 (3), p. 243-250.

Buchanan, James (1990), « The domain of constitutional economics », *Constitutional Political Economy*, vol. 1 (1), p. 1-18.

Buchanan, James et Tullock, Gordon (1962), *The Calculus of Consent: Logical Foundations of Constitutional Democracy*, Ann Arbor, University of Michigan Press.

Caillosse, Jacques (1994), « Droit et politique : vieilles lunes, nouveaux champs », *Droit et Société*, vol. 26 (1), p. 127-154.

Chamayou, Grégoire (2018), *La société ingouvernable. Une généalogie du libéralisme autoritaire*, Paris, La Fabrique.

Cohen, Antonin et Vauchez, Antoine (2010), « Sociologie politique de l'Europe du droit », *Revue française de science politique*, vol. 60 (2), p. 223-226.

Commaille, Jacques (2015), *À quoi nous sert le droit ?*, Paris, Gallimard.

Fabbrini, Federico (2014), « The Euro-Crisis and the Courts: Judicial Review and the Political Process in Comparative Perspective », *Berkeley Journal of International Law*, vol. 32 (1), p. 64-123.

Ferejohn, John (2002), « Judicializing Politics, Politicizing Law », *Law and Contemporary Problems*, vol. 65 (3), p. 41-68.

Fontan, Clément (2018), « Frankfurt's double standard: the politics of the European Central Bank during the Eurozone crisis », *Cambridge Review of International Affairs*, vol. 31 (2), p. 162-182.

Fontan, Clément et Howarth, David (2021), « The European Central Bank and the German Constitutional Court: Police Patrols and Fire Alarms », *Politics and Governance*, vol. 9 (2), p. 241-251.

Foucault, Michel (1975), *Surveiller et punir*, Paris, Gallimard.

Foucault, Michel (2004), *Naissance de la biopolitique – Cours au Collège de France (1978-1979)*, Paris, Gallimard.

France, Pierre et Vauchez, Antoine (2017), *Sphère publique, intérêts privés. Enquête sur un grand brouillage*, Paris, Presses de Sciences Po.

Gautney, Heather D. ; Smith, Neil ; Dahbour, Omar et Dawson, Ashley (dirs) (2009), *Democracy, States, and the Struggle for Social Justice*, London, Routledge.

Gayon, Vincent et Lemoine, Benjamin (2014), « Maintenir l'ordre économique. Politiques de désencastrement et de réencastrement de l'économie », *Politix*, vol. 105 (1), p. 7-35.

Gill, Stephen (1998), « European governance and new constitutionalism: Economic and Monetary Union and alternatives to disciplinary neoliberalism in Europe », *New Political Economy*, vol. 3 (1), p. 5-26.

Gill, Stephen et Cutler, Claire A. (2014), « New constitutionalism and world order: General introduction », *in* Claire A. Cutler et Stephen Gill (dirs), *New Constitutionalism and World Order*, Cambridge, Cambridge University Press, p. 1-22.

Gocaj, Ledina et Meunier, Sophie (2013), « Time Will Tell: The EFSF, the ESM, and the Euro Crisis », *Journal of European Integration*, vol. 35 (3), p. 239-253.

Haas, Jörg S. ; D'Erman, Valerie J. ; Schulz, Daniel F. et Verdun, Amy (2020), « Economic and fiscal policy coordination after the crisis: is the European Semester promoting more or less state intervention? », *Journal of European Integration*, vol. 42 (3), p. 327-344.

Hirschl, Ran (2004), *Towards Juristocracy*, Cambridge, Harvard University Press.

Hirschl, Ran (2008), « The Judicialization of Mega-Politics and the Rise of Political Courts », *Annual Review of Political Science*, vol. 11, p. 93-118.

Howarth, David et Macartney, Huw (dirs) (2019), *The Politics of Supranational Banking Supervision in Europe*, London, Routledge.

Hutin, Christian (2020), « Après la décision du tribunal constitutionnel de Karlsruhe, la fin de l'euro ? », *Le Figaro*, 6 mai.

Israël, Liora (2009), *L'arme du droit*, Paris, Presses de Sciences Po.

Kaluszynski, Martine (2010), « Sous les pavés, le droit : le mouvement « Critique du droit » ou quand le droit retrouve la politique », *Droit et société*, vol. 76 (3), p. 523-541.

Karpik, Lucien (1995), *Les Avocats. Entre l'État, le public et le marché*, Paris, Gallimard.

Lascoumes, Pierre (1990), « Normes juridiques et mise en œuvre des politiques publiques », *L'Année sociologique*, vol. 40, p. 43-71.

Le Béguec, Gilles (2003), *La République des avocats*, Paris, Armand Colin.

Lemoine, Benjamin (2016), *L'ordre de la dette. Enquêtes sur les infortunes de l'État et la prospérité du marché*, Paris, La Découverte.

Lemoine, Benjamin (2018), « Démocratie des faits ou démocratie défaite ? Politique et statistique pendant la crise grecque », *Statistique et Société*, vol. 6 (2), p. 9-19.

Lordon, Frédéric (2014), *La malfaçon. Monnaie européenne et souveraineté démocratique*, Paris, Les liens qui libèrent.

Lovering, Ian Alexander (2023), « EU fiscal governance and the managerial reformatting of neoliberal constitutionalism », *Competition & Change*, vol. 27 (3-4), p. 534-550.

McAdam, Doug (1982), *Political Process and the Development of Black Insurgency (1930-1970)*, Chicago, University of Chicago Press.

Ojala, Markus (2021), « Doing Away with the Sovereign: Neoliberalism and the Promotion of Market Discipline in European Economic Governance », *New Political Economy*, vol. 26 (1), p. 203-215.

Pélisse, Jérôme (2009), « Judiciarisation ou juridicisation ? Usages et réappropriations du droit dans les conflits du travail », *Politix*, vol. 86 (2), p. 73-96.

Piron, Damien (2019), *Gouverner les régions par les finances publiques – Européanisation, fédéralisation et néolibéralisme en Belgique*, Bruxelles, Larcier.

Piron, Damien (2022a), « The Special Financing Law: Tax competition and fiscal consolidation at the heart of Belgium's material economic Constitution », *in* Guillaume Grégoire et Xavier Miny (dirs), *The Idea of Economic Constitution in Europe*, Leiden, Brill, p. 659-686.

Piron, Damien (2022b), « "On ne rigole pas avec Eurostat" – La disciplinarisation budgétaire saisie par l'harmonisation statistique », *Gouvernement et action publique*, vol. 11 (2), p. 33-53.

Pistor, Katharina (2021), « Law's Elasticity: An Inquiry into the Relation of Law and Power in Finance », *European Journal of Sociology*, vol. 62 (2), p. 249-273.

Pound, Roscoe (1910), « Law in Books and Law in Action », *American Law Review*, vol. 44 (1), p. 12-36.

Quatremer, Jean (2020), « La Cour constitutionnelle allemande s'érige en juge de la BCE », *Libération*, 6 mai.

Ryner, Magnus (2015), « Europe's ordoliberal iron cage: critical political economy, the euro area crisis and its management », *Journal of European Public Policy*, vol. 22 (2), p. 275-294.

Sacriste, Guillaume (2011), *La République des constitutionnalistes. Professeurs de droit et légitimation de l'État en France (1870-1914)*, Paris, Presses de Sciences Po.

Saurugger, Sabine et Fontan, Clément (2019), « The judicialisation of EMU politics: Resistance to the EU's new economic governance mechanisms at the domestic level », *European Journal of Political Research*, vol. 58 (4), p. 1066-1087.

Saurugger, Sabine et Terpan, Fabien (2017), *The Court of Justice of the European Union and the politics of law*, Basingstoke, Palgrave Macmillan.

Spire, Alexis (2012), *Faibles et puissants face à l'impôt*, Paris, Raisons d'Agir.

Spire, Alexis (2018), *Résistances à l'impôt, attachement à l'État. Enquête sur les contribuables français*, Paris, Seuil.

Stark, Jürgen ; Mayer, Thomas et Schnabl, Gunther (2020), « The ECB Needs to Rediscover Itself », *The International Economy*, vol. 34 (3), p. 36-57.

Stone Sweet, Alec (2000), *Governing with Judges: Constitutional Politics in Europe*, Oxford, Oxford University Press.

Stone Sweet, Alec (2004), *The Judicial Construction of Europe*, Oxford, Oxford University Press.

Stone Sweet, Alec (2010), « The European Court of Justice and the Judicialization of EU Governance », *Living Reviews in EU Governance*, p. 1-54.

Streeck, Wolfgang (2014), *Buying time: The delayed crisis of democratic capitalism*, London, Verso.

Supiot, Alain (2019), « La guerre du dernier mot », *in* Collectif (dir.), *Liber Amicorum en hommage à Pierre Rodière. Droit social international et européen en mouvement*, Paris, LGDJ, p. 489-503.

Teubner, Gunther (dir.) (1987), *Juridification of Social Spheres*, Berlin, De Gruyter.

Thatcher, Mark et Stone Sweet, Alec (2002), « Theory and Practice of Delegation to Non-Majoritarian Institutions », *West European Politics*, vol. 25 (1), p. 1-22.

Tooze, Adam (2018), *Crashed: How a decade of financial crises changed the world*, London, Penguin.

Vanheuverzwijn, Pierre (2017), « How the Commission fills in the blanks of the European Semester. Incomplete contracts and supranational discretion in the EU's post-crisis economic governance », *Politique européenne*, vol. 55 (1), p. 8-35.

Vauchez, Antoine (2012), « Keeping the dream alive: the European Court of Justice and the transnational fabric of integrationist jurisprudence », *European Political Science Review*, vol. 4 (1), p. 51-71.

Vauchez, Antoine (2013), *L'union par le droit. L'invention d'un programme institutionnel pour l'Europe*, Paris, Presses de Sciences Po.

Verdun, Amy et Zeitlin, Jonathan (2018), « Introduction: the European Semester as a new architecture of EU socioeconomic governance in theory and practice », *Journal of European Public Policy*, vol. 25 (2), p. 137-148.

Benjamin Lemoine est chercheur au CNRS en sociologie politique au Centre Maurice Halbwachs - École normale supérieure de Paris. Après avoir analysé la financiarisation des États européens à travers le cas de la dette publique, son travail actuel porte sur la façon dont la souveraineté est transformée sous l'effet des pratiques du droit et de la finance globale.

benjamin.lemoine@ens.psl.eu

Damien Piron est docteur en Sciences politiques et sociales et chargé de cours à l'université de Liège. Ses recherches explorent la reconfiguration contemporaine de l'État belge et de son administration à l'aide d'une sociologie politique des finances publiques attentive aux instruments budgétaires et comptables : normes statistiques européennes, partenariats public-privé (PPP), système de financement des collectivités fédérées, etc.

damien.piron@uliege.be

POLITIQUE EUROPÉENNE
N° 79 | 2023
Guillaume Grégoire
p. 32-61

Affrontement entre gardiens de la Constitution économique. De Karlsruhe à Luxembourg, deux « fondamentalismes de marché »

La « constitutionnalisation » des politiques économiques par l'UEM a donné lieu à un déplacement sur le terrain juridictionnel des contestations y afférentes. La crise des dettes souveraines a pu à cet égard servir de catalyseur et de révélateur des référentiels économiques implicites de certaines juridictions suprêmes, au premier rang desquelles figurent la Cour constitutionnelle allemande et la Cour de justice de l'UE. Tout en reconnaissant chacune le marché comme instance normative, elles s'affrontent sur ce que celui-ci recouvre et implique réellement. Il en ressort alors une politisation paradoxale du juge « constitutionnel » comme gardien d'un ordre de marché dépolitisé et objectivé.

Clash Between Guardians of The Economic Constitution. From Karlsruhe to Luxembourg, Two 'Market Fundamentalisms'

The 'constitutionalization' of monetary and budgetary policies by the EMU has led to a judicial shift in the challenges against these economic policies. In this respect, the sovereign debt crisis has catalyzed and revealed the underlying economic rationale behind the legal reasoning of some supreme courts, most notably the German Constitutional Court and the European Court of Justice. They both recognize the market as a normative body, but they clash over what it actually covers and implies. The result is therefore a paradoxical politicization of the 'constitutional' judge as guardian of a depoliticized and objectivized market order.

Affrontement entre gardiens de la Constitution économique

De Karlsruhe à Luxembourg, deux « fondamentalismes de marché »

Guillaume Grégoire
Université de Liège

Introduction[1]

Longtemps comparée à un « chien qui aboie mais ne mord pas » (Schmid, 2001), la Cour constitutionnelle fédérale allemande (CCF) aura donc finalement donné tort aux spécialistes de l'intégration européenne, parfois trop enclins à prendre pour réalité le mythe de la primauté absolue du droit de l'Union (Constantinesco, 1984). Affirmé par la Cour de justice (CJUE) depuis plusieurs décennies maintenant, ce principe faîtier du droit européen ne repose en réalité sur aucune base textuelle claire dans les traités... d'où le risque de 'guerre du dernier mot' (Supiot, 2019) entre juridictions suprêmes européenne et nationales. Et précisément, c'est bien dans une offensive en règle contre leurs homologues européens que se sont lancés les juges constitutionnels allemands par l'arrêt du 5 mai 2020[2], en déclarant la décision de la CJUE « intenable », « incompréhensible » et « objectivement arbitraire », donc « non contraignante en Allemagne ». Les mots sont durs, la fracture profonde.

Le jugement est certes à replacer dans le contexte d'un long bras de fer, qui remonte à l'adoption par la Banque centrale européenne (BCE) des politiques monétaires dites « non conventionnelles » destinées, depuis 2010, à endiguer la crise des dettes souveraines (Grégoire, 2018) ; la Cour de Karlsruhe est cependant ici passée à l'étape supérieure, en posant une véritable bombe à fragmentation dans le cœur de l'édifice institutionnel européen : non

1 Bien que les positions tenues et les arguments développés n'engagent évidemment que l'auteur de ces lignes, nous remercions Benjamin Lemoine, Damien Piron, Clément Fontan et les deux relecteurs externes pour leurs précieux commentaires, qui ont contribué à nourrir nos réflexions.

2 BVerfG, *PSPP II*, arrêt du 5 mai 2020, 2 BvR 859/15, Recueil BVerfGE 154, p. 17 et s. Cet arrêt fait suite à une première décision de renvoi préjudiciel (18 juillet 2017) et à l'arrêt *Weiss* de la CJUE qui s'ensuivit (11 décembre 2018).

seulement elle désavoua publiquement la CJUE, mais elle enjoignit également indirectement à la BCE de justifier son programme de rachat d'actifs du secteur public (*Public Sector Purchase Programme* ou *PSPP*), faute de quoi celui-ci eût été lui aussi déclaré inapplicable en Allemagne. Par un même geste, deux des institutions européennes phares se trouvaient donc dans le viseur du gardien de la Loi fondamentale.

Pourtant, au-delà du ton véhément et du caractère explosif de la décision, ce qui apparaît le plus significatif n'est peut-être pas tant l'affrontement juridictionnel lui-même que le terrain sur lequel il advint. Car si les tensions actuelles font suite à une longue série de mises en garde face aux tendances des institutions européennes à déborder le champ de leurs compétences, ces avertissements touchaient jusque-là surtout à la protection des droits fondamentaux ou à la question des limites absolues imposées à l'intégration européenne par l'« étaticité » de la République fédérale d'Allemagne. Or, voici que c'est finalement sur le champ économique et monétaire qu'éclate ouvertement le conflit. Les questions de répartition des compétences entre l'Union et les États membres ou de 'pouvoir du dernier mot' entre juridictions suprêmes viennent ainsi se greffer et s'articuler sur des problématiques économiques capitales : mandat de la BCE, interdiction du financement monétaire des dettes publiques ou, plus fondamentalement, logique de disciplinarisation des finances publiques par le marché.

La 'constitutionnalisation' des contraintes budgétaires et monétaires au niveau de l'UE a donc laissé place à une 'juridictionnalisation' des controverses de politique économique. Les conflits idéologiques, auparavant censés être tranchés par des institutions assumées comme politiques, se voient désormais transfigurés en litiges juridiques 'techniques' à résoudre judiciairement par les juridictions *supra*-législatives, chargées de contrôler le respect des normes fondamentales dans lesquelles les options de politique économique se trouvent sanctuarisées. Or, par leur interprétation des textes juridiques imprégnés de principes monétaires, budgétaires et financiers, les juridictions suprêmes ne sont elles-mêmes pas sans manifester, quoique le plus souvent implicitement, des postulats et des présupposés économiques spécifiques. La crise des dettes souveraines a pu à cet égard servir de catalyseur et de révélateur des 'référentiels économiques'[3] implicites de certaines juridictions suprêmes, au premier

3 Nous empruntons le terme « référentiel » à l'économiste Frédéric Lordon, pour qui « un référentiel est une matrice théorico-idéologique. Il consiste d'abord en l'ensemble des contenus discursifs à la fois positifs et prescriptifs dont sont constitués le modèle du monde dominant et la norme de politique

rang desquelles figurent la CCF et la CJUE. À travers les vives controverses monétaires relatives notamment à la possibilité (ou non) de qualifier certains taux obligataires souverains d'‘excessifs’ et d'‘injustifiés’, au caractère ‘désincitatif’ des mesures monétaires de la BCE vis-à-vis de la consolidation des finances publiques ou encore aux ‘conséquences économiques pertinentes’ à prendre en compte dans la proportionnalité d'un programme monétaire, c'est donc tout un imaginaire économique tissé dans le discours juridique et juridictionnel qu'il s'agit de mettre au jour et d'examiner.

C'est cette voie que nous emprunterons au cours de la présente contribution, en retraçant la généalogie de la controverse monétaire intense qui a vu s'opposer deux des juridictions les plus puissantes et prestigieuses du continent. À rebours d'une ‘analyse économique du droit’ qui tend à relativiser, voire à nier, le politique en assimilant l'économie à une donnée naturelle, faisant du droit un simple instrument au service de l'ordre de marché objectivé (Posner, 1986), l'approche contextuelle du droit économique ici proposée cherche au contraire à faire ressortir, à partir de l'étude d'une configuration juridique spécifique, les diverses théories économiques sous-jacentes ainsi que les considérations politiques qui les imprègnent, dans une perspective qui se rapproche de la « *Law and Political Economy* » (Wilkinson et Lokdam, 2018 ; Britton-Purdy *et al.*, 2020), quoiqu'en se tenant à distance des implications normatives avancées par les tenants de ce nouveau courant. De la sorte, nous cherchons à prolonger les enseignements de l'économiste français Robert Boyer, selon qui, pour comprendre l'émergence et l'évolution d'une ‘orthodoxie’ économique, il est nécessaire de s'attacher non seulement aux débats scientifiques et aux politiques étatiques menées dans le champ économique, mais également, entre les deux, aux « dispositions hétérogènes des acteurs et [à] la façon dont ils se représentent le fonctionnement du système économique » (Boyer, 2017, p. 5). Tenter de restituer les référentiels économiques des juges de Karlsruhe et de Luxembourg, c'est ainsi contribuer à l'étude de ces représentations dans le chef d'acteurs qui façonnent l'organisation (juridique) de l'économie – et ouvrir, ce faisant, un nouvel angle d'analyse sur l'affaire en cause, qui a déjà donné lieu à de multiples commentaires[4]. De nombreux auteurs ont en effet

---

économique qui en est tirée. Le référentiel est donc l'ensemble des éléments constitutifs d'un corps de doctrine résumant le “fonctionnement de l'économie” » (Lordon, 1997, p. 161). Plus généralement, au-delà de son application à la politique économique, le concept de « référentiel » est un instrument central de l'analyse des politiques publiques (Muller, 2010).

4 Parmi l'abondante littérature juridique (majoritairement critique) sur l'arrêt de la CCF, voyez notamment les dossiers spéciaux du *German Law Journal* (2020, vol. 21, n° 5) et de la *Revue trimestrielle de droit européen* (2020, n° 4).

proposé une critique méthodologique de la position du juge constitutionnel allemand, avançant alternativement l'hypothèse d'une interprétation « keynésienne » des traités (Adalid, 2020), l'impossibilité de délimiter précisément le mandat de la BCE (Martucci, 2020), le caractère incohérent et paradoxal de la décision au regard de la propre jurisprudence de la CCF (Wendel, 2020) ou encore les menaces qu'un tel arrêt ferait peser sur l'indépendance de la BCE (Louis, 2020) ; d'autres ont parfois mis en avant certaines perspectives, jugées positives, qu'ouvrirait la confrontation (Schneider, 2020), notamment en termes de « politisation des processus technocratiques » (Violante, 2020, p. 1046) ou d'avènement d'un nouveau « paradigme politique » orienté vers un « libéralisme intégratif » (Goldmann, 2020). Mais peu, à notre connaissance, s'interrogent réellement sur les présupposés économiques à partir desquels la CCF et la CJUE ont développé leur interprétation des traités européens.

Pour ce faire, il conviendra d'abord d'exposer brièvement l'ordonnancement juridique des politiques monétaires, financières et budgétaires par l'Union économique et monétaire (UEM), qui fut, faut-il le rappeler, constitutionnellement avalisé par la CCF (I.). Il s'agira alors, dans un deuxième temps, d'examiner comment cette sanctuarisation juridique a donné lieu, à la suite de la crise des dettes souveraines, à un déplacement sur le terrain juridictionnel des contestations relatives à ces politiques économiques, amenant les juges de Karlsruhe à s'opposer ouvertement à la doctrine monétaire du '*whatever it takes*' de la BCE, afin d'imposer au contraire leur *Wirtschaftsanschauung*, leur 'vision du monde économique' (II.). Il en ressort une configuration paradoxale de politisation du juge 'constitutionnel' comme gardien d'un ordre de marché objectivé et dépolitisé, dans laquelle l'invocation du principe constitutionnel de démocratie voile le processus de technocratisation économique à l'œuvre (III.).

Ordonner les politiques économiques par le droit (du marché) : l'avènement de l'UEM et l'endossement juridique du libéralisme néo-classique par Karlsruhe

Pour comprendre la querelle juridictionnelle qui oppose les cours suprêmes respectives des ordres juridiques allemand et de l'UE, il faut remonter au projet initial d'ordonnancement des politiques économiques et monétaires que constitue l'avènement de l'UEM (A.), entériné par la CCF à l'occasion de l'arrêt *Maastricht* du 12 octobre 1993, à partir d'une grille théorique implicitement néo-classique (B.).

Le cadre conceptuel de l'UEM et le découplage entre « politiques économiques » et « politique monétaire »

L'architecture originelle de l'UEM repose sur un cadre conceptuel assez précis, quoiqu'implicite, issu d'un brassage de théories développées par certains courants de la discipline économique au cours des années 1970-1990 (monétarisme, école du *Public Choice*, Nouvelle macroéconomie classique, catallaxie hayekienne, etc.) (Colliat, 2012), que l'on peut conventionnellement rassembler, en termes de référentiel économique, sous le qualificatif de « libéralisme néo-classique ». En bref, et de manière très schématique, l'approche libérale néo-classique repose sur l'hypothèse d'un équilibre optimal de l'allocation des ressources, atteint lorsque les agents économiques du système, placés en situation de concurrence la plus complète possible, recherchent à satisfaire au maximum leurs besoins individuels sur le marché, lui-même considéré comme « efficient », c'est-à-dire sur lequel les prix reflètent à tout moment l'ensemble des informations disponibles[5]. Adapté à l'échelle macroéconomique des États, ce référentiel libéral néo-classique implique que la mise en concurrence des systèmes normatifs, économiques et sociaux permettra, par le processus de sélection du marché (supposé naturel), de dégager les politiques les plus efficientes, d'éliminer les plus néfastes et dommageables et de maximiser ainsi le bien-être global des ordres juridiques mis en concurrence. L'idée est donc que « les marchés *jugent* les politiques économiques et monétaires conduites par les États, comme ils le feraient des résultats d'une entreprise » (Martucci, 2016, p. 58). Cette concurrence nécessite dès lors la mise en marché de l'État aux fins de sa valorisation, ce qui est rendu possible par le développement d'un instrument financier approprié : les titres de dette publique. Dans cette

5 Nous prions le lecteur de garder à l'esprit qu'un « référentiel », en tant que matrice théorico-idéologique, a pour propriété de surmonter les divergences qui peuvent exister en son sein dans le milieu spécifiquement académique. Par les différentes médiations qui permettent sa diffusion comme vision du monde tendanciellement partagée dans les diverses sphères sociales (médiatique, éducative, politique *sensu stricto*, etc.), un « référentiel économique » se révèle un corpus doctrinal assurément plus malléable que les théories scientifiques qui en constituent le soubassement, et qui peuvent sur certains points s'opposer. Au-delà des grands désaccords, voire oppositions, entre les courants mentionnés, qui rendent difficile de les subsumer aussi facilement sous une même catégorie au seul niveau de la science économique (Lawson, 2013), il est possible, sur le plan de leur influence concrète vis-à-vis des configurations et des acteurs juridico-institutionnels, de les concevoir comme participant d'une même galaxie, d'un même univers intellectuel. N'eût été la connotation péjorative qui lui est le plus souvent attachée, nous aurions éventuellement pu mobiliser le concept de « néolibéralisme(s) » (Audier, 2012). Nous avons cependant préféré opter ici pour un terme axiologiquement moins chargé, celui de « libéralisme néo-classique ».

configuration, « [l]e marché, en énonçant la réalité de la valeur et du prix des choses (les taux d'intérêt des emprunts d'État) serait le seul dispositif capable de faire advenir un régime de vérité » (Lemoine, 2016, p. 67).

Or, c'est précisément à la production et à l'agencement de ce cadre juridique plaçant le marché comme instance de *véridiction* (Foucault, 2004, p. 18-35) et de *disciplinarisation* des États membres (Grégoire, 2019) que répond, dès sa formulation originelle, le projet d'UEM avec le découplage qu'il prévoit entre les piliers monétaire (centralisé) et économico-budgétaire (décentralisé)[6]. Au niveau monétaire, l'indépendance du Système européen des banques centrales (SEBC) et de la BCE[7] a pour corollaire un mandat strictement délimité, fixant comme objectif prioritaire (quasi absolu) la *stabilité des prix*, alors que le soutien aux politiques économiques générales dans l'Union (comprenant la croissance économique, la compétitivité et la recherche du plein emploi)[8] n'intervient que de manière hiérarchiquement seconde (Herdegen, 1998)[9]. Au niveau économico-budgétaire, l'article 119 TFUE prévoit certes une « étroite coordination des politiques économiques des États membres » au service des objectifs économiques, sociaux et environnementaux de l'UE (cf. en particulier l'article 3 TUE), mais cette « étroite coordination » ne peut en revanche se faire que dans le respect du principe général « d'une économie de marché ouverte où la concurrence est libre » et des principes directeurs suivants : « prix stables, finances publiques et conditions monétaires saines et balance des paiements stable ». Les objectifs divers et variés de l'article 3 TUE se retrouvent donc enserrés dans un ordre de stabilité articulé autour du principe d'économie concurrentielle de marché (Martucci, 2022). En conformité avec le rapport Emerson (DGECFIN, 1990), qui en constitue en quelque sorte la matrice intellectuelle, et ainsi que le confirment les travaux préparatoires (EC Commission, 1991), cet ordre de stabilité est du reste garanti par un modèle de gouvernance tridimensionnel structuré autour de la responsabilisation financière individuelle des États membres (articles 123 à 125 TFUE), de la coordination de

6 Si d'autres conditions historiques et politiques ont évidemment contribué à l'édification de l'UEM (Dyson et Featherstone, 1999), le retournement qui s'est opéré en théorie économique au tournant des années 1970-1980 (à la suite des chocs pétroliers et du phénomène inédit de *stagflation*) et qui a vu l'avènement du libéralisme néo-classique comme nouvelle « orthodoxie économique » (Boyer, 2017), constitue un évènement prépondérant pour comprendre non tant l'avènement de l'UEM que son contenu spécifique et l'architecture singulière qui la caractérise (Sandholtz, 1993 ; Jabko, 1999).

7 Art. 130 TFUE et art. 7 statuts du SEBC et de la BCE.

8 Art. 127 (1) TFUE et art. 3 (3) TUE.

9 Art. 119 (2), 127 (1) et 282 (2) TFUE et art. 2 des Statuts du SEBC et de la BCE.

leurs politiques économiques (article 121 TFUE) et de l'établissement d'une discipline budgétaire (article 126 TFUE) prévoyant des limites aux déficits et dettes publiques des États membres (Hentschelmann, 2011).

La justification « scientifique » de l'indépendance des banques centrales ou l'endossement juridique des arguments néo-classiques par Karlsruhe

Le découplage entre politiques économique et monétaire et le transfert de cette dernière à une banque centrale indépendante au mandat strictement délimité et prioritairement orienté vers la stabilité des prix constituent ainsi la clé de voûte de l'architecture juridique de l'UEM. Or, la CCF ne s'est pas contentée de valider cette répartition des compétences fondée sur un choix discrétionnaire de délimitation entre politiques monétaire et économique ; elle a avalisé, dans son arrêt *Maastricht* du 12 octobre 1993, cette autonomisation de la politique monétaire *en raison* précisément de la justification réputée « scientifiquement prouvée » de l'indépendance des banques centrales (§ 153-154).

Elle témoigne, ce faisant, de l'imprégnation du discours économique néo-classique sur sa propre grille de lecture de l'articulation entre sphères économique, politique et juridique, puisque les prémisses « scientifiques » sur lesquelles Karlsruhe fait reposer son raisonnement sont les suivantes : d'un côté, les limites d'une démocratie représentative minée par les groupes d'intérêts particuliers et l'électoralisme court-termiste de mandataires politiques intéressés avant tout par leur réélection ; de l'autre, la nécessité d'autonomiser la politique monétaire des politiques économiques et budgétaires de l'État, seul moyen de garantir la valeur de la monnaie, elle-même indispensable tant au maintien de finances publiques saines qu'à l'exercice de la liberté individuelle. Or ces deux affirmations « scientifiques » constituent le cœur des thèses du *public choice* de l'école de Virginie et de la nouvelle macroéconomie classique de l'école de Chicago, qui représentent deux des versants du programme scientifique néo-classique regroupé sous le qualificatif de *constitutional economics* (McKenzie, 1984).

Le premier courant cité vise à appliquer la rationalité économique néo-classique aux mandataires politiques et aux fonctionnaires, qui ne chercheraient donc qu'à maximiser leur utilité individuelle (pouvoir, richesses, etc.). Étant donné que, dans une démocratie représentative, le pouvoir passe par des élections, les décideurs publics auraient dès lors intérêt, à des fins électoralistes, à augmenter les dépenses sociales pour combler les attentes de groupes d'intérêts particuliers (spécialement en fin de mandat, à la veille des nouvelles élections). Pour lutter contre cette tendance, il s'agirait dès lors de contraindre les choix discrétionnaires de ces décideurs politiques par une ingénierie normative spécifique, caractérisée par la sanctuarisation (si possible constitutionnelle) de règles précises qui s'imposeraient juridiquement à ces mandataires politiques. Il ne suffirait pas de confier ces domaines économiques à des autorités indépendantes – qui, en dernier ressort, ont toujours un certain lien de dépendance vis-à-vis des mandataires politiques –, mais il conviendrait surtout d'imposer aux décideurs (élus ou indépendants) un mandat juridique contraignant pour s'assurer de leur orthodoxie économique (Brennan et Buchanan, 1985).

Le second versant, celui de la nouvelle macroéconomie classique, cherche quant à lui à étendre les hypothèses microéconomiques néo-classiques pour en déduire des modèles macroéconomiques descriptifs – qui, à leur tour, induisent des positions normatives sur le cadre institutionnel et juridique nécessaire au bon fonctionnement de l'ordre économique. Sur la base notamment des travaux de Milton Friedman sur la stabilité monétaire et de John F. Muth sur le modèle des anticipations rationnelles des agents économiques, les auteurs de ce courant s'efforcent en particulier de disqualifier les politiques discrétionnaires, tant budgétaires que monétaires. À ce dernier niveau, ils défendent notamment l'idée que toute politique monétaire expansionniste, utilisée à des fins de politiques économiques discrétionnaires (lutte contre le chômage, stimulation de la croissance, etc.), se révèlerait inévitablement inefficace en raison des anticipations rationnelles des agents économiques (Lucas, 1972). Sur cette base, ils prescrivent l'adoption de règles s'imposant aux mandataires politiques, afin de restreindre leurs marges discrétionnaires (Kydland et Prescott, 1977), ainsi que l'autonomisation de la politique monétaire vis-à-vis du processus politique, laquelle serait confiée à une banque centrale indépendante « conservatrice », c'est-à-dire axée sur la stabilisation de l'inflation – et non sur d'autres objectifs « économiques » comme la lutte contre le chômage (Rogoff, 1986).

Si ces raisonnements et prescrits libéraux néo-classiques entrent en résonance avec bien des positions juridico-institutionnelles ordolibérales (Dehay, 1995), il apparaît cependant que c'est sans doute le succès théorique international du monétarisme à partir des années 1970 qui a influencé les conceptions monétaires allemandes, gagnant les cercles académiques et se prolongeant au sein de la *Bundesbank* jusqu'à faire de la stabilité des prix l'unique objectif de politique monétaire (Richter, 1999). Comme on le voit ici, cette quasi-hégémonie intellectuelle a également infusé au niveau gouvernemental le plus haut – comme en témoigne la position allemande dans les négociations relatives à l'UEM visant à imposer ce schéma « monétariste » en transposant à la BCE le modèle de la banque centrale allemande (Fricke, 1993) –, mais aussi au niveau juridictionnel le plus élevé, puisque les juges de Karlsruhe endossent dans cet arrêt *Maastricht* du 12 octobre 1993 l'argumentaire néo-classique du clientélisme électoraliste des décideurs politiques (*public choice*) et de la neutralité de la politique monétaire pour justifier l'indépendance des banques centrales (nouvelle macroéconomie classique) – considérée comme « scientifiquement prouvée ».

***Contester* les politiques économiques par le droit : la crise des dettes souveraines et la remise en cause juridictionnelle de la doctrine monétaire du « *whatever it takes* »**

Toutefois, la crise des dettes souveraines et, surtout, les réactions qui s'ensuivirent ont fait voler en éclat cette communauté de vues entre la CCF et les institutions de l'Union économique et monétaire (au premier rang desquelles figure la BCE), révélant ainsi à quel point la stabilité de cette sanctuarisation juridique des politiques économiques (y compris monétaires) se trouve *in fine* tributaire des juridictions suprêmes chargées de garantir les principes économiques constitutionnalisés – et du référentiel économique qu'elles adoptent. Censées sauvegarder l'ordonnancement juridique de l'économie, celles-ci peuvent devenir les vecteurs de contestation des politiques économiques menées, comme en témoigne la remise en cause juridictionnelle, par la CCF, de l'évolution des politiques monétaires menées par la BCE, depuis l'affaire *OMT* (A.) jusqu'à l'affrontement ouvert à l'occasion de l'affaire *PSPP* (B.). Au-delà des querelles juridiques émerge alors une véritable confrontation entre différentes conceptions de l'ordre de marché.

Le programme OMT contre la logique disciplinaire du marché ? La politique monétaire entre deux « fondamentalismes de marché »

Face aux mesures monétaires et aux réformes de la gouvernance économique prises en vue de contrer la crise des dettes souveraines, de multiples controverses juridiques s'élevèrent, débouchant sur de nombreux recours juridictionnels, tant au plan national qu'européen (Hinarejos, 2015). Si une partie importante de ces controverses tourne autour de l'articulation entre ces interventions et les droits sociaux consacrés par les constitutions nationales ou la Charte des droits fondamentaux, celles qui cristallisèrent le plus l'attention – notamment des marchés financiers – concernent la compatibilité de ces mesures avec les dispositions qui constituent le socle de l'UEM en établissant la disciplinarisation des États par le marché. À cet égard, le bras de fer qui a vu s'opposer la CCF et la CJUE autour de la réaction monétaire de la BCE à la crise représente sans aucun doute l'illustration archétypale de cette juridictionnalisation des controverses économico-politiques[10].

Durant les dix premières années de son existence, la BCE s'est cantonnée au respect strict de son mandat monétariste prioritairement orienté vers le contrôle de la stabilité monétaire (BCE, 2008, p. 40-49). Elle a en revanche infléchi de manière importante son action depuis l'éclatement de la crise. Outre sa participation à l'élaboration et au contrôle des programmes d'ajustement macroéconomique établis dans le cadre des mécanismes d'assistance financière, elle a également adopté les mesures dites non conventionnelles, dont le programme d'Opérations Monétaires sur Titres (OMT), chargé de traduire en acte la doctrine monétaire du « *whatever it takes* » de Mario Draghi (Wilsher, 2013). Décidé en septembre 2012, le programme OMT prévoit en particulier la possibilité pour l'Eurosystème de racheter, si besoin est en quantité illimitée et sans limite de temps, les dettes souveraines des États attaqués par les mouvements spéculatifs, sous réserve de respect de la « conditionnalité stricte et effective attachée à un programme approprié » des différents mécanismes européens de stabilité, qui constituent l'habillage juridique de la fameuse 'Troïka' (BCE, Commission européenne et FMI) chargée de négocier, au nom de l'UE ou des États membres de la zone euro, les programmes d'ajustement structurel imposés en échange de l'assistance financière.

Pour justifier cette mesure monétaire particulièrement forte, la BCE a mis en avant les « graves distorsions » affectant les marchés des obligations d'États, qui seraient dues à des craintes « infondées » des investisseurs quant à la réversibilité de l'euro, de sorte que l'accroissement des écarts de valorisation des titres de dettes souveraines serait dès lors « injustifié » au regard des

10 Pour une mise en perspective juridique des controverses en cause, voyez notamment les dossiers spéciaux du *German Law Journal* (2014, vol. 15, n° 2), consacré à l'ordonnance de renvoi préjudiciel de la CCF, et du *Maastricht Journal of European and Comparative Law* (2016, vol. 23, n° 1), dédié à la réponse de la CJUE.

situations économiques et budgétaires « réelles » de ces États (BCE, 2012a, 2012b). Il s'agirait ainsi de contrer tout phénomène d'anticipation ou de prophétie autoréalisatrice, c'est-à-dire l'hypothèse d'une spirale négative par laquelle les marchés réclament des taux d'intérêt plus importants pour couvrir les risques financiers accrus qu'ils perçoivent, mais concourent ce faisant à la détérioration des conditions de refinancement de l'État déjà en difficulté, et contribuent donc paradoxalement à la matérialisation du risque de défaut de paiement qu'ils anticipent. Dans la perspective de la BCE, il serait donc possible de distinguer entre des conditions « normales » et « anormales » de financement par le marché, et de différencier les taux d'intérêt du marché selon qu'ils sont « justifiés » ou non au regard des situations économiques et budgétaires « réelles » et objectives des États. Autrement dit, c'est la rationalité même des marchés qui est dès lors *jugée*, au sens tant scientifique que juridique du terme, par les institutions publiques : le constat « scientifique » du caractère « injustifié » des taux d'intérêt entraîne l'habilitation « juridique » à intervenir pour infléchir le fonctionnement réel des marchés dans un sens réputé plus conforme à la logique de marché.

Or c'est contre cette possibilité même que s'est élevée la CCF dans son ordonnance de renvoi préjudiciel *OMT I* du 14 janvier 2014. Prenant une nouvelle fois appui sur l'« expertise convaincante » de la *Bundesbank*, non sans illustrer les interactions entre savoir et droit dans l'instance du juge (Jasanoff, 2007), elle y déclare que « les majorations de taux d'intérêt sur les obligations d'État » reposent bel et bien sur le « développement économique plus mauvais » de certains États membres et que, en tout état de cause, ces écarts de taux d'intérêt ne peuvent jamais « être divisés en composantes justifiées et irrationnelles » (§ 13 et 71 de l'ordonnance de renvoi).

À la lecture de l'ordonnance, on comprend dès lors que, pour les juges de Karlsruhe (et les experts de la *Bundesbank*), ni la BCE, ni les États membres, ni aucune autre institution publique ne sont aptes, et encore moins autorisés, à juger de la rationalité des marchés et à agir pour corriger d'hypothétiques réactions irrationnelles de ces derniers. Selon cette conception, c'est précisément la croyance des marchés dans le fait que les États impécunieux seraient renfloués *de facto* quoique *contra legem* par les autres États membres qui aurait permis à ces États d'emprunter à des taux avantageux pendant la première décennie de la monnaie unique et les aurait ainsi incités à adopter et à entreprendre des politiques économiques et budgétaires « malsaines », c'est-à-dire non conformes à la logique de marché. L'augmentation de leurs taux d'intérêts traduirait alors simplement l'intégration dans le logiciel des marchés de la résolution des États membres de s'en tenir à leurs engagements juridiques. L'éviction d'un des États membres du financement des marchés serait alors la conséquence du processus 'darwinien' de sélection 'naturelle' du marché et permettrait à l'avenir à ces marchés d'estimer à leur véritable valeur les politiques économiques et budgétaires des États membres, puisqu'excluant enfin définitivement un hypothétique renflouement de ceux-ci par les autres membres de la zone euro.

En revendiquant ainsi l'impossibilité de distinguer les taux d'intérêts entre partie « justifiée » (*gerechtfertigte Bestandteile*) et partie « irrationnelle » (*irrationale Bestandteile*), la *Bundesbank* et la CCF rejoignent en réalité une conception du marché que nous pourrions rapprocher de l'ordre de marché (ou 'catallaxie') développé par Friedrich Hayek (2013, p. 529-575 et 727-780). Selon cette conception, le fonctionnement réel du marché ne sera pas nécessairement un fonctionnement parfait – celui d'un marché avec une concurrence parfaitement libre et atomistique et une transparence totale des informations –, mais il sera en tout état de cause optimal (quoique d'une optimalité relative), dans le sens où aucune intervention extérieure n'est susceptible d'atteindre un meilleur résultat que celui du marché. Le marché étant, dans cette théorie, la mise en réseau des savoirs et connaissances de tous les agents économiques – savoirs et connaissances cristallisés dans les prix des biens et services échangés spontanément sur ce marché (en l'occurrence, les taux d'intérêt des obligations d'État) –, nul ne peut, par nécessité logique, posséder une connaissance plus grande que le marché lui-même (Hayek, 1975 ; Streit, 1992). Les prix ne peuvent donc en aucun cas être « irrationnels » ou « injustifiés », puisqu'ils reflètent à tout moment l'ensemble des informations disponibles et qu'aucune personne ou autorité ne peut par définition posséder plus d'informations que l'ensemble des informations disponibles.

Si le marché n'est donc peut-être jamais parfait, on ne peut en tout cas jamais faire mieux que le marché par l'intervention d'une autorité externe, aux connaissances par nature moindres que celles du marché (Hayek, 2013, p. 562). Comme le défend la CCF à la suite de la *Bundesbank*, il apparaît par conséquent *logiquement* impossible, et *juridiquement* inadmissible, d'émettre un jugement (scientifique ou juridique) sur la rationalité du comportement des marchés.

Dans sa réponse à la question préjudicielle de la Cour constitutionnelle allemande, la CJUE a rejeté cette lecture 'catallactique' du marché, pour avaliser au contraire la position de la BCE, plus proche des thèses développées par les premiers ordolibéraux[11]. En effet, selon les juges de Luxembourg, les « écarts extrêmes » entre les taux d'intérêt des obligations souveraines des différents États membres de la zone euro « trouvaient, en partie, leur origine dans l'exigence de primes de risque excessives pour les obligations émises par certains États membres, destinées à couvrir un risque d'éclatement de la zone euro » (CJUE, 16 juin 2015, *Gauweiler*, point 72) – risque d'éclatement de la zone euro qui aurait été « injustifié » (point 76). Dans cette perspective, les marchés réels peuvent donc ne pas agir de manière optimale et peuvent finalement adopter des comportements autodestructeurs. De même que le processus de concurrence peut mener à son élimination (par le phénomène de concentration oligopolistique, voire monopolistique), le processus de valorisation et de disciplinarisation de l'État par le marché pourrait mener à la destruction des vertus véridictionnelle et disciplinarisante du marché (par le phénomène des anticipations autoréalisatrices). De là découle la possibilité d'une disjonction entre les taux d'intérêts exigés réellement des États et ce qu'ils eussent été sur un hypothétique marché parfait. Dans cette hypothèse de disjonction, les taux réels peuvent alors, comme le revendiquent la BCE et la CJUE, être qualifiés d'« injustifiés » – sous-entendu : « au regard des taux qui auraient cours sur un hypothétique marché parfait ».

Ce qui importe le plus n'est donc pas tant que les marchés se comportent réellement parfaitement, mais que les institutions intériorisent la logique de marché et agissent *comme si* les marchés fonctionnaient parfaitement – c'est-à-dire *comme si* les États étaient parfaitement mis en concurrence[12]. On retrouve ici l'approche du marché qui prévaut chez les ordolibéraux (en particulier ceux de la première génération) pour la politique de concurrence et

11 S'il peut paraître au premier abord paradoxal que ce soient des institutions allemandes (y compris la *Bundesbank* connue pourtant pour sa proximité avec les thèses ordolibérales) qui se dressent contre une vision du marché proche de l'ordolibéralisme des origines (allant schématiquement des années 1930 aux années 1960), il faut néanmoins garder à l'esprit que les ordolibéraux de deuxième (Ernst-Joachim Mestmäcker, Hans Willgerodt, Fritz W. Meyer, etc.) et troisième générations (Lars Feld, Viktor Vanberg, Manfred E. Streit, Willi Meyer, etc.) se sont en réalité majoritairement rapprochés des conceptions hayékiennes au détriment des thèses originelles de l'ordolibéralisme.

12 Cette intériorisation de la 'logique de marché' est ce qui empêche de considérer comme 'keynésienne' l'action de la BCE depuis l'éclatement de la crise, contrairement à ce qui est parfois avancé (van't Klooster, 2022). L'on ne peut en effet analyser la politique monétaire expansive de la BCE sans considérer ses efforts simultanés pour faire réformer la gouvernance macroéconomique dans un sens plus disciplinaire visant à 'rationaliser' les dépenses publiques au profit d'une politique dite de l'offre, loin des prescrits keynésiens axés sur le soutien de la demande par les investissements publics.

qui fut théorisée par l'économiste Leonhard Miksch (1949) en tant qu'*'als-ob Politik'* ou 'politique du comme si'. Des autorités publiques peuvent donc, dans cette perspective, agir d'une manière plus conforme à la logique de marché que les marchés positifs eux-mêmes.

Dans cette controverse juridique et juridictionnelle concernant le programme *OMT*, deux « fondamentalismes de marché » (Schepel, 2017, p. 96-97) s'opposent dès lors : d'une part, celui des marchés « tels qu'ils se comportent réellement », représenté par la CCF et la *Bundesbank* ; d'autre part, celui de la Cour de justice qui, endossant la position de la BCE, reste loyale « non au comportement réel du marché, mais à un mystérieux équilibre atteint par d'hypothétiques marchés » à l'aune duquel se mesurerait précisément le « degré d'austérité légalement exigé des États débiteurs ». Ainsi, ces quatre institutions prestigieuses se rejoignent, conformément au cadre juridique forgé pour l'UEM, sur l'utilisation du marché comme norme à l'aune de laquelle évaluer les politiques économiques et budgétaires des États, mais divergent sur l'acception précise à donner juridiquement au 'marché' : dans une perspective hayékienne, les deux institutions allemandes s'en remettent au marché réel, en ce que nulle autre institution – en particulier publique – ne pourrait s'approcher plus d'un hypothétique marché parfait ; avec une approche que l'on pourrait qualifier d''ordolibérale', les deux institutions européennes admettent, quant à elles, la possibilité pour une autorité publique d'agir plus conformément à la logique de marché (comprise cette fois comme norme hypothétique abstraite) que le marché réel lui-même.

Le programme OMT n'ayant jamais été activé, la CCF s'est certes finalement rangée à la position de la CJUE – en déclarant donc la mesure conforme au droit européen et à la Loi fondamentale –, mais elle n'en maintint pas moins de « sérieuses objections » à l'encontre du raisonnement de la CJUE – et, indirectement, de l'action de la BCE (BVerfG, 21 juin 2016, *OMT II*, § 181-189). Surtout, cette validation critique n'induit guère d'évolution dans la contestation progressive, par les juges de Karlsruhe, des politiques monétaires menées au niveau européen : loin de marquer le début d'une ère de 'retenue judiciaire' en matière économique, cette décision fut directement suivie du déclenchement de l'affaire *PSPP*, qui a vu la CCF opposer de manière plus manifeste encore sa *Wirtschaftsanschauung* aux politiques économique et monétaire européennes.

Le programme *PSPP* et la défense « quoi qu'il en coûte » du paradigme néo-classique par Karlsruhe

Cette affaire *PSPP* résulte d'un nouveau recours constitutionnel introduit par le groupe de requérants majoritairement eurosceptiques déjà à la base des précédentes affaires (de Cabanes et Fontan, 2019), cette fois contre la batterie de mesures qui remplacèrent le programme OMT, au bénéfice d'une politique dite d'assouplissement quantitatif (*quantitative easing*). Par celle-ci, l'Eurosystème se trouva habilité à racheter massivement des actifs financiers (*Asset Purchase Programme* - APP) sur le marché secondaire, y compris des titres de dette publique des États membres (*Public Sector Purchase Programme* - PSPP), afin, officiellement, de lutter contre le risque de déflation, conformément à son mandat prioritairement orienté vers la stabilité des prix.

Dans sa réponse à l'ordonnance de renvoi préjudiciel, la CJUE a confirmé, le 11 décembre 2018 (*Weiss*), les positions déjà exprimées dans l'affaire *OMT*, d'après lesquelles la BCE doit certes agir dans le cadre de la logique de disciplinarisation des politiques économico-budgétaires par le marché, mais possède en revanche un large pouvoir d'appréciation, qui s'apparente (ici plus implicitement que dans l'affaire *OMT*) à une reconnaissance de la capacité du banquier central à juger du comportement rationnel ou non des marchés – et qui se décline sur le plan juridictionnel par un contrôle restreint, et pour ainsi dire purement formel et abstrait, de l'action de la BCE (Van Der Sluis, 2019). C'est assez logiquement que la CCF réitéra donc ici encore ses critiques. À l'issue de cette nouvelle saga judiciaire, il faut alors bien constater que la montée en puissance d'un référentiel économique spécifique dans la jurisprudence constitutionnelle de la CCF, loin de constituer un épiphénomène, s'inscrit au contraire dans la durée : l'arrêt *PSPP II* du 5 mai 2020 donne à voir les thèses libérales néo-classiques des juges de Karlsruhe s'exprimer avec plus de vigueur encore, jusqu'à entraîner la confrontation ouverte, mentionnée en introduction, avec les juges de Luxembourg.

Comme nous l'avons déjà relevé, l'analyse de l'architecture juridique de l'UEM révèle une conception spécifique du marché, appréhendé et institué comme instance de *disciplinarisation* des politiques économiques et budgétaires des États membres. Il n'est donc en soi guère critiquable, d'un point de vue strictement juridique, que la CCF prenne acte de cette ingénierie institutionnelle particulière et développe son raisonnement à l'intérieur de cette structure normative précise. Ce qui apparaît néanmoins plus questionnable touche au fait que cette conception du marché émerge, dans le discours jurisprudentiel des juges de Karlsruhe, comme une vérité scientifique préexistant à l'ordre juridique et social dans lequel s'inscrit cette institution du marché. De ce fait, cette conception s'en trouve objectivée, naturalisée – et, par contrecoup, constitutionnellement consacrée. Les § 170 et 171 de l'arrêt *PSPP II* du 5 mai 2020 illustrent à cet égard très clairement l'intériorisation d'une grille d'analyse économiquement située :

> « Le PSPP améliore les conditions de financement des États membres, car ces derniers peuvent emprunter sur le marché des capitaux à des conditions nettement plus avantageuses. [...] L'abaissement des taux d'intérêt généraux favorisé par le PSPP réduit indubitablement la pression pesant sur les budgets des États membres [...). *Dès lors*, le risque est réel [...] que les efforts d'assainissement et de réforme *nécessaires* ne soient plus poursuivis ou mis en œuvre [...]. Malgré les garanties indiquées par la CJUE, l'étendue et la durée du PSPP peuvent conduire à ce que *même des effets conformes aux dispositions du droit primaire deviennent excessifs, dès lors qu'ils dissuadent les États membres de mener une politique budgétaire saine* et qu'ils conduisent d'une manière générale à ce que des considérations monétaires dictent la conduite politique (« dominance monétaire »), ce qui, à son tour, conduit à ce que la BCE détermine la politique budgétaire des États membres [...]. Dans ces conditions, il était prévisible dès le moment où la décision (UE) 2015/774 [établissant le PSPP] fut adoptée que plusieurs États membres de la zone euro procéderaient plus à de nouveaux emprunts, afin de relancer leur économie au moyen de programmes d'investissements[13]. »

Ce passage de l'arrêt manifeste un affermissement et un approfondissement des racines libérales néo-classiques déjà en germe dans l'arrêt *Maastricht* du 12 octobre 1993. D'un côté, on retrouve de nouveau, dans l'enchaînement logique opéré par Karlsruhe, la critique implicite issue de l'école du *public choice* sur l'incapacité des acteurs politiques à poursuivre des politiques économiques et budgétaires adéquates et sur la nécessité corrélative de soumettre ces acteurs politiques (et, par extension, les politiques économiques et budgétaires qu'ils mettent en œuvre) à des contraintes « externes », à la fois juridiques (par la constitutionnalisation de règles précises) et économiques (par la mise en marché de la dette publique et l'instrument des taux d'intérêt) – les deux étant du reste complémentaires.

13 BVerfG, 5 mai 2020, *PSPP II*, § 170-171 (nous soulignons).

De l'autre côté, on retrouve une fois encore les thèses de la nouvelle macroéconomie classique discréditant, à partir des postulats de la 'neutralité' de la monnaie et des anticipations rationnelles des agents économiques, toute politique discrétionnaire tant budgétaire que monétaire. Ici, les juges de Karlsruhe ne dissimulent d'ailleurs pas leur source d'inspiration théorique, puisque ce sont précisément les analyses monétaristes de Thomas J. Sargent et Neil Wallace (1981), leur remobilisation par les économistes Ansgar Belke et Thorsten Polleit (2010) et leur réappropriation par le juriste Florian Sander (2018) que citent ouvertement les juges de Karlsruhe à l'appui de leur raisonnement (§ 171, *in fine*), endossant dès lors explicitement ces thèses néo-classiques comme fondement scientifique objectif à partir duquel développer leur argumentation juridique[14]. Si les théories néo-classiques se trouvent certes bien à la base de l'architecture de l'UEM, la CCF ne se contente donc pas de prendre acte de cette structure juridique spécifique pour en proposer une lecture systémique et exégétique ; elle intériorise ces thèses néo-classiques en en faisant des vérités scientifiques démontrées qui préexisteraient à l'armature juridique et à l'ordre politique de la société, dont elle se fait le *gardien en dernier ressort*.

Ce qui apparaît encore plus significatif est que cette conception du marché est étendue aux acteurs économiques privés, pourtant non directement régis par les dispositions européennes relatives à l'UEM. Cela transparaît assez clairement dans la suite du raisonnement de la CCF, qui prolonge ses analyses en insistant, de manière tout à fait cohérente avec ces présupposés néo-classiques, sur les impacts économiques jugés néfastes de cette politique monétaire :

> « Les conséquences pertinentes du PSPP en matière de politique économique comprennent également le risque de bulles immobilières et boursières ainsi que des effets économiques et sociaux pour la quasi-totalité des citoyens, qui en sont, du moins indirectement, affectés en leur qualité d'actionnaires, de locataires, de propriétaires d'immeubles, d'épargnants ou encore de preneurs d'assurance. Ainsi, des risques de pertes considérables pèsent-ils sur les épargnes. Il en découle des conséquences directes en ce qui concerne les retraites (privées) et

14 On peut certes remarquer que la Cour constitutionnelle fédérale allemande s'emmêle quelque peu dans la mobilisation des arguments développés par cette littérature d'ascendance monétariste, puisqu'elle confond les deux types de « domination » mis en évidence par T.J. Sargent et N. Wallace et repris par A. Belke et T. Polleit, à savoir la domination « budgétaire » (*fiscal dominance*), d'une part, et la domination « monétaire » (*monetary dominance*), d'autre part. L'analyse de cette 'erreur' dépasse ici le cadre de notre contribution, mais relevons qu'elle s'en trouve en réalité encore plus révélatrice des postulats économiques néo-classiques qui sous-tendent les raisonnements des juges de Karlsruhe (Grégoire, 2021, p. 62-72).

> la rentabilité des plans d'épargne retraite [...]. Grâce aux taux d'intérêt généraux abaissés, le PSPP permet également aux entreprises qui ne sont en principe économiquement plus viables de demeurer sur le marché, puisque de telles entreprises ont accès à des prêts à des conditions favorables[15]. »

Encore une fois, on retrouve ici un condensé de raisonnement néo-classique présupposant le caractère véridictionnel et disciplinarisant du marché, puisque c'est de nouveau le marché qui constitue *l'étalon de vérité* permettant de discriminer les pratiques et les politiques des agents économiques (ici les entreprises ou les citoyens, et non plus les États) sur la base d'une vérité qui leur serait intrinsèque et qui se manifesterait à travers la formation des prix lorsque les mécanismes du marché s'appliquent pleinement. En l'occurrence, la « viabilité » (*Lebensfähigkeit*) des entreprises constitue en quelque sorte ici l'équivalent fonctionnel de la « sanité » (*Gesundheit*) des politiques budgétaires et des finances publiques, toutes deux projetant sur le plan lexical le processus de naturalisation (et de pathologisation) de la thématique du comportement « rationnel » ou « soutenable » des agents économiques (privés ou publics). La logique sous-jacente réside donc dans le fait qu'il existerait un taux naturel du marché, mais que ce taux serait (artificiellement) abaissé par la politique monétaire non conventionnelle de la BCE et que dès lors des entreprises qui, dans les conditions naturelles du marché, n'eussent pas résisté à la concurrence seraient désormais en capacité de déroger (artificiellement) à cette sélection naturelle.

En cohérence avec la logique libérale néo-classique, les « effets économiques et sociaux » de cette politique pour ainsi dire contre-nature sont évidemment considérés négatifs pour la « quasi-totalité » des citoyens (c'est-à-dire des agents économiques) par la CCF. Les « conséquences pertinentes » ciblées par les juges de Karlsruhe sont une fois encore des plus éloquentes. Nulle trace, par exemple, des quelques citoyens qui se trouveraient être des « travailleurs » ou des « emprunteurs » et qui (dans les théories keynésiennes du moins) profiteraient des effets économiques de cette politique expansionniste. Sont pris en compte les « actionnaires », les « propriétaires », les « épargnants », etc., ainsi que les « régimes de retraites *privés* et leur rentabilité » (c'est-à-dire les systèmes de pensions par capitalisation). La CCF ajoute certes qu'« il n'est pas nécessaire de décider ici du poids à accorder à ces préoccupations dans le cadre d'une décision de politique monétaire ; ce qui est décisif, c'est que ces effets, qui sont soit causés, soit au moins amplifiés par le PSPP, ne peuvent

15 BVerfG, 5 mai 2020, *PSPP II*, § 173-174.

être complètement ignorés » (§ 174). Néanmoins, en ne considérant les (éventuels) effets positifs du programme monétaire qu'en termes de stabilité des prix et en n'observant les autres effets que dans leurs versants « négatifs » à partir d'un raisonnement monétariste (alors qu'un raisonnement keynésien pourrait amener à les estimer positifs), la Cour de Karlsruhe maintient donc un référentiel néo-classique particulièrement affirmé.

On voit ainsi à quel point l'ordonnancement des politiques économiques au niveau juridique le plus élevé, censé les objectiver et les dépolitiser, peut mener à une (ré)appropriation des questions politico-économiques par les juridictions suprêmes chargées de garantir les normes fondamentales de leurs ordres juridiques respectifs. Loin de la fiction du juge 'bouche de la loi' et de l''interprétation authentique' comme acte de connaissance, l'affrontement entre Karlsruhe et Luxembourg – et la confrontation entre référentiels économiques qu'il induit – témoigne au contraire du caractère irréductiblement politique de ces questions.

Enseignements et perspectives : la politisation paradoxale du juge 'constitutionnel' comme gardien d'un ordre de marché objectivé et dépolitisé

Le caractère irréductiblement politique des choix économiques nous mène d'ailleurs à l'un des motifs fondamentaux avancés par la CCF pour justifier son acte de résistance, à savoir la défense de la 'démocratie' comme principe régulateur de l'ordre politique de la République fédérale d'Allemagne, qui relève de l''identité constitutionnelle' allemande protégée par la 'clause d'éternité' de l'article 79, alinéa 3 de la Loi fondamentale – qui immunise de toute révision les principes constitutionnels jugés essentiels. Selon Karlsruhe, les réactions européennes à la crise des dettes souveraines mettraient en effet non seulement en danger la 'responsabilité budgétaire générale' du *Bundestag*, reconnue par la CCF comme l'émanation économique du 'principe démocratique', mais elles témoigneraient qui plus est d'une révision tacite des traités au profit d'une 'extension rampante' des attributions de l'UE, alors qu'une telle révision relève théoriquement de la compétence des États membres en tant que 'maîtres des traités', dépositaires de la légitimité démocratique (BVerfG, 5 mai 2020, *PSPP II*, § 157) – révision qui serait elle-même susceptible d'être contrôlée par la Cour constitutionnelle allemande.

L'on se trouve cependant alors dans une situation pour le moins kafkaïenne sur le plan de la légitimité démocratique (de Boer et van't Klooster, 2020) : une 'institution non majoritaire' (Thatcher et Stone Sweet, 2002), en l'occurrence le juge constitutionnel allemand, sermonne, au nom du principe démocratique, une autre 'institution non majoritaire' (à savoir le juge européen) pour ne pas avoir suffisamment contrôlé une troisième 'institution non majoritaire' (c'est-à-dire le banquier central). Cette tension est en réalité révélatrice de la renégociation en cours des rapports de pouvoirs et des équilibres institutionnels qui traversent et structurent les ordres juridico-politiques européens, au profit d'organes et d'institutions fondés non plus tant sur une légitimation démocratique (directe ou indirecte) que sur une légitimation par le savoir – c'est-à-dire sur une logique dite technocratique.

Si la littérature scientifique a bien mis en évidence la montée en puissance de la BCE depuis la crise des dettes souveraines (Fontan, 2013), l'exploration des soubassements économiques sur lesquels se fondent les juges de Karlsruhe et de Luxembourg permet alors de souligner une autre face de cette technocratisation du pouvoir politique en matière économique, à savoir l'émergence des juridictions suprêmes comme garant d'un 'savoir' ou d'une 'sagesse économique' (Herdegen, 1998). Le constitutionnalisme économique tel que défendu par les divers courants (néo)libéraux ne vise en effet pas seulement à consacrer des libertés économiques fondamentales et des principes macroéconomiques réputés scientifiquement prouvés dans les normes juridiques hiérarchiquement les plus hautes, ainsi qu'à confier la gestion technique de l'ordre économique à des institutions indépendantes composées d''experts'. Encore faut-il, à côté (ou plutôt en surplomb) de ces *agents* de l'ordre de marché, un 'gardien de la constitution économique'[16] susceptible d'intervenir, en dernier ressort, pour faire prévaloir l'ordre de marché constitutionnalisé. Et c'est à la figure tutélaire du 'juge constitutionnel' que revient cette tâche. Néanmoins, par ce que l'on pourrait qualifier de ruse de la raison juridique, le caractère ultimement politique et idéologique de ces questions économiques, fussent-elles transfigurées sous les traits techniques du lexique juridique, ressurgit précisément dans l'affrontement entre les deux 'gardiens de la constitution économique' que sont Karlsruhe et Luxembourg.

---

16 Nous faisons ici référence aux débats qui ont animé les milieux juridiques sous la République de Weimar (1919-1933) relatifs à l'organe censé être le « gardien de la Constitution » (l'exécutif, une juridiction suprême, etc.) – débats qui ont donné lieu à une célèbre controverse entre les juristes Carl Schmitt et Hans Kelsen.

Il s'agit alors de ne pas se faire d'illusion sur ce qu'implique réellement l'invocation juridictionnelle du principe démocratique dans ces conflits entre 'gardiens de la constitution économique'. En dernière analyse, elle ne recouvre que ce que le juge définit comme tel, comme en témoigne l'objection symétriquement 'démocratique' de Luxembourg, qui avance que la ratification des traités procède *in fine* des citoyens européens, par référendum ou par le truchement des parlements nationaux.

Au-delà de cette invocation démocratique, il faut alors bien constater que la marge de manœuvre législative laissée aux parlements ou gouvernements élus reste fondamentalement tributaire des conceptions interprétatives du juge constitutionnel, et notamment du référentiel qu'il adopte pour appréhender le fonctionnement de l'économie. On peut d'ailleurs observer que les positions économiques de Karlsruhe semblent à cet égard évoluer assez radicalement. De l'affirmation originelle d'une 'neutralité économique' (certes relative) de la Loi fondamentale laissant le choix du système économique au législateur[17], la CCF se dirige, avec sa jurisprudence relative à l'UEM, vers une objectivation du marché comme lieu de véridiction et instance de disciplinarisation des politiques économiques et budgétaires des États, mais aussi des agents économiques privés. Autrement dit, d'une position niant la 'conformité au marché' comme condition de constitutionnalité, on se retrouve désormais face à une CCF postulant le marché comme ordre objectif préexistant, et prédéterminant l'ordre politique et juridique. Reste à savoir si cette orientation se confirmera à l'avenir, mais une chose est néanmoins certaine : la Cour de Karlsruhe a eu et aura encore l'occasion de se positionner sur des controverses économiques et monétaires fondamentales. La loi d'approbation du plan *Next Generation EU* a récemment été validée par la CCF[18], non sans mettre en doute les motivations juridiques avancées par les institutions de l'UE et en fixant des balises strictes pour éviter la mise en place d'union fiscale larvée (Ruffert, 2022), tout en refusant, au grand dam du juge dissident Müller, de poser une question préjudicielle à la CJUE, sans doute pour esquiver une réponse qui l'aurait amenée à adopter une position encore plus ferme, au risque d'une nouvelle crise institutionnelle. Le programme monétaire *Pandemic emergency purchase programme* (PEPP), adopté par la BCE pour lutter contre les effets

17 BVerfG, 20 juillet 1954, *Investitionshilfe*, 1 BvR 459/52 *e.a.*, Rec. BVerfGE, 4, p. 7, § 37-39 ; BVerfG, 1er mars 1979, *Mitbestimmung*, 1 BvR 532/77 *e.a.*, Rec. BVerfGE 50, p. 290, § 140.

18 BVerfG, 6 décembre 2022, *Eigenmittelbeschluss*, 2 BvR 547/21, non encore publié au recueil (disponible sur : <http://www.bverfg.de/e/rs20221206_2bvr054721.html>).

économiques de la crise de Covid-19, se trouve lui toujours au cœur d'une plainte constitutionnelle, non sans arguments à faire valoir (Ruffert, 2020), d'autant que l'annonce par la BCE, le 21 juillet 2022, d'un nouveau programme monétaire, l'« instrument de protection de la transmission » (IPT), censé contrer la fragmentation des taux d'intérêt dans la zone euro, en particulier pour le cas de l'Italie, est appuyée sur l'existence d'une « dynamique de marché injustifiée, désordonnée », c'est-à-dire exactement le type d'argument qui se trouve dans le viseur de la CCF. Quoique la situation ait pu un temps sembler apaisée[19], comme le laisse entendre d'ailleurs le président de la CJUE Koen Lenaerts (Chatignoux et De Meyer, 2021), la problématique demeure dès lors toujours sur le fond particulièrement vivace, et les risques d'une nouvelle confrontation sont loin d'être nuls.

Conclusion

Si l'on prend alors un peu de hauteur par rapport à la situation spécifique ici analysée, une conclusion s'impose. À la question de savoir comment garantir politiquement un ordre de marché théorisé comme objectif et autorégulé, certains courants de la science économique proposent de 'dépolitiser' l'économie en la sanctuarisant juridiquement par sa constitutionnalisation. Mais cette substantialisation économique des normes hiérarchiquement les plus hautes engendre par contrecoup une juridictionnalisation des questions économiques – manifestation spécifique du phénomène plus général de 'juridification' du politique. Loin de 'détrôner le politique' (Hayek, 2013, p. 831-874), la constitutionnalisation de l'ordre de marché ne fait en réalité que recoder les choix économiques fondamentaux en questions techniques et juridiques, sans pour autant en évacuer leur caractère idéologique et conflictuel, donc proprement politique. Elle déplace en revanche le centre de gravité du pouvoir décisionnel vers des institutions non majoritaires, au sommet desquelles figurent les juridictions suprêmes.

19 La CCF a rejeté le 29 avril 2021 les demandes d'exécution de l'arrêt du 5 mai 2020, en déclarant que le gouvernement et le Parlement allemands avaient bel et bien répondu aux injonctions d'évaluation de la proportionnalité de l'action de la Banque centrale européenne (BVerfG, *PSPP III*, ordonnance du 29 avril 2021, 2 BvR 1651/15, 2BvR 2006/15) ; à l'inverse, la procédure en manquement contre l'État allemand, initiée par la Commission en juin 2021, a été suspendue le 2 décembre de la même année (Procédure INFR(2021)2114), après que le gouvernement allemand a réaffirmé sa reconnaissance de la primauté du droit de l'UE et a pris des engagements pour éviter à l'avenir une telle situation.

Dans ce contexte, recourir aux voies judiciaires pour tenter de subvertir l'ordonnancement juridique spécifique (en l'occurrence, des politiques économiques) que les juridictions ont la charge de garantir peut certes s'avérer stratégiquement utile pour certains acteurs, notamment afin de (re)politiser et de médiatiser certaines problématiques. La question reste néanmoins ouverte de savoir si le fait de s'en remettre à une institution indépendante et non majoritaire pour contester, au nom du principe démocratique, l'ordre (juridique et économique) établi n'est pas déjà, en soi, abdiquer cet idéal démocratique.

Bibliographie

Adalid, Sébastien (2020), « Les actes de la BCE face à la justice constitutionnelle allemande : Entre dénonciation légitime et motifs hasardeux », *Association Française d'Études Européennes*, 14 mai, <https://afee-cedece.eu/les-actes-de-la-bce-face-a-la-justice-constitutionnelle-allemande-entre-denonciation-legitime-et-motifs-hasardeux/>.

Audier, Serge (2012), *Néo-libéralisme(s) : une archéologie intellectuelle*, Paris, Grasset.

BCE (2008), *10e anniversaire de la BCE* (numéro spécial), *Bulletin mensuel*, mai, Francfort-sur-le-Main, Banque centrale européenne.

BCE (2012a), « Éditorial », *Bulletin mensuel*, septembre, p. 5-11.

BCE (2012b), « Compliance of Outright Monetary Transactions with the Prohibition on Monetary Financing », *Bulletin mensuel*, octobre, p. 7-9.

Belke, Ansgar et Polleit, Thorsten (2010), « How much fiscal backing must the ECB have? The euro area is not (yet) the Philippines », *Économie internationale*, vol. 124 (4), p. 5-30.

Boer, Nik de et Klooster, Jens van't (2020), « The ECB, the Courts and the Issue of Democratic Legitimacy After Weiss », *Common Market Law Review*, vol. 57 (6), p. 1689-1724.

Boyer, Robert (2017), « Orthodoxie, hétérodoxies et capitalismes contemporains », *Revue de la régulation. Capitalisme, institutions, pouvoirs*, vol. 22 (2), p. 1-33.

Brennan, Geoffrey et Buchanan, James (1985), *The Reason of Rules: Constitutional Political Economy*, Cambridge, Cambridge University Press.

Britton-Purdy, Jedediah ; Grewal, David Singh ; Kapczynski, Amy et Rahman, K. Sabeel (2020), « Building a Law-and-Political-Economy Framework: Beyond the Twentieth-Century Synthesis », *The Yale Law Journal*, vol. 129, p. 1784-1835.

Cabanes, Antoine de et Fontan, Clément (2019), « La Cour de Justice face à Gauweiler. La mise en récit de l'indépendance de la BCE », *in* Antoine Bailleux, Elsa Bernard et Sophie Jacquot (dirs), *Les récits judiciaires de l'Europe : concepts et typologies*, Bruxelles, Bruylant, p. 169-191.

Chatignoux, Catherine et De Meyer, Karl (2021), « Koen Lenaerts : « L'UE ne peut fonctionner que si le droit national cède le pas au droit commun européen » », *Les Échos*, 28 octobre.

Colliat, Rémi (2012), « Généalogie critique de la gouvernance macroéconomique européenne », *in* Francis Snyder, Albrecht Sonntag et Wei Shen (dirs), *La main visible/ The visible hand*, Bruxelles, Bruylant, p. 293-340.

Commission des Communautés européennes (DGECFIN) (1990), *One market, one money. An evaluation of the potential benefits and costs of forming an economic and monetary union* ["Rapport Emerson"], Bruxelles, European Economy, n° 44.

Constantinesco, Vlad (1984), « La primauté du droit communautaire, mythe ou réalité ? », *in* Gerhard Lüke, Georg Ress et Michael R. Will (dirs), *Rechtsvergleichung, Europarecht und Staatenintegration – Gedächtnisschrift für Léontin-Jean Constantinesco*, Cologne, Heymans, p. 109-123.

Dehay, Éric (1995), « La justification ordo-libérale de l'indépendance des banques centrales », *Revue française d'économie*, vol. 10 (1), p. 27-53.

Dyson, Kenneth H.F. et Featherstone, Kevin (1999), *The Road to Maastricht: Negotiating economic and monetary union*, Oxford, Oxford University Press.

EC Commission (1991), *Intergovernmental Conferences: Contributions by the Commission, Bulletin of the European Communities*, Supplement 2/91, Luxembourg, Office for official publications of the European Communities.

Fontan, Clément (2013), « Frankenstein in Europe. The impact of the European Central Bank on the management of the eurozone crisis », *Politique Européenne*, vol. 42 (4), p. 22-45.

Foucault, Michel (2004), *Naissance de la biopolitique. Cours au Collège de France 1978-1979*, Paris, Gallimard/Le Seuil.

Fricke, Thomas (1993), « D'une Bundesbank à l'autre ? La Banque centrale allemande comme modèle pour l'Europe », *Revue de l'OFCE*, vol. 44 (1), p. 155-180.

Goldmann, Matthias (2020), « The European Economic Constitution after the PSPP Judgment: Towards Integrative Liberalism? », *German Law Journal*, vol. 21 (5), p. 1058-1077.

Grégoire, Guillaume (2018), « Crise des dettes souveraines et risque de conflit juridictionnel : retour sur l'affaire *Outright monetary Transactions », Revue de droit international et de droit comparé,* vol. 95 (1), p. 147-181.

Grégoire, Guillaume (2019), « Le marché, instance disciplinaire des États dans le cadre de l'Union économique et monétaire : des théories économiques aux cadres juridiques », *Politeia,* vol. 35, p. 53-119.

Grégoire, Guillaume (2021), « L'économie de Karlsruhe. L'intégration européenne à l'épreuve du juge constitutionnel allemand », *Courrier hebdomadaire du CRISP,* vol. 2490-2491 (5-6), p. 5-96.

Hayek, Friedrich August (1975), « Die Anmaßung von Wissen », *ORDO: Jahrbuch für die Ordnung von Wirtschaft und Gesellschaft,* vol. 26, p. 12-21.

Hayek, Friedrich August (2013), *Droit, législation et liberté,* Paris, Presses Universitaires de France.

Hentschelmann, Kai (2011), « Finanzhilfen im Lichte der No Bailout-Klausel – Eigenverantwortung und Solidarität in der Währungsunion », *Europarecht,* vol. 46 (2), p. 282-312.

Herdegen, Matthias J. (1998), « Price Stability and Budgetary Restraints in the Economic and Monetary Union: The Law as Guardian of Economic Wisdom », *Common Market Law Review,* vol. 35 (1), p. 9-32.

Hinarejos, Alicia (2015), *The Euro Area Crisis in Constitutional Perspective,* Oxford et New York, Oxford University Press.

Jabko, Nicolas (1999), « In the name of the Market: how the European Commission paved the way for monetary union », *Journal of European Public Policy,* vol. 6 (3), p. 475-495.

Jasanoff, Sheila (2007), « Making Order: Law and Science in Action », *in* Edward Hackett, Olga Amsterdamska, Michael Lynch et Judy Wajcman (dirs), *Handbook of Science and Technology Studies,* Cambridge, MIT Press, p. 761-786.

Klooster, Jens van't (2022), « Technocratic Keynesianism: a paradigm shift without legislative change », *New Political Economy,* vol. 27 (5), p. 771-787.

Kydland, Finn E. et Prescott, Edward C. (1977), « Rules Rather than Discretion: The Inconsistency of Optimal Plans », *Journal of Political Economy,* vol. 85 (3), p. 473-491.

Lawson, Tony (2013), « What is this 'school' called neoclassical economics? », *Cambridge Journal of Economics,* vol. 37 (5), p. 947-983.

Lemoine, Benjamin (2016), *L'ordre de la dette : enquête sur les infortunes de l'État et la prospérité du marché,* Paris, La Découverte.

Lordon, Frédéric (1997), « Les apories de la politique économique à l'époque des marchés financiers », *Annales. Histoire, Sciences Sociales*, vol. 52 (1), p. 157-187.

Louis, Jean-Victor (2020), « L'indépendance de la Banque centrale européenne », *Revue trimestrielle de droit européen*, vol. 56 (4), p. 797-830.

Lucas, Robert E. (1972), « Expectations and the neutrality of money », *Journal of Economic Theory*, vol. 4 (2), p. 103-124.

Martucci, Francesco (2016), *L'ordre économique et monétaire de l'Union européenne*, Bruxelles, Bruylant.

Martucci, Francesco (2020), « La BCE et la Cour constitutionnelle allemande : comprendre l'arrêt du 5 mai de la Cour constitutionnelle allemande » [article de blog], *Le Club des Juristes*, 11 mai, <https://www.leclubdesjuristes.com/blog-du-coronavirus/que-dit-le-droit/la-bce-et-la-cour-constitutionnelle-allemande-comprendre-larret-du-5-mai-de-la-cour-constitutionnelle-allemande/>.

Martucci, Francesco (2022), « Les racines historiques et théoriques de l'Union économique et monétaire », *in* Guillaume Grégoire et Xavier Miny (dirs), *The Idea of Economic Constitution in Europe. Genealogy and Overview*, Leiden, Brill p. 427-457.

McKenzie, Richard (dir.) (1984), *Constitutional Economics: Containing the Economic Powers of Government*, Lexington, Lexington Books.

Miksch, Leonhard (1949), « Die Wirtschaftspolitik des Als-Ob », *Zeitschrift für die gesamte Staatswissenschaft*, vol. 105 (2), p. 310-338.

Muller, Pierre (2010), « Référentiel », *in* Laurie Boussaguet, Sophie Jacquot et Pauline Ravinet (dirs), *Dictionnaire des politiques publiques*, Paris, Presses de Sciences Po, p. 555-562.

Posner, Richard (1986), *Economic Analysis of Law*, 3e édition, Boston, Little, Brown and Company.

Richter, Rudolf (1999), *Deutsche Geldpolitik 1948-1998*, Tübingen, Mohr Siebeck.

Rogoff, Kenneth (1986), « Social institutions for overcoming monetary policy credibility problems », Paper présented to the American Economic Association, Annual Meetings, New Orleans, décembre.

Ruffert, Matthias (2020), « Le bouleversement de l'Union économique et monétaire dans la crise pandémique », *Revue trimestrielle de droit européen*, vol. 56 (4), p. 915-930.

Ruffert, Matthias (2022), « Nikolaus 2.0: Zum NGEU-Urteil des Bundesverfassungsgerichts vom 6. Dezember 2022 », *Verfassungsblog*, 9 décembre, <https://verfassungsblog.de/nikolaus-2-0/>.

Sander, Florian (2018), « "Gestörte geldpolitische Transmission" – eine kompetenzrechtliche Sackgasse », *JuristenZeitung*, vol. 73 (11), p. 525-534.

Sandholtz, Wayne (1993), « Choosing Union: Monetary Politics and Maastricht », *International Organization*, vol. 47 (1), p. 1-39.

Sargent, Thomas J. et Wallace, Neil (1981), « Some Unpleasant Monetarist Arithmetic », *Federal Reserve Bank of Minneapolis Quarterly Review*, vol. 5 (3), p. 1-17.

Schepel, Harm (2017), « The Bank, the Bond, and the Bail-out: On the Legal Construction of Market Discipline in the Eurozone », *Journal of Law and Society*, vol. 44 (1), p. 79-98.

Schmid, Christoph U. (2001), « All Bark and No Bite: Notes on the Federal Constitutional Court's 'Banana Decision' », *European Law Journal*, vol. 7 (1), p. 95-113.

Schneider, Karsten (2020), « Gauging "Ultra-Vires": The Good Parts », *German Law Journal*, vol. 21 (5), p. 968-978.

Streit, Manfred E. (1992), « Wissen, Wettbewerb und Wirtschaftsordnung — Zum Gedenken an Friedrich August von Hayek — », *ORDO: Jahrbuch für die Ordnung von Wirtschaft und Gesellschaft*, vol. 43, p. 1-30.

Supiot, Alain (2019), « La guerre du dernier mot », *in* Collectif (dir.), *Liber Amicorum en hommage à Pierre Rodière. Droit social international et européen en mouvement*, Paris, LGDJ, p. 489-503.

Thatcher, Mark et Stone Sweet, Alec (2002), « Theory and Practice of Delegation to Non-Majoritarian Institutions », *West European Politics*, vol. 25 (1), p. 1-22.

Van Der Sluis, Marijn (2019), « Similar, Therefore Different: Judicial Review of Another Unconventional Monetary Policy in Weiss (C-493/17) », *Legal Issues of Economic Integration*, vol. 46 (3), p. 263-284.

Violante, Teresa (2020), « Bring Back the Politics: The PSPP Ruling in Its Institutional Context », *German Law Journal*, vol. 21 (5), p. 1045-1057.

Wendel, Mattias (2020), « Paradoxes of Ultra-Vires Review: A Critical Review of the PSPP Decision and Its Initial Reception », *German Law Journal*, vol. 21 (5), p. 979-994.

Wilkinson, Michael A. et Lokdam, Hjalte (2018), « Law and Political Economy », *LSE Law, Society and Economics Working Papers*, vol. 7, Londres, London School of Economics and Political Science.

Wilsher, Daniel (2013), « Ready to Do Whatever it Takes? The Legal Mandate of the European Central Bank and the Economic Crisis », *Cambridge Yearbook of European Legal Studies*, vol. 15, p. 503-536.

Guillaume Grégoire est docteur en sciences juridique et assistant en droit économique à l'Université de Liège, ancien aspirant du Fonds belge pour la recherche scientifique (2017-2021) et chercheur invité à l'Université Paris-Panthéon-Assas (2018) et au Max-Planck-Institut für Innovation und Wettbewerb de Munich (2019). Ses recherches portent sur le phénomène de constitutionnalisation de l'économie.

guillaume.gregoire@uliege.be

POLITIQUE EUROPÉENNE
N° 79 | 2023

Thomas Lépinay

p. 62-95

Les voies nationales de la discipline budgétaire européenne. Contraintes juridiques et interprétation accommodante des règles en France

Cet article étudie la mise en œuvre des règles budgétaires issues de la crise des dettes souveraines (TSCG, *six-pack* et *two-pack*) en analysant les luttes institutionnelles qui ont eu lieu pour durcir ou relâcher la contrainte juridique dans le cas français. Il montre comment le gouvernement, issu d'une alternance politique à la suite de l'élection de François Hollande en 2012, a tiré parti de l'ambiguïté des règles pour les interpréter de manière accommodante. Disposant théoriquement d'un pouvoir de veto, le Conseil constitutionnel et la Commission européenne se sont ralliés à cette interprétation, face à une approche plus stricte portée par la Cour des comptes et le Haut Conseil des finances publiques. Dans un contexte où, de fait, il n'existe pas de sanction judiciaire au manquement aux règles, le droit financier public européen exerce seulement une contrainte indirecte, par son effet sur la structuration du débat public.

National paths to European fiscal discipline. Legal constraints and creative interpretation of rules in France

This article questions the implementation of the fiscal rules enacted during the sovereign debt crisis (TSCG, six-pack and two-pack), through an analysis of the institutional struggles to tighten or loosen the legal constraint in the French case. It shows how the government, emerging from a political alternation following the election of François Hollande in 2012, took advantage of the ambiguity of the rules to interpret them in a creative way. While holding theoretically veto power, the French Constitutional Council and the European Commission rallied to the interpretation adopted by the government, rejecting a stricter approach taken by the French Court of Auditors and the *Haut Conseil des finances publiques*. In a context where, in fact, there is no judicial sanction for failure to comply with the rules, European fiscal law only exerts an indirect constraint.

Les voies nationales de la discipline budgétaire européenne

Contraintes juridiques et interprétation accommodante des règles en France

Thomas Lépinay
Université de Strasbourg

Introduction

Depuis le traité de Maastricht, la politique budgétaire des États membres de l'Union économique et monétaire apparaît de plus en plus encadrée par un droit des finances publiques. Les États ont d'abord été tenus de respecter des seuils fixés à 3 % maximum de déficit et 60 % de dette par rapport au PIB. Puis, à l'occasion de la crise des dettes souveraines, les règles ont été théoriquement durcies par de nouveaux textes, en particulier pour les pays signataires du Traité sur la stabilité, la coordination et la gouvernance (TSCG) du 2 mars 2012. Ce traité inclut en effet une « règle d'or », définissant des seuils maximaux de déficit structurel (calculé en tenant compte du contexte économique) de 0,5 % du PIB, qu'un mécanisme « automatique » de correction est chargé de faire respecter. Il prévoit également que ces dispositions soient inscrites dans les législations nationales et que leur application soit contrôlée par la Commission européenne et par des institutions budgétaires indépendantes au niveau domestique. En France, la loi organique relative à la programmation et à la gouvernance des finances publiques du 17 décembre 2012 transpose ces nouvelles normes et crée le Haut Conseil des finances publiques (HCFP).

Il est cependant difficile de qualifier la manière dont ce droit opère sur les politiques budgétaires nationales, c'est-à-dire d'évaluer les effets normatifs de cette « constitutionnalisation des contraintes budgétaires européennes » (Adams, Fabbrini et Larouche, 2014). Il est indéniable que le durcissement des règles juridiques a eu de multiples conséquences, tant sur la disciplinarisation des statistiques nationales que sur les instruments budgétaires utilisés dans les pays membres (Savage, 2005 ; Heipertz et Verdun, 2010 ; Lemoine, 2016 ; Piron, 2018) – et ce d'autant plus qu'il a pris place dans un mouvement plus large de quantification de la dette porté aussi bien par des acteurs publics que privés (Lemoine, 2014 ; Fourcade, 2017). Plus particulièrement, le droit européen a favorisé l'émergence de « gardiens discordants de la discipline budgétaire » (Saint-Martin, 2021), censés être plus intransigeants que les ministères des Finances dans l'application des règles. Certains auteurs ont également parlé d'une nouvelle gouvernance économique européenne du fait du nouveau poids que la Commission a obtenu dans le suivi des budgets (Bauer et Becker, 2014 ; Laffan et Schlosser, 2016 ; Savage et Verdun, 2016 ; Verdun et Zeitlin, 2018). En effet, dans le cadre du Semestre européen, la Commission recommande des politiques publiques aux États membres, ce qui donne lieu à de nombreuses négociations entre les acteurs domestiques et les institutions européennes (Coman, 2018 ; Glencross, 2018 ; Crespy et Vanheuverzwijn, 2019 ; Schmidt, 2020 ; Mérand, 2021). Le propre de ce droit budgétaire européen est néanmoins de reposer sur le contrôle d'institutions disposant de moyens limités pour contraindre les gouvernements nationaux à appliquer les règles. Parce qu'il se heurte à la légitimité démocratique des États membres dans un domaine sensible – les finances publiques formant « un lieu de cristallisation et d'expression des luttes politiques et sociales dont elles sont le produit autant que l'enjeu » (Bezes et Siné, 2011, p. 21) –, sa mise en œuvre fait l'objet de renégociations permanentes.

Cet article se propose ainsi d'étudier la mise en œuvre des règles budgétaires issues de la crise des dettes souveraines (TSCG, *six-pack* et *two-pack*) en France. Comme l'ont montré de nombreux travaux, les processus de transposition du droit européen dans le droit national n'ont rien d'automatique ni de linéaire, et dépendent pour une large part de variables domestiques (Cowles, Caporaso et Risse, 2001 ; Falkner et al., 2005 ; Thomann, 2015). De surcroît, dans le cas étudié, la transposition des nouveaux textes budgétaires a lieu dans un contexte particulier d'alternance politique. Le TSCG a été négocié et signé sous la mandature de Nicolas Sarkozy, mais c'est à la nouvelle majorité de gauche, arrivée au pouvoir en mai 2012 avec l'élection de François Hollande à la présidence de la République, qu'il échoit de ratifier le traité et d'intégrer les règles dans le droit national. L'article montre alors comment cette nouvelle majorité, faisant le choix de respecter la signature de la France, s'assure d'une transposition accommodante des règles. Préservant des marges de manœuvre budgétaires, le gouvernement s'écarte de la conception alors dominante du caractère disciplinaire du nouveau droit européen.

Ces luttes institutionnelles pour renforcer ou au contraire desserrer la contrainte budgétaire se jouent dans la technicité du droit : l'ambiguïté des règles et leur complexité structurent en effet les jeux politiques, bureaucratiques ou judiciaires à l'œuvre. Pour en rendre compte, l'article s'appuie sur les approches néo-institutionnalistes historiques (Sheingate, 2009 ; Mahoney et Thelen, 2009), qui décrivent une double nature des règles de droit : d'un côté, celles-ci contraignent les acteurs en distribuant des pouvoirs, en permettant et en empêchant formellement certains coups, et orientent de ce fait leurs comportements ; mais, de l'autre côté, les ambiguïtés du droit favorisent « l'interprétation créative des règles » (Sheingate, 2009, p. 169), parfois même à l'encontre de leur esprit initial. Les règles réinterprétées offrent alors de nouveaux points de fixation aux luttes entre acteurs.

L'ambiguïté du droit peut résulter de deux facteurs que l'on retrouve ici. Elle peut d'abord être l'effet de formes de compromis destinées à assurer un accord entre les diverses parties prenantes (Palier, 2005). C'est le cas lorsque les négociateurs s'accordent sur une large part discrétionnaire dans la mise en œuvre ou bien lorsque des participants à la négociation s'assurent *ex ante* de conserver des marges de manœuvre en complexifiant les formulations du texte. Dans d'autres cas, c'est de manière inattendue que les acteurs chargés de la mise en œuvre construisent de nouvelles interprétations. Leurs interventions favorisent alors une « conversion des règles » (Sheingate, 2009, p. 183 ; Mahoney et Thelen, 2009), c'est-à-dire un processus par lequel des règles conçues pour un ensemble de finalités (en l'occurrence, la discipline budgétaire) sont intentionnellement redirigées vers d'autres objectifs (le maintien de marges de manœuvre) sans que les règles soient modifiées formellement.

Pour expliquer la stratégie française – qui s'oppose à la fois à un refus d'appliquer le nouveau droit et à une interprétation austéritaire des textes –, nous mettons l'accent sur la conjonction de deux paramètres. Le premier est lié aux rationalités du gouvernement. Pour celui-ci, l'interprétation accommodante des règles est d'abord un moyen d'assurer l'adhésion des députés de gauche aux choix gouvernementaux alors que le TSCG est majoritairement interprété comme favorisant l'austérité. L'interprétation accommodante lui permet également de conserver des marges de manœuvre dans la conduite des politiques budgétaires. Cette stratégie, qui revient à encourager l'européanisation des politiques économiques tout en s'assurant des marges de manœuvre au niveau national, s'inscrit dans la continuité des positions françaises qu'ont déjà mises en valeur plusieurs travaux (Howarth, 2007 ; Bezes et Le Lidec, 2015 ; Fontan et Saurugger, 2020). Le deuxième paramètre est la légitimation de cette solution par des acteurs théoriquement en mesure de poser leur veto aux choix du gouvernement. Chacun de leur côté, la Commission européenne et le Conseil constitutionnel valident sur le plan juridique l'interprétation accommodante et ne sanctionnent pas les manquements ou les jeux avec les règles. De ce fait, aucune institution ou coalition n'est en mesure d'imposer une interprétation restrictive des règles après 2012.

Cet article contribue ainsi à éclairer les dynamiques d'application du droit européen, en analysant les luttes pour les interprétations légitimes des textes. L'analyse tend ce faisant à nuancer la thèse d'une institutionnalisation de l'austérité par l'effet propre des règles juridiques (pour une explicitation de cette thèse dans le cas français, voir Glencross, 2018). Certes, les règles budgétaires contribuent à la mise en ordre des finances publiques en obligeant le gouvernement à justifier ses choix devant plusieurs arènes, et le type de contrainte politique qu'entraîne l'exposition publique des choix budgétaires n'est pas à négliger (Lemoine, 2014, 2016). Elles renforcent également le pouvoir d'acteurs juridiques ou bureaucratiques chargés eux aussi d'interpréter les règles et dotés d'une capacité de veto sur les choix faits. Cette configuration rend néanmoins les règles contournables et, de fait, le gouvernement français peut les contourner.

L'article s'appuie sur l'analyse des textes européens, de rapports et débats parlementaires, des décisions du Conseil constitutionnel, de rapports de la Commission européenne et de la Cour des comptes française, ainsi que d'avis du Haut Conseil des finances publiques. Il prend également appui sur des témoignages écrits et sur le dépouillement de la presse et de travaux de seconde main en finances publiques cités dans cet article. Des magistrats de la Cour des comptes, trois anciens membres du HCFP et des députés ont été également interviewés, l'ensemble de ces entretiens menés entre 2018 et 2022 (n=12) ayant abordé le thème des finances publiques dans les années 2010. Ces entretiens ont permis d'approfondir la compréhension des rationalités des différents acteurs des politiques et de la surveillance budgétaires.

La première partie de l'article revient sur le renforcement apparent de la surveillance budgétaire pendant la crise des dettes souveraines et sur la nature du droit qui en résulte. La deuxième analyse les jeux politiques et juridiques à l'œuvre au cours de la transposition en France. La troisième explique l'absence durable de sanction judiciaire au manquement aux règles par l'échec des mobilisations en faveur d'interprétations plus restrictives des règles. La dernière partie est consacrée à la manière dont la nouvelle configuration peut tout de même produire des effets – non judiciaires – sur les politiques budgétaires.

Le renforcement apparent de la surveillance budgétaire et les ambiguïtés juridiques des textes européens issus de la crise

Entre 2011 et 2013, au plus fort de la crise des dettes souveraines, deux paquets législatifs européens (le *six-pack*, consistant en cinq règlements et une directive, et le *two-pack*, composé de deux règlements), ainsi qu'un traité intergouvernemental (signé par les États membres de l'UE à l'exception du Royaume-Uni et de la République tchèque), sont adoptés pour renforcer la gouvernance économique européenne dans le sens d'une plus grande discipline budgétaire des États membres. Sans changer les grands principes de l'Union économique et monétaire – les politiques budgétaires restent décidées au niveau national, suivant un ensemble de règles communes –, l'architecture juridique qui en résulte semble durcir à plusieurs titres les dispositions issues du Pacte de stabilité et de croissance (PSC) de 1997. L'objectif affirmé par les signataires du TSCG est clairement disciplinaire, comme le souligne le préambule même du traité :

> « la nécessité pour les gouvernements de maintenir des finances publiques saines et soutenables et de prévenir tout déficit public excessif est d'une importance essentielle [...] et requiert dès lors l'introduction de règles spécifiques, dont une règle d'équilibre budgétaire et un mécanisme automatique pour l'adoption de mesures correctives[1] ».

Création d'une « règle d'or » budgétaire, mécanisme automatique de correction en cas de dérapage budgétaire, mais également renforcement des pouvoirs de sanction de la Commission européenne et création d'un deuxième niveau – domestique – de contrôle des finances publiques à travers la mise en place d'institutions budgétaires indépendantes (ci-après les IBI) : le nouveau droit des finances publiques est alors interprété par la grande majorité des acteurs comme une institutionnalisation de la rigueur budgétaire et une victoire de la ligne dure tenue par le gouvernement conservateur allemand d'Angela Merkel[2].

Les textes sont cependant le fruit d'« accords ambigus » (Palier, 2005 ; Mahoney et Thelen, 2009, p. 8) entre gouvernements aux intérêts et aux objectifs opposés.

---

1 Traité sur la stabilité, la coordination et la gouvernance (ci-après TSCG) du 2 mars 2012, préambule, § 3.

2 Quelques commentateurs juristes ou politistes font cependant état de l'ambiguïté du texte dès sa parution : Renaud Dehousse en conclut même qu'il existe une « contradiction manifeste entre la portée relativement modeste de l'accord et la forme solennelle que l'on a choisi de lui donner » (2012, p. 4).

Dans les négociations, les gouvernements se sont accordés pour sauver la monnaie unique, mais les positions nationales concernant la répartition des coûts et les règles financières à adopter ont été divergentes (Crespy et Schmidt, 2014 ; Schimmelfennig, 2015 ; Schoeller, Guidi et Karagiannis, 2017). Le renforcement des contraintes budgétaires a en effet été porté par l'Allemagne et par les pays nordiques comme contrepartie aux mesures de sauvetage immédiates de la zone euro et en particulier au Mécanisme européen de stabilité. De leur côté, les pays du Sud de l'Europe et la France ont tenté d'en restreindre la portée, en fixant des lignes rouges sur le caractère contraignant des mesures. En se fondant sur des entretiens avec les acteurs français de ces négociations, Clément Fontan et Sabine Saurugger (2020, p. 517) affirment ainsi que la France s'est assurée de l'ambiguïté de certaines mesures avant de donner son accord au TSCG. Dans ce contexte, une large part discrétionnaire est laissée aux États membres dans la mise en œuvre des dispositions. Le design institutionnel de la nouvelle surveillance budgétaire élaboré dans le TSCG et le droit secondaire européen est complexe et ne verrouille pas le dispositif disciplinaire.

La première ambiguïté concerne la nature contraignante du mécanisme automatique de correction et, par conséquent, de la « règle d'or » dont ce mécanisme est censé garantir le respect.

Les nouveaux textes portent, on l'a dit, une approche plus stricte en matière de déficit autorisé. Alors que le Pacte de stabilité et de croissance de 1997 établissait un seuil de 3 % du PIB de déficit nominal, le *six-pack* de 2011 définit plus précisément un objectif à moyen terme (OMT) à 1 % du PIB de déficit structurel[3], introduisant également une notion d'« écart important » à cet objectif (0,5 % du PIB sur une année, ou 0,25 % en moyenne sur deux années, une fois la composante conjoncturelle écartée) justifiant une correction de la trajectoire. Le TSCG va encore plus loin en instaurant une « règle d'or », selon laquelle la situation budgétaire des pays signataires doit être à l'équilibre ou en excédent, avec un OMT respectant la limite maximale de 0,5 % du PIB de déficit structurel pour les États dont la dette est supérieure à 60 % (1% au-delà)[4].

3 Le déficit nominal est le déficit constaté ; le déficit structurel est un déficit théorique qui ne tient pas compte de certains effets conjoncturels liés par exemple aux variations cycliques ou à des mesures ponctuelles et temporaires. L'objectif budgétaire de moyen terme, vaguement défini en 1997, vise à établir une trajectoire des finances publiques garantissant dans la durée le respect du seuil de 3 % du PIB de déficit. À partir de 2011, il est révisé tous les trois ans par les États membres. Dans le cadre du suivi des Programmes de stabilité, la Commission et le Conseil vérifient si l'OMT assure le respect du seuil des 3 % et si la trajectoire adoptée pour y parvenir est réaliste.

4 TSCG, art. 3 (1).

Seules des « circonstances exceptionnelles », indépendantes de la volonté des États (ce qui exclut des mesures destinées par exemple au soutien de l'emploi ou de l'investissement public), ou une « grave récession économique » affectant « la zone euro ou l'ensemble de l'Union » (et non pas un État seul) peuvent autoriser les États à s'écarter de leur OMT[5].

Pour assurer l'effectivité de ces dispositions, le traité prévoit un mécanisme de correction qui doit être déclenché « automatiquement » si des « écarts importants[6] » sont constatés par rapport à l'OMT. Ce mécanisme oblige en théorie les États à prendre des mesures pour rétablir leur trajectoire financière mais il doit le faire en « respectant pleinement les prérogatives des parlements nationaux[7] » (pour une analyse juridique détaillée, voir Fromage, 2017, p. 111-116). De surcroît, les dispositifs institutionnels censés assurer l'automaticité de l'application du mécanisme sont peu définis. Les institutions budgétaires indépendantes exercent *a priori* un rôle central dans le déclenchement et le suivi du mécanisme : elles « procèdent à des évaluations publiques de l'apparition de circonstances justifiant le déclenchement du mécanisme de correction, du déroulement de la correction conformément aux règles et aux plans nationaux, et de l'apparition de circonstances justifiant l'application, la prolongation et la levée de clauses dérogatoires[8] ». Le texte prévoit toutefois que « l'État membre concerné est tenu de se conformer à l'avis de ces organismes ou d'expliquer publiquement pourquoi il ne le suit pas[9] », permettant théoriquement aux gouvernements de ne pas déclencher le mécanisme y compris lorsque l'IBI a considéré publiquement que les circonstances en étaient réunies.

Enfin, il est indiqué que l'ensemble de ces règles doit être retranscrit par les États signataires dans leur droit national, de préférence au niveau constitutionnel. Cependant, l'article qui énonce cette obligation a fait l'objet de réécritures qui en complexifient la formulation. Dans la première version du Traité du 16 décembre 2011, le texte évoquait des « dispositions nationales contraignantes » : *« The rules [...] shall be introduced in national binding provisions of a constitutional or equivalent nature »* (voir également Schoeller, Guidi et Karagiannis, 2017, p. 1217). Au cours des négociations, la position allemande

5 TSCG, art. 3 (3)(b).

6 TSCG, art. 3 (1)(e).

7 *Ibid.*

8 Commission européenne, Principes communs aux mécanismes nationaux de correction budgétaire, COM(2012) 0342 final, voir notamment annexe, principe 7.

9 *Ibid.*

d'une constitutionnalisation obligatoire de la « règle d'or » a été combattue notamment par la France et par l'Italie, et est écartée dans le texte final au profit d'une formulation alambiquée, puisque le traité parle de « dispositions contraignantes et permanentes, de préférence constitutionnelles, ou dont le plein respect et la stricte observance tout au long des processus budgétaires nationaux sont garantis de quelque autre façon[10] ». Cette formulation, nous le verrons, aura une importance décisive dans le cas français.

La seconde ambiguïté concerne l'architecture juridique et institutionnelle de la surveillance budgétaire, en particulier celle qui est appelée à être exercée par les IBI nouvellement créées : le TSCG ne fait que mentionner des « institutions chargées, au niveau national, de vérifier le respect des règles » contenues dans le Traité, en renvoyant à une proposition de la Commission la définition des mécanismes précis de surveillance et des critères d'indépendance de ces institutions[11] ; le *six-pack* et le *two-pack* attribuent des compétences aux institutions budgétaires indépendantes, mais le design institutionnel est en large partie laissé à la discrétion des États membres.

La forme institutionnelle de l'IBI est elle-même peu définie au moment de la production de ces normes. Si certains États disposaient déjà d'un organe semblable à une IBI avant la crise des dettes souveraines, le standard organisationnel se diffuse pour l'essentiel à partir de 2010-2011 en Europe, d'abord en Irlande, au Portugal et en Grèce (sans mise en œuvre pour cette dernière) dans le cadre de l'assistance financière à ces pays (Saint-Martin, 2021). Or, comme le montre Tobias Tesche (2019), le consensus en faveur de la création d'IBI parmi les principales institutions européennes et internationales (Commission européenne, Banque centrale européenne, Fonds monétaire international) au moment de la crise masque des conceptions différentes en matière de design. La BCE promeut ainsi un mandat large aux IBI, incluant une compétence en matière de fixation d'objectifs budgétaires généraux. La Commission européenne veille à maintenir ses prérogatives en matière de surveillance budgétaire, et tend à promouvoir les IBI comme des relais nationaux qui légitimeraient son action à l'échelle domestique. Le FMI insiste quant à lui sur la capacité des IBI à jouer un rôle dans le débat public : pour être efficaces, celles-ci doivent fournir en arguments divers acteurs (médias, parlementaires, agences de notation) pour contraindre les gouvernements à rendre des comptes au niveau national (Tesche, 2019). C'est cette dernière dimension que les textes vont dans les faits privilégier. L'indétermination du

10 TSCG, art. 3 (2).

11 TSCG, art. 3 (2).

design institutionnel permet en effet aux États de construire des IBI dotées de faibles pouvoirs en matière de fixation des objectifs ou des hypothèses budgétaires ; par ailleurs, les textes n'établissent pas de lien entre niveau européen et domestique de la surveillance budgétaire.

D'abord, outre leur rôle dans le déclenchement du mécanisme de correction, les IBI sont en théorie chargées de la surveillance *ex ante* des hypothèses budgétaires, qui doivent selon les textes respecter l'OMT et une trajectoire pluriannuelle, mais elles n'obtiennent pas formellement un pouvoir de veto ni une capacité à solliciter d'autres institutions pour faire respecter le droit. Le *six-pack* dispose ainsi que les États doivent se fonder sur des « analyses fiables et indépendantes réalisées par des organismes indépendants ou jouissant d'une autonomie fonctionnelle à l'égard des autorités budgétaires des États membres[12] ». Le *two-pack* charge quant à lui les IBI de surveiller le respect de l'OMT et des trajectoires pluriannuelles de finances publiques définies par les États membres : les IBI doivent ainsi « réaliser ou approuver » les prévisions macroéconomiques sur lesquelles reposent les hypothèses budgétaires du gouvernement[13]. Les textes n'indiquent néanmoins pas la forme que leur avis doit prendre, ni ce qu'un éventuel rejet implique. En outre, bien que les dispositions du TSCG doivent être insérées dans les législations nationales, les textes ne prévoient pas de système de contrôle juridique des budgets au niveau domestique : les cours constitutionnelles ou administratives ne sont pas mentionnées. Le règlement no. 473/2013 établit simplement que « la mise en place de ces organismes de suivi tient compte du paysage institutionnel existant et de la structure administrative spécifique du pays[14] ». Une liste de principes définit l'indépendance des IBI[15], reprenant un standard de l'indépendance

12 Directive 2011/85/UE du Conseil du 8 novembre 2011 sur les exigences applicables aux cadres budgétaires des États membres, article 6(1)(b).

13 Règlement (UE) no. 473/2013 du Parlement européen et du Conseil du 21 mai 2013 établissant des dispositions communes pour le suivi et l'évaluation des projets de plans budgétaires et pour la correction des déficits excessifs dans les États membres de la zone euro, art. 2(1)(b) et art. 4(4).

14 *Ibid.*, préambule, § 17. Cette formulation est également présente dans la communication de la Commission européenne du 20 juin 2012.

15 L'article 2(1)(a) de ce même règlement précise que les IBI doivent être « des organismes [...] fondés sur des dispositions juridiques nationales garantissant un niveau élevé d'autonomie fonctionnelle et de responsabilité, notamment : i) un régime statutaire ancré dans les droits nationaux, les réglementations ou des dispositions administratives contraignantes ; ii) l'interdiction de prendre des instructions des autorités budgétaires de l'État membre concerné ou de tout autre organisme public ou privé ; iii) la capacité de communiquer publiquement en temps utile ; iv) des procédures de nomination des membres fondées sur leur expérience et leur compétence ; v) des ressources suffisantes et un accès approprié à l'information afin de mener à bien leur mission ».

sur le modèle des banques centrales ou des autorités de régulation (François et Vauchez, 2020), mais les textes sont peu précis quant à la position que ces institutions doivent tenir.

Les textes ne définissent pas non plus les rapports des IBI avec la Commission européenne. Pourtant, les pouvoirs de la Commission européenne sont dans le même temps renforcés par le TSCG et le *two-pack* (Laffan et Schlosser, 2016). Le TSCG introduit un mécanisme de « majorité qualifiée inversée » qui tend à automatiser l'application des sanctions proposées par la Commission européenne en cas de manquement aux règles budgétaires. Le *two-pack* harmonise quant à lui les calendriers budgétaires nationaux, renforçant la capacité de contrôle de la Commission dans le cadre du Semestre européen. Il n'existe pour autant pas de lien explicite entre la surveillance budgétaire menée par la Commission européenne et celle qui est menée au sein des États par les IBI. Enfin, le TSCG n'envisage de sanction judiciaire de la Cour de justice de l'Union européenne qu'en ce qui concerne la transposition de la « règle d'or » et non son application routinière : la mise à l'écart du juge européen confirme le caractère toujours largement domestique du droit budgétaire. Dans ce contexte, la définition du mécanisme automatique de correction assurant le respect de la règle d'équilibre budgétaire ainsi que la construction des liens interinstitutionnels entre institutions de surveillance budgétaire, ministères des Finances et cours constitutionnelles deviennent des enjeux dans la transposition des textes.

La dilution des objectifs disciplinaires du TSCG au moment de sa transposition en France

L'imprécision des mécanismes institutionnels instaurés par le TSCG et par le droit dérivé de l'Union européenne ne restreint guère les interprétations possibles des règles, dans le sens d'un verrouillage des politiques économiques ou au contraire du maintien d'une part discrétionnaire dans l'élaboration des budgets. C'est cette deuxième voie qui est poursuivie en France : les objectifs disciplinaires des textes européens sont progressivement dilués dans d'autres finalités. Dilution politique, d'abord : le nouveau gouvernement, élu sur la promesse d'une renégociation du TSCG, cherche à faire accepter la ratification du Traité par les parlementaires de gauche et à maintenir des marges de manœuvre dans la construction des politiques budgétaires. Dilution juridique, ensuite : alors que le Conseil constitutionnel, saisi pour avis, peut théoriquement faire une lecture plus stricte des traités et décider que le traité suppose une révision de la Constitution pour être adopté, il livre au contraire une solution juridique qui légitime une vision non contraignante de la règle d'or et du mécanisme de correction. Dilution organisationnelle, enfin : en construisant un Haut Conseil des finances publiques aux pouvoirs limités, le gouvernement amoindrit les possibilités qu'une lecture restrictive entrave la production des budgets. La ratification du TSCG, la transposition des textes européens dans la loi organique du 17 décembre 2012, et les pratiques qui ont lieu dans les premières années d'existence du HCFP donnent ainsi à voir la construction d'une interprétation accommodante des règles.

L'interprétation accommodante du Traité par le nouveau gouvernement

Si le TSCG a été négocié et signé sous la présidence de Nicolas Sarkozy, sa ratification et sa transposition reviennent à la nouvelle majorité de gauche après l'élection de François Hollande en mai 2012. Celui-ci arrive au pouvoir alors que les coûts du service de la dette française augmentent nettement, passant de 37,6 milliards d'euros en 2009 à 46,3 milliards en 2011. La France a perdu sa note AAA auprès de l'agence Standard & Poor's le 13 janvier 2012 et est considérée par les observateurs internationaux comme le pays le plus fragile financièrement après les pays en crise du Sud de l'Europe (Espagne, Grèce, Italie et Portugal). La France ne respecte pas les critères du Pacte de stabilité et de croissance avant même la réforme des règles : elle fait l'objet d'une procédure de déficit excessif entre 2003 et 2007 et de nouveau depuis 2009. Son déficit public est de 5,2 % du PIB en 2011, tandis que la dette publique atteint cette même année 86,0 % du PIB (voir également Bezes et Le Lidec, 2015).

La nouvelle majorité se retrouve alors dans un dilemme. Au cours de sa campagne électorale, François Hollande a critiqué l'austérité européenne pour mobiliser l'électorat de gauche. Il a promis de renégocier le traité et s'est exprimé contre la constitutionnalisation de la « règle d'or » budgétaire, lui préférant une inscription dans une loi organique (Clift, 2013). L'arrivée au pouvoir met à l'épreuve ces engagements. François Hollande abandonne l'idée d'une renégociation du traité lors du sommet du Conseil européen des 28 et 29 juin 2012, devant le refus constant de plusieurs États, parmi lesquels l'Allemagne, de revenir sur le texte décidé. Le nouveau président de la République se contente d'un « Pacte pour la croissance et l'emploi » (doté de 120 milliards d'euros de financements, pour l'essentiel déjà existants) et de l'adoption de mesures nouvelles concernant l'union bancaire en cours de négociation.

Ces résultats sont jugés insuffisants, notamment par l'opposition de gauche en voie de constitution autour de Jean-Luc Mélenchon, député européen du Parti de gauche et ancien candidat à l'élection présidentielle. Le problème budgétaire est par ailleurs soulevé à nouveau par la Cour des comptes qui, le 2 juillet, remet un audit faisant état d'un dérapage des finances publiques : la trajectoire inscrite dans le dernier Programme de stabilité remis par la France (4,4 % de déficit en 2012, 3 % en 2013) ne serait pas respectée sans un effort immédiat de 6 à 10 milliards d'euros et un autre de 33 milliards pour 2013 (Cour des comptes, 2012, p. 199-202). Reprenant les conclusions de la Cour, le gouvernement embrasse le discours de la responsabilité budgétaire et fait voter une loi de finances rectificative en juillet[16]. Celle-ci revient sur la hausse de la TVA votée par la majorité précédente, mais s'engage dans une politique d'austérité avec une hausse des impôts de 7 milliards d'euros et des coupes dans les dépenses à hauteur de 1,5 milliard. L'aile gauche du Parti socialiste, bien que minoritaire au congrès du parti en octobre (environ 25 % des adhérents votent pour deux motions critiques à l'égard du gouvernement), critique fortement le tournant pris. La ratification du TSCG devient un enjeu de luttes au sein de la majorité, sous le regard des oppositions de gauche et de droite qui critiquent ou raillent la promesse non tenue de la renégociation.

C'est dans ce contexte que, dès l'été, le gouvernement propose une interprétation du texte qui tend à en minimiser la portée normative, comme l'illustre cette citation du ministre de l'Économie et des Finances Pierre Moscovici en audition parlementaire, le 26 septembre :

> « le traité ne fait pas de l'équilibre budgétaire un absolu. Il prend en compte les circonstances économiques qui contraignent les États, il n'impose aucune correction automatique de la trajectoire des comptes et ne dit rien de la voie à emprunter pour tendre vers l'équilibre[17]. »

La négation des objectifs disciplinaires peut alors être interprétée comme une façon de favoriser la ratification et la transposition du traité par la majorité, en même temps qu'un moyen de préserver des marges de manœuvre alors que le pays est déjà en procédure de déficit excessif. Le traité est finalement ratifié le 22 octobre, non sans difficultés : vingt députés du Parti socialiste et 12 des

16 Loi n° 2012-958 du 16 août 2012 de finances rectificative pour 2012.

17 Assemblée nationale, Audition de Pierre Moscovici, ministre de l'Économie et des Finances, devant la Commission spéciale chargée d'examiner le projet de loi organique relatif à la programmation et à la gouvernance des finances publiques, 26 septembre 2012.

17 députés écologistes votent contre à l'Assemblée nationale, ébranlant pour la première fois la cohésion de la majorité.

La légitimation de l'interprétation accommodante par le Conseil constitutionnel

La lecture proposée par le gouvernement a cependant dû être juridiquement autorisée par le Conseil constitutionnel, saisi par le président de la République pour examiner la compatibilité du TSCG avec la Constitution française. Or, précisément, les juges constitutionnels ne se sont pas faits dans leur décision du 9 août 2012 les relais de l'esprit disciplinaire du TSCG. Ils ont au contraire légitimé une interprétation atténuée du traité en travaillant la formulation de son article 3 (2) qui prévoit que les règles d'équilibre soient inscrites dans le droit national « au moyen de dispositions [A] contraignantes et permanentes, [B] de préférence constitutionnelles, *ou* [C] dont le plein respect et la stricte observance tout au long des processus budgétaires nationaux sont garantis de quelque autre façon[18] ». De manière inattendue, les juges ont utilisé les ressources offertes par la version française du Traité et la langue pour considérer que l'alternative matérialisée par le « ou » portait non pas sur le niveau de la norme à insérer (les dispositions doivent être constitutionnelles ou d'un autre niveau tout aussi contraignant et permanent, alternative entre B et C), mais bel et bien sur leur caractère contraignant et permanent ou non (alternative entre A et C)[19]. Tirant parti de cette interprétation créative (Sheingate, 2009), les juges constitutionnels livrent alors une double solution : ou bien il est nécessaire de réviser la Constitution si la France choisit de rendre les règles relatives à l'équilibre des finances publiques « contraignantes et permanentes », car elles modifient les prérogatives du gouvernement et du Parlement et sont incompatibles avec le principe d'annualité budgétaire ; ou bien le respect et l'observance de ces règles sont « garantis de quelque autre façon », sans qu'elles soient contraignantes et permanentes, ce qui ne nécessite pas de modification de la Constitution. En offrant cette solution juridique, le Conseil constitutionnel élargit les marges de manœuvre du gouvernement et

18 TSCG, art. 3 (2). Nous soulignons et ajoutons les lettres entre crochets.

19 Conseil constitutionnel, décision n° 2012-653 DC du 9 août 2012, considérant 19. Dans l'ensemble, cette interprétation a suscité l'interrogation, voire l'hostilité des juristes universitaires (voir par exemple Roux, 2012). Le texte anglais du TSCG dit quant à lui : « *through provisions of binding force and permanent character, preferably constitutional, or otherwise guaranteed to be fully respected and adhered to throughout the national budgetary processes.* »

du Parlement dans la construction des nouveaux dispositifs institutionnels, en prohibant de fait l'existence de dispositifs contraignants et permanents si la Constitution n'est pas changée.

Il est difficile, devant le secret des délibérations, d'interpréter la décision du Conseil constitutionnel. Les mémoires de son président Jean-Louis Debré (2007-2016) laissent entendre que la position du gouvernement était partagée dès le début par la grande majorité des juges et que ceux-ci avaient conscience que la légitimation de la solution de la loi organique mécontenterait le gouvernement allemand (Debré, 2017, p. 151-159). Trois hypothèses non exclusives peuvent alors être formulées : 1) le Conseil a favorisé les desseins du gouvernement pour éviter une révision constitutionnelle potentiellement compliquée et une lecture politique de sa décision (il s'agit d'une des premières décisions de la mandature de François Hollande, alors que tous les membres du Conseil ont été nommés par la droite) ; 2) le Conseil s'est fait défenseur de la souveraineté nationale en maintenant les marges de manœuvre du gouvernement et du Parlement dans la production des textes budgétaires ; 3) le Conseil, composé en majorité d'anciens acteurs politiques et traditionnellement réticent à l'idée de censurer les dispositions non fiscales des lois de finances, a évité de construire un « gouvernement des juges budgétaires » : en effet, si par son interprétation il avait obligé le gouvernement et le Parlement à inscrire une forme de « règle d'or » contraignante dans la Constitution, il aurait eu par la suite à censurer les lois de finances qui ne respectent pas les critères du TSCG. Dans la décision (cons. 27), le Conseil rappelle que son contrôle des textes budgétaires porte traditionnellement sur les aspects procéduraux et la sincérité des textes, entendue comme droit à l'information du Parlement et absence d'intention de fausser les grandes lignes du budget (Lépinay, 2022) : du point de vue du droit constitutionnel, la solution trouvée permet le *statu quo* et évite d'entraîner le Conseil dans une position susceptible d'accroître sa politisation.

S'assurer des marges de manœuvre par le design institutionnel : la limitation des pouvoirs du Haut Conseil des finances publiques

L'écriture de la loi organique du 17 décembre 2012 est alors l'occasion d'une résorption du caractère austéritaire du nouveau droit européen. La mise en place d'une institution nouvelle, le Haut Conseil des finances publiques, en est la première marque. La création d'un nouvel organe accolé à une institution existante, la Cour des comptes, est le résultat d'un compromis entre le ministère des Finances et la Cour à l'été 2012 (Lépinay, 2020, p. 377-395). La Cour des comptes a dans un premier temps réclamé d'être l'IBI française, arguant de sa montée en puissance en matière de surveillance budgétaire sous le mandat de Philippe Séguin (2004-2011). Le *Rapport sur la situation et les perspectives des finances publiques*, que la Cour publie annuellement à partir de 2007, est emblématique de ce nouveau positionnement : les magistrats des comptes suivent une définition maastrichtienne des comptes publics (incluant finances de l'État, sociales et locales), resituent l'état des finances publiques dans le contexte macro-économique et adoptent une dimension prospective. Le rapport est préparé par un groupe de magistrats titulaires d'une expertise économique et passés pour nombre d'entre eux par le ministère des Finances. Devenue une référence pour les parlementaires et les journalistes, la Cour trouve également appui auprès de la Commission européenne qui lui reconnaît dans un rapport en 2011 un caractère d'IBI, quand bien même les magistrats ne produisent pas de prévisions budgétaires indépendantes (Commission européenne, 2011, p. 118). Le ministère des Finances semble de son côté être en faveur de la création d'un organisme distinct de la Cour chargé de suivre les trajectoires des finances publiques, comme l'explique cet ancien magistrat de la Cour et membre du HCFP :

> « Du côté de Bercy, ils n'avaient jamais trop bien accepté que la Cour se mette à produire le *Rapport sur la situation et les perspectives des finances publiques*, et ils ont toujours contesté la légitimité de la Cour pour le faire. Et donc ils étaient plutôt pour un comité *ad hoc*, distinct de la Cour. Après ils étaient aussi conscients qu'il faudrait y mettre des moyens, que ce seraient peut-être des moyens pris chez eux... d'où le fait qu'on est arrivés quand même assez vite à une solution de compromis. » (entretien, ancien membre de la Cour et du HCFP, mars 2022)

L'arbitrage rendu en août 2012 écarte finalement la possibilité que la Cour devienne l'institution chargée de contrôler la trajectoire des finances publiques en créant une institution hybride. « Placé auprès de la Cour des comptes[20] », le HCFP reste néanmoins étroitement lié à la juridiction financière : il se réunit au palais Cambon, fonctionne sur le budget de la Cour, est présidé par le Premier président de la Cour et cinq de ses onze membres sont des magistrats des comptes[21]. Cette architecture institutionnelle peut être interprétée

20 Loi organique n° 2012-1403 du 17 décembre 2012 relative à la programmation et à la gouvernance des finances publiques, art. 11.

21 Le président du HCFP est de droit le Premier président de la Cour, et quatre magistrats supplémentaires composent le HCFP. Les autres membres sont

à la fois comme une manière de construire une IBI pluraliste et ouverte à des personnalités extérieures à la Cour, mais également comme une manière de limiter le développement prétorien de l'institution alors que les magistrats des comptes ont montré à plusieurs reprises leur capacité à étendre leur mandat au-delà des textes (Lépinay, 2020). La loi organique dispose du reste que le HCFP « ne peut délibérer ni publier d'avis dans d'autres cas ou sur d'autres sujets que ceux prévus par la présente loi organique[22] », ce qui constitue là un verrou juridique à son mandat.

En ce qui concerne les missions et le rôle de l'IBI, l'écriture de la loi organique conduit à une transposition *a minima* du droit européen (voir également Fromage, 2015). De toute évidence, le HCFP est un organe consultatif : il agit par le biais d'avis publics[23] et ne peut pas infliger de sanction judiciaire au gouvernement ou au Parlement si ceux-ci transgressent les règles européennes. Contrairement à d'autres IBI européennes, le Haut Conseil ne produit pas lui-même les hypothèses macroéconomiques sous-jacentes aux prévisions budgétaires, et n'exprime pas non plus formellement d'approbation ou de rejet des prévisions réalisées par le ministère des Finances : il émet simplement un commentaire sur le scénario budgétaire au moyen d'adjectifs qualificatifs (« optimiste », « atteignable », « prudent », etc.). Ce design institutionnel est perçu par certains membres du HCFP comme un choix délibéré pour entraver la sanction des budgets ne respectant pas les règles :

> « Le monde politique français n'aurait jamais accepté un Haut Conseil qui donne son avis sur la forme "oui" ou "non", avec potentiellement pour conséquence que [si le HCFP] n'approuve pas les prévisions, le Conseil constitutionnel annule la loi de finances. [...] De ce fait le Haut Conseil n'a jamais pu exprimer son avis

désignés par les présidents de l'Assemblée nationale, du Sénat, de la commission des finances de chaque assemblée et le président du Conseil économique, social et environnemental en raison de leurs « compétences dans le domaine des prévisions macroéconomiques et des finances publiques » (Loi organique citée du 17 décembre 2012, art. 11). Les personnalités nommées sont en règle générale des économistes universitaires ou de banque. Le directeur général de l'Institut national de la statistique et des études économiques (INSEE) en est également membre de droit.

22 Loi organique citée du 17 décembre 2012, art. 21.

23 Le Haut Conseil est chargé de remettre des avis sur les projets de loi consacrés aux finances publiques (lois de finances initiales et rectificatives, lois de financement de la Sécurité sociale, lois de programmation des finances publiques, lois de règlement) et sur le programme de stabilité remis annuellement à la Commission européenne. Il évalue les hypothèses sur lesquelles sont bâtis les projets de loi de finances, et en particulier les prévisions de croissance qui fondent les anticipations de recettes fiscales. Il apprécie également la cohérence des lois de finances avec la trajectoire pluriannuelle définie dans les lois de programmation.

clairement par un oui ou par un non, et il le fait par le biais d'adjectifs mais sans grande rationalité [c'est-à-dire que ces adjectifs ne sont pas des qualifications formalisées et régulières]. » (entretien, ancien membre de la Cour et du HCFP, mars 2022)

Dès ses premières années d'existence, le HCFP regrette ces prérogatives limitées. Dans son rapport d'activité pour la période 2015-2018, il consacre un encadré entier aux comparaisons internationales et affirme que « les mandats des IBI en matière de finances publiques sont, dans la quasi-totalité des pays, plus larges que celui du HCFP » (Haut Conseil des finances publiques, 2018, p. 12). Le même rapport regrette que le mandat du HCFP soit centré sur l'examen du solde structurel et de la trajectoire conduisant à l'OMT, en soulignant que d'autres IBI examinent le solde effectif par rapport à la règle des 3 %, la soutenabilité des finances publiques à long terme ou encore la situation de la dette.

L'architecture juridique du HCFP permet également au gouvernement de le contourner lorsque le respect des règles européennes est compromis. C'est ainsi que le pouvoir d'activation du mécanisme de correction automatique se révèle extrêmement limité. Selon l'article 23 de la loi du 17 décembre 2012, le HCFP le déclenche s'il constate un « écart important » entre le solde de l'exécution du budget précédent et le solde structurel défini dans la loi de programmation pluriannuelle, qui a valeur d'OMT[24]. Le gouvernement doit dans ce cas présenter les raisons de cet écart, puis en « [tenir] compte » et exposer les mesures de correction qu'il envisage au cours de l'examen du prochain texte financier. Le HCFP apprécie enfin ces mesures par un nouvel avis qui n'est pas contraignant. Le mécanisme apparaît faiblement lier le gouvernement ; il peut de surcroît être contourné. Ainsi, lorsque le HCFP a concrètement activé le dispositif en 2014, le gouvernement a adopté une nouvelle loi de programmation qui a rendu caduque l'ancienne trajectoire des finances publiques, évitant de cette façon la discussion sur les mesures de correction. Le HCFP a émis des avis critiques sur les choix pris entre temps dans le collectif budgétaire (loi de finances rectificative) de juin 2014 puis dans le cadre de la loi de finances pour 2015, mais sans effet. De manière similaire, la rédaction de la loi organique permet au gouvernement de pouvoir modifier substantiellement par amendement certaines dispositions de ses projets de lois de finances sans que le HCFP puisse s'exprimer, dans la mesure où le HCFP n'a pas de pouvoir d'autosaisine et où

24 Loi organique n° 2012-1403 du 17 décembre 2012 relative à la programmation et à la gouvernance des finances publiques, art. 23.

l'article 16 de la loi organique ne prévoit une nouvelle saisine du HCFP pour un même texte budgétaire que si les prévisions macroéconomiques sont modifiées au cours du débat parlementaire. Par exemple, lors de l'examen du projet de loi de finances pour 2019, le déficit structurel prévisionnel est passé de 2,8 % à 3,2 % de PIB après une augmentation des dépenses de 10 milliards d'euros faite par amendements gouvernementaux à la suite des premières manifestations des « gilets jaunes ». Comme les prévisions macroéconomiques sont restées inchangées, le HCFP n'a pas pu faire valoir son point de vue.

Les conditions d'exercice des missions du HCFP encadrent également son activité. La loi organique ne donne qu'une semaine à l'institution pour rendre ses avis sur les projets de loi avant leur transmission au Conseil d'État. En audition parlementaire, le président du HCFP Didier Migaud a déploré un manque d'informations pour évaluer le programme de stabilité 2013-2017 ou le projet de loi de finances pour 2014. Il a également regretté en 2014 « de n'avoir disposé d'aucune possibilité d'échange substantiel avec les administrations concernées en amont de la saisine et d'avoir dû concentrer son analyse et ses travaux dans le délai minimal d'une semaine prévu par la loi organique[25] ». L'institution dispose par ailleurs d'une structure administrative relativement faible. Son budget est d'environ 350 000 euros, principalement consacrés à son personnel (les onze membres ne sont pas rémunérés) : le secrétariat permanent est composé de cinq personnes travaillant à temps partiel, pour l'essentiel issues de la Cour des comptes (Haut Conseil des finances publiques, 2018, p. 40).

Le HCFP est enfin contraint par l'asymétrie d'information vis-à-vis du ministère des Finances. En matière de surveillance budgétaire, l'accès aux informations statistiques et leur traitement revêtent un enjeu stratégique (Savage et Howarth, 2018 ; Piron, 2018). Ces luttes feutrées sur le contrôle de l'information financière publique illustrent une « politisation grandissante des prévisions budgétaires » (Saint-Martin, 2021), l'établissement des prévisions budgétaires et en particulier des hypothèses de croissance devenant un enjeu central de la production des textes budgétaires. Dans le cadre de ses avis, le HCFP peut s'appuyer sur les analyses de la Commission européenne, de l'OCDE, de l'INSEE (dont le directeur général est, de droit, membre du Haut Conseil), d'institutions privées (Rexecode, *Consensus forecasts*), d'organismes de recherche (OFCE) pour comparer les hypothèses macro-économiques sur

25 Assemblée nationale, Audition de Didier Migaud, président du HCFP, devant la commission des finances, 1er octobre 2014.

lesquelles sont fondés les projets de loi de finances : ces points de référence permettent la comparaison et limitent la marge d'action du ministère en ce qui concerne notamment l'estimation des recettes fiscales, même si plusieurs avis du HCFP ont mentionné des hypothèses macro-économiques « optimistes ». Il en va différemment en matière de dépenses, où le ministère des Finances peut plus facilement profiter de l'asymétrie d'information pour « sous-budgétiser » certaines dépenses, c'est-à-dire pour afficher dans le projet de loi de finances un montant inférieur à celui qui sera réellement nécessaire. Le gouvernement est certes tenu de répondre aux demandes du HCFP et un protocole (non public) sur les échanges d'information et les modalités de travail a été conclu entre le ministère des Finances et l'institution, qui peut également s'appuyer sur le travail d'expertise réalisé de manière plus permanente au sein de la Cour des comptes. Mais la capacité du Haut Conseil à pouvoir empêcher ces pratiques reste limitée. C'est ainsi qu'il peut mentionner, dans un avis de 2016, des « sous-budgétisations récurrentes » (Haut Conseil des finances publiques, 2016, p. 13), sans toutefois pouvoir enjoindre au gouvernement de les corriger. Réalisée dans un contexte de contrainte politique et financière pour la nouvelle majorité, la transposition travaille plusieurs ambiguïtés du texte afin de limiter les prérogatives du HCFP et de maintenir des marges de manœuvre dans le processus budgétaire. Les choix interprétatifs effectués en 2012 vont alors fortement contraindre les mobilisations en faveur d'interprétations concurrentes des règles.

L'échec des mobilisations en faveur d'une interprétation restrictive des règles

La transposition du TSCG ne met pas fin aux luttes sur l'interprétation des règles. Malgré son design institutionnel contraignant, le Haut Conseil des finances publiques se mobilise pour donner force au droit européen, aidé en cela par la Cour des comptes. Par ailleurs, la Commission européenne contraint le gouvernement français à se justifier à plusieurs reprises dans le cadre de la procédure de déficit excessif (Glencross, 2018) et des voix s'élèvent au sein des institutions européennes en faveur d'une approche plus coercitive vis-à-vis de la France (Mérand, 2021). Aucune institution ou coalition ne pose cependant de veto à l'interprétation française des règles. Alors qu'une sanction aux manquements aux règles, au niveau européen ou domestique, serait en mesure de remettre en cause les équilibres institutionnels trouvés à l'automne 2012, cette possibilité n'advient pas. L'interprétation accommodante des règles n'est pas renversée pour deux raisons : d'une part, la surveillance exercée au niveau national et la surveillance de la Commission européenne restent déconnectées, reposant sur des logiques différentes ; d'autre part, les tentatives d'importer *via* la jurisprudence le concept européen de prudence budgétaire dans le droit domestique et de l'adosser à la notion française de sincérité se heurtent à la résistance du juge constitutionnel.

L'approche négociée de la Commission européenne et le cloisonnement des surveillances budgétaires européenne et nationale

D'abord, la surveillance budgétaire conduite par les IBI reste largement déconnectée de la surveillance menée par la Commission européenne. Aucun mécanisme institutionnel n'est prévu dans les traités ou les textes européens pour les articuler. Plus encore, quand bien même la Commission européenne cite les avis des IBI dans ses rapports, les approches du contrôle restent différentes. Comme le montre Frédéric Mérand (2021, p. 141-167), le contrôle de la Commission est marqué par une approche négociée et par la prégnance des logiques politiques : des arguments partisans ou insistant sur la puissance politique des États peuvent conduire la Commission à ne pas sanctionner des États qui entrent pourtant dans le cadre de la procédure de déficit excessif. La Commission européenne requiert ainsi de la France des efforts supplémentaires pour repasser sous la barre des 3 % de déficit à plusieurs reprises entre 2012 et 2017 (pour le détail, voir Glencross, 2018), mais les manquements répétés aux règles ne débouchent pas sur des sanctions ou un rejet de son budget. De surcroît, sous le mandat de Jean-Claude Juncker (2014-2019), la Commission relâche son interprétation des règles dans le but d'assouplir les politiques d'austérité préconisées au plus fort de la crise et de favoriser la croissance. Sa tolérance concerne en particulier la France, dans un contexte où l'ancien ministre des Finances français Pierre Moscovici est devenu commissaire européen aux Affaires économiques et financières, chargé donc de la surveillance budgétaire. En mai 2016, le président Juncker justifie une nouvelle dérogation au gouvernement français « parce que c'est la France », ajoutant qu'« on ne peut pas appliquer le pacte de stabilité de façon aveugle[26] ». Cette approche est contestée au sein de la Commission, notamment par le vice-président conservateur Valdis Dombrovskis et par des fonctionnaires de la DG-ECFIN (Mérand, 2021, p. 120-126), ainsi que par le président de l'Eurogroupe Jeroen

26 « EU gives budget leeway to France 'because it is France' – Juncker », *Reuters*, 31 mai 2016.

Dijsselbloem et certains dirigeants des États membres. En empêchant toute sanction, elle a néanmoins pour conséquence de légitimer l'interprétation française des règles.

En 2016, l'évaluation de la mise en œuvre du TSCG est l'occasion d'une nouvelle négociation de l'application des règles. L'article 8 du TSCG disposait en effet que la Commission présenterait « en temps utile » un rapport sur la transposition du Traité qui pourrait servir de base à un pourvoi devant la Cour de justice de l'Union européenne en cas de non-respect de l'article 3 (2). La lecture du rapport pour la France donne à voir un certain scepticisme de la Commission par rapport à l'application de l'esprit des traités : à ses yeux, les mécanismes de correction sont biaisés par le fait qu'aucune disposition contraignante n'impose le respect des règles du TSCG ou de la trajectoire budgétaire décidée en loi de programmation. La Commission parle ainsi de « l'incertitude et la faiblesse apparente du dispositif existant en matière de contrôle de légalité[27] », qu'elle valide pourtant pour deux raisons : d'une part, la France s'est engagée formellement dans une lettre à ce que « la mise en œuvre du cadre juridique national transposant le TSCG soit pleinement cohérente avec le TSCG et les principes communs[28] », c'est-à-dire à interpréter sa loi organique dans l'esprit du TSCG ; d'autre part, le design du HCFP satisfait à ses yeux aux critères de « solidité » énoncés dans la communication du 20 juin 2012, en ce qui concerne notamment l'indépendance de l'institution. La Commission ne met pas son veto à l'interprétation française des règles.

Au contraire de l'approche négociée de la Commission européenne, le HCFP insiste, aux côtés de la Cour des comptes, sur l'approche juridique des règles européennes. Les deux institutions adoptent un rôle marqué par la distance au pouvoir exécutif. Le Premier président de la Cour des comptes et président

27 Rapport de la Commission européenne présenté conformément à l'article 8 du traité sur la stabilité, la coordination et la gouvernance au sein de l'Union économique et monétaire, C(2017) 1201 final, 22 février 2017, annexe pays France, p. 3 de la version française.

28 *Ibid.* Le texte fait référence à une lettre des autorités françaises du 19 juillet 2016.

du HCFP Didier Migaud résume ainsi cette position dans un entretien à la presse en 2018 :

> « Contrairement à la Commission européenne, qui est une instance politique et peut passer des compromis, la Cour des comptes est une juridiction, qui raisonne par rapport aux textes. Or, on est en deçà des règles européennes en termes d'efforts structurels[29]. »

Cette différence d'approche favorise un cloisonnement des institutions de surveillance budgétaire. Le HCFP et la Cour des comptes n'ont ainsi pas pu tirer profit du renforcement des pouvoirs de la Commission européenne dans le sillage de la crise, car les menaces de sanction de la Commission sont toujours restées virtuelles.

Redéfinir ou non la sincérité budgétaire : l'échec d'une mobilisation judiciaire au niveau national

Au niveau domestique, de manière similaire, les deux institutions ne parviennent pas à enrôler le Conseil constitutionnel. Le HCFP et la Cour des comptes tentent en effet de construire une sanction au non-respect des règles budgétaires européennes à travers le contrôle de constitutionnalité des lois de finances (Lépinay, 2022). Cette mobilisation se greffe sur le principe juridique de « sincérité budgétaire », progressivement élaboré par le Conseil au cours des années 1990 et inclus dans la loi organique relative aux lois de finances en 2001. Les magistrats de la Cour et les membres du HCFP essayent d'étendre le principe au-delà de la conception habituellement retenue par le Conseil, qui le définit comme l'absence d'intention de fausser le budget[30]. Ils promeuvent pour ce faire la notion de « prudence », qu'ils importent du *six-pack* de 2011 qui précise que « le programme de stabilité se fonde sur le scénario macro-budgétaire le plus plausible ou sur un scénario plus prudent[31] ». Ainsi, l'avis du HCFP du 15 avril 2013 « prend acte du choix fait par la France de ne pas

29 « Didier Migaud : "Les phases de croissance ne dispensent pas d'efforts sur la dépense" », *Le Monde*, 7 février 2018.

30 Dans la jurisprudence du Conseil constitutionnel, l'insincérité ne repose pas sur la présence d'informations fausses (des prévisions de croissance surévaluées, par exemple), mais sur la « mauvaise foi » apparente du gouvernement masquant intentionnellement des informations au Parlement.

31 Règlement (CE) n° 1466/97 du Conseil du 7 juillet 1997 modifié relatif au renforcement de la surveillance des positions budgétaires ainsi que de la surveillance et de la coordination des politiques économiques, art. 3 (2bis).

appuyer [sa programmation] sur une projection macroéconomique délibérément “plus prudente” au sens du règlement européen » (Haut Conseil des finances publiques, 2013, p. 3). La multiplication des occurrences dans les rapports de la Cour et les avis du HCFP conduit à une institutionnalisation d'un « principe de prudence ». En 2016, le HCFP estime que « le scénario de croissance retenu par le gouvernement, qui cumule un certain nombre d'hypothèses favorables, tend à s'écarter du principe de prudence » (Haut Conseil des finances publiques, 2016, p. 1 et 6). En qualifiant de cette manière les hypothèses budgétaires optimistes du gouvernement, les deux institutions attirent l'attention sur des formes d'« insincérité » du budget qu'elles espèrent voir sanctionnées par le Conseil constitutionnel (Lépinay, 2022).

Ce travail de qualification juridique ne conduit toutefois pas à une remise en cause de la jurisprudence constitutionnelle, bien que le Conseil ait pourtant explicitement affirmé dès 2012 qu'il s'appuierait sur les avis du HCFP pour examiner la sincérité des lois de finances[32]. S'il n'est pas possible d'investiguer la production des décisions des juges, on peut néanmoins conjecturer que le coût de la censure apparaît élevé pour trois raisons. D'abord, la loi de finances est l'expression des choix programmatiques les plus généraux du gouvernement, à tel point que son vote apparaît comme un « vote de confiance annuel » construisant une ligne de partage entre les parlementaires de la majorité et ceux de l'opposition (Siné, 2006, p. 361-368). Saisi par l'opposition comme un dernier recours après le vote de la loi au Parlement, le Conseil constitutionnel doit prendre sa décision tout en faisant montre de son indépendance et de sa neutralité (Stone Sweet, 1992) ; or une censure serait susceptible d'être interprétée de manière politique tant par les acteurs du jeu politique que par les commentateurs. Ensuite, la loi de finances est votée fin décembre et autorise les dépenses et le prélèvement des impôts pour l'année *n+1* qui débute quelques jours après : une censure serait alors susceptible d'entraver le fonctionnement quotidien de l'État. Enfin, le Conseil constitutionnel, doté d'une faible capacité d'expertise en matière de finances publiques, doit s'appuyer sur les avis du HCFP qui, on s'en souvient, n'expriment pas clairement une approbation ou un rejet des hypothèses budgétaires, mais émettent une qualification par le truchement d'adjectifs parfois nuancés (« prudent », « atteignable », « réaliste », « optimiste »). La censure mettrait alors en jeu la réputation du Conseil, notamment si les prévisions invalidées se révélaient *a posteriori* exactes. Ainsi, en ne validant pas l'interprétation des deux institutions de contrôle, le Conseil

32 Conseil constitutionnel, décision n° 2012-653 DC du 9 août 2012, considérant 27.

n'utilise pas non plus le veto qu'il pourrait avoir sur les lois des finances. De ce fait, aucune institution n'a pour l'heure apporté de sanction au gouvernement ou au Parlement en cas de manquement aux règles budgétaires issues du TSCG.

Les formes indirectes de la contrainte

C'est donc en définitive par des effets non proprement judiciaires que les règles européennes et les institutions budgétaires indépendantes semblent davantage exercer une contrainte. Elles structurent en effet le jeu politique et bureaucratique en empêchant certaines stratégies ou en les rendant plus coûteuses politiquement. Elles disciplinent le débat budgétaire par des effets de cadrage (Lemoine, 2014, 2016) : l'action du gouvernement se retrouve placée sous contrainte dans la mesure où les narratifs permis par les avis du HCFP peuvent être mis au service de stratégies politiques, que ce soit dans le débat public national comme au niveau européen. Les critiques peuvent être alors anticipées par le gouvernement dans la production des textes budgétaires, favorisant ainsi des politiques restrictives, ou bien être ignorées ou contestées, au risque toutefois de perdre du crédit politique.

Trois publics en particulier peuvent enrôler les avis du HCFP dans leur argumentation et tenter d'infliger des sanctions politiques au gouvernement. Premièrement, au niveau national, les acteurs politiques peuvent juger le « sérieux budgétaire » du gouvernement et de la majorité parlementaire à l'aune des avis du HCFP et des rapports de la Cour des comptes. C'est notamment le cas d'acteurs parlementaires qui s'efforcent par ce moyen d'avoir une prise sur un processus budgétaire qui, en France, les laisse largement de côté (Siné, 2006). Depuis les années 1990, les commissions des finances des assemblées promeuvent une fonction de contrôle et d'évaluation, en utilisant notamment les travaux de la Cour des comptes (Lépinay, 2020, p. 238-258). Le travail du HCFP est repris lors d'auditions parlementaires – en tant que président du HCFP, Didier Migaud est auditionné treize fois par la commission des finances de l'Assemblée nationale entre 2013 et 2017 –, dans les débats parlementaires ou dans les saisines du Conseil constitutionnel que les députés ou sénateurs effectuent à propos des textes financiers. Deuxièmement, les journalistes se sont également approprié les problématiques européennes de finances publiques à partir des années 1990 (Lemoine, 2016). Les recensions journalistiques des rapports de la Cour des comptes ou des avis du HCFP opposent l'avis des « sages » de la rue Cambon, dotés progressivement d'une réputation de compétence et d'objectivité, et celui des « politiques » du ministère des Finances. Enfin, à un niveau européen, les avis du HCFP peuvent être utilisés dans les jeux intergouvernementaux, par exemple dans les recommandations du Conseil de l'Union européenne[33]. Les avis ou rapports issus de la surveillance budgétaire permettent en effet à la Commission européenne ou aux représentants des États membres de prendre position sur des politiques domestiques, y compris publiquement, en dépolitisant les enjeux sous-jacents aux controverses (Lux, 2018).

Ainsi, la juridicisation des textes budgétaires conduit à la fois à une dépolitisation et à une politisation. Dépolitisation parce que l'écriture des lois budgétaires se réfère désormais de plus en plus à un ensemble de conceptions économiques et financières naturalisées, tendant à rendre moins visibles les choix politiques associés. Mais également politisation car la production des chiffres sur lesquels repose le budget devient l'objet de luttes institutionnelles et de débats (Saint-Martin, 2021). Plus encore, la capacité des IBI à construire la réputation de « sérieux budgétaire » des gouvernements en fait en retour des acteurs également susceptibles de prendre des coups dans le champ politique. L'extrait suivant d'un article du *Monde* paru en 2015 illustre comment une prévision de l'IBI peut être contestée et utilisée pour décrédibiliser son expertise :

> « Désormais, le gouvernement prend un malin plaisir à rappeler les avis, pas toujours pertinents, émis par le Haut Conseil des finances publiques, que préside également M. Migaud. *"Personne n'est infaillible. Pour cette année, il jugeait que 1 % était une prévision de croissance excessive ; aujourd'hui, avec 1 %, on est au-dessous du consensus des institutions économiques*, souligne-t-on à Bercy. *L'important pour nous est d'être en mesure de démontrer le sérieux de notre gestion budgétaire"*[34]. »

Il en va de même en septembre 2016 lorsque l'institution est critiquée par la majorité socialiste pour un avis dans lequel elle a formulé une appréciation sur la trajectoire du déficit nominal (ce dont la loi organique ne la charge pas) et s'est exprimée en détail sur les recettes et les dépenses. En audition parlementaire, la députée socialiste Valérie Rabault, rapporteure générale de la commission des finances, pose une question au président du HCFP sur le

33 Voir par exemple Conseil de l'Union européenne, Recommandation du Conseil pour qu'il soit mis fin à la situation de déficit public excessif en France, 29 mai 2013, COM/2013/0384 final.

34 « La Cour des comptes agace le gouvernement », *Le Monde*, 25 juin 2015.

ton de la polémique : « Est-ce la perspective d'une année électorale qui a tout d'un coup poussé le Haut Conseil à étendre ses travaux au-delà de la mission qui lui est confiée par la loi organique du 17 décembre 2012[35] ? » L'activité des IBI est ainsi contrainte au quotidien par la nécessité d'éviter la prise à la critique. Comme le suggèrent Ringa Raudla et James W. Douglas (2022) à partir de l'étude de plusieurs cas étrangers, le rôle des IBI se fait en tension : elles doivent éviter l'écueil du manque d'audibilité, qui leur ôte toute capacité d'influence sur le processus budgétaire, tout comme celui de l'activisme, où la dramatisation jugée excessive des enjeux budgétaires les rend vulnérables aux attaques du personnel politique. Dans le cas français, la terminologie employée dans les avis (« optimiste », « un peu élevé ») revêt alors un enjeu stratégique fort pour les membres du HCFP : c'est un « discours d'ordre » (Lebaron, 2015) à dimension performative, qui peut être repris par les journalistes, par l'opposition ou par des économistes dans le débat public, et qui peut avoir également un effet sur la position politique de la France au niveau européen ou sur les taux d'intérêt demandés par les marchés financiers. Ce sont ces contraintes de rôle à plusieurs niveaux qui modèlent en retour la capacité d'action des gouvernements en matière budgétaire.

Conclusion

Cet article a étudié la construction juridique de la surveillance budgétaire européenne en prenant pour objet la transposition du TSCG et le design institutionnel du Haut Conseil des finances publiques. À partir d'une analyse de la manière dont le droit européen issu de la crise des dettes souveraines a été transposé et filtré dans le droit français, il s'est interrogé sur la juridicisation des finances publiques et son effet sur la production des textes budgétaires. Les résultats montrent que dans le cas français, le renforcement de la discipline budgétaire pendant la crise des dettes souveraines a eu sur le plan strictement normatif des effets limités et indirects, faute de sanction proprement judiciaire. En effet, le gouvernement français a tiré parti de l'ambiguïté des nouvelles règles budgétaires pour bâtir une institution budgétaire indépendante au mandat faible. Ne disposant pas de pouvoir d'injonction, le HCFP ne peut pas sanctionner l'indiscipline budgétaire. Le mécanisme de correction automatique qu'il peut déclencher peut être facilement contourné par le gouvernement et par

35 Assemblée nationale, Commission des finances, séance du 28 septembre 2016, compte rendu n° 102.

le Parlement. La surveillance de la Commission européenne et la surveillance menée par les IBI nationales restent cloisonnées, tandis que les tentatives de redéfinition de la sincérité portées par le HCFP et par la Cour des comptes se heurtent à la jurisprudence constante du Conseil constitutionnel. Dans ce contexte, les éventuelles sanctions sont de nature politique. C'est la reprise des avis du HCFP par les publics politiques et médiatiques au niveau domestique ou par les partenaires européens de la France qui assure l'essentiel de la contrainte, en structurant le débat et le jeu politique.

Ainsi, en 2012, le gouvernement français a transposé un droit européen aux objectifs disciplinaires en un droit national peu contraignant. Pris dans des contraintes politiques intérieures – faire accepter par une majorité de gauche un traité fortement contesté – et réticent à l'idée de perdre des marges de manœuvre dans un contexte de déficit élevé et de renchérissement du coût des emprunts, le gouvernement, dans les premiers mois de la mandature de François Hollande, a exploité les potentialités d'un texte façonné par d'âpres négociations. Le précédent gouvernement, allié à d'autres pays, avait déjà favorisé un large pouvoir discrétionnaire des États dans la mise en œuvre du Traité et avait, en complexifiant la formulation des règles, contribué à maintenir des marges de manœuvre dans la conduite des politiques budgétaires (Fontan et Saurugger, 2020). La lecture française a également été possible grâce à l'intermédiation du Conseil constitutionnel qui, tirant parti de la syntaxe alambiquée du texte, a construit une interprétation inattendue du Traité pour légitimer la position du gouvernement, en affirmant que la « règle d'or » pouvait ne pas être contraignante et permanente ; ce même Conseil a par la suite défendu une conception de la sincérité budgétaire déconnectée du droit européen. La domestication des règles européennes a de cette façon supposé un alignement durable des principales institutions françaises – hors Cour des comptes et HCFP qui ont tenté de tirer parti du nouveau droit – pour défendre une position entre engagement européen et maintien de la souveraineté en matière budgétaire. Elle a permis en tout cas au gouvernement et au Parlement de conserver un pouvoir discrétionnaire substantiel, ce qui a rendu possible en retour, par des jeux continus avec les règles, les recommandations de la Commission européenne et les avis du HCFP, une trajectoire budgétaire moins restrictive que celle des pays les plus touchés par la crise. Il ne s'agit pas pour autant d'un *statu quo* : certes, pour l'heure, les institutions partisanes d'une plus grande discipline budgétaire ont été mises en minorité, mais leur renforcement juridique et organisationnel, tout comme l'existence d'un possible veto du juge constitutionnel, permettent d'envisager d'autres configurations dans lesquelles elles auraient un tout autre rôle. Ce déplacement du pouvoir budgétaire établit de nouveaux enjeux : si le droit financier public européen a juridicisé et technicisé des questions éminemment politiques (l'allocation des ressources financières par les États), il a contribué par ses ambiguïtés à une politisation feutrée de l'ensemble du processus budgétaire et à une négociation permanente de la règle.

Remerciements : Je remercie Benjamin Lemoine, Damien Piron, Clément Fontan ainsi que les deux évaluateurs anonymes pour leurs conseils et suggestions.

Bibliographie

Adams, Maurice ; Fabbrini, Federico et Larouche Pierre (dirs) (2014), *The Constitutionalization of European Budgetary Constraints*, Londres, Bloomsbury.

Bauer, Michael W. et Becker, Stefan (2014), « The Unexpected Winner of the Crisis: The European Commission's Strengthened Role in Economic Governance », *Journal of European Integration*, vol. 36 (3), p. 213-229.

Bezes, Philippe et Le Lidec, Patrick (2015), « La politique d'ajustement budgétaire en France (2007-2012). Institutions et stratégies d'évitement du blâme », *Revue Internationale des Sciences Administratives*, vol. 81 (3), p. 523-547.

Bezes, Philippe et Siné, Alexandre (2011), « Gouverner (par) les finances publiques. Perspectives de recherche », *in* Philippe Bezes et Alexandre Siné (dirs), *Gouverner (par) les finances publiques*, Paris, Presses de Sciences Po, p. 17-111.

Clift, Ben (2013), « *Le Changement*? French Socialism, the 2012 Presidential Election and the Politics of Economic Credibility amidst the Eurozone Crisis », *Parliamentary Affairs*, vol. 66 (1), p. 106-123.

Coman, Ramona (2018), « Who governs the European Semester? Persuasion, cooperation and resistances in the coordination of macroeconomic policies at the EU level », *in* Workshop One crisis, many perspectives: Understanding the Politics of the Eurozone Crisis, University of Zurich, 29-30 janvier, p. 1-30.

Commission européenne (2011), *Public finances in EMU* [Rapport], Bruxelles, DG ECFIN.

Cour des comptes (2012), *Rapport sur la situation et les perspectives des finances publiques*, Paris, La Documentation française.

Cowles, Maria Green ; Caporaso, James A. et Risse, Thomas (dirs) (2001), *Transforming Europe: Europeanization and domestic change*, Ithaca, Cornell University Press.

Crespy, Amandine et Schmidt, Vivien (2014), « The clash of Titans: France, Germany and the discursive double game of EMU reform », *Journal of European Public Policy*, vol. 21 (8), p. 1085-1101.

Crespy, Amandine et Vanheuverzwijn, Pierre (2019), « What "Brussels" means by structural reforms: empty signifier or constructive ambiguity? », *Comparative European Politics*, vol. 17 (1), p. 92-111.

Debré, Jean-Louis (2017), *Ce que je ne pouvais pas dire*, Paris, Éditions Points.

Dehousse, Renaud (2012), « Le "pacte budgétaire" : incertitudes juridiques et ambiguïté politique », *Notre Europe*, n° 33, p. 1-4.

Falkner, Gerda ; Treib, Oliver ; Hartlapp, Miriam et Leiber, Simone (2005), *Complying with Europe: EU Harmonisation and Soft Law in the Member States*, Cambridge, Cambridge University Press.

Fontan, Clément et Saurugger, Sabine (2020), « Between a Rock and a Hard Place: Preference Formation in France During the Eurozone Crisis », *Political Studies Review*, vol. 18 (4), p. 507-524.

Fourcade, Marion (2017), « State Metrology: The Rating of Sovereigns and the Judgment of Nations », *in* Kimberly J. Morgan et Ann S. Orloff (dirs), *The Many Hands of the State: Theorizing Political Authority and Social Control*, Cambridge, Cambridge University Press, p. 103-127.

François, Bastien et Vauchez, Antoine (dirs) (2020), *Politique de l'indépendance. Formes et usages contemporains d'une technologie de gouvernement*, Villeneuve-d'Ascq, Presses universitaires du Septentrion.

Fromage, Diane (2015), « Le Haut Conseil des finances publiques : quelles conséquences deux ans après sa création ? », *Revue du droit public et de la science politique en France et à l'étranger*, vol. 4, p. 1107-1126.

Fromage, Diane (2017), « Creation and Reform of Independent Fiscal Institutions in EU Member States: Incomplete and Insufficient Work in Progress? », *in* Thomas Beukers, Bruno de Witte et Claire Kilpatrick (dirs), *Constitutional Change through Euro-Crisis Law*, Cambridge, Cambridge University Press, p. 108-142.

Glencross, Andrew (2018), « Post-democracy and institutionalized austerity in France: budgetary politics during François Hollande's presidency », *French Politics*, vol. 16 (2), p. 119-134.

Haut Conseil des finances publiques (2013), « Avis n° HCFP-2013-1 relatif aux prévisions macroéconomiques associées au projet de programme de stabilité pour les années 2013 à 2017 », 15 avril.

Haut Conseil des finances publiques (2016), « Avis n° HCFP-2016-3 relatif aux projets de lois de finances et de financement de la sécurité sociale pour l'année 2017 », 24 septembre.

Haut Conseil des finances publiques (2018), *Rapport d'activité 2015-2018*, Paris, Haut Conseil des finances publiques.

Heipertz, Martin et Verdun, Amy (2010), *Ruling Europe: The Politics of the Stability and Growth Pact*, Cambridge, Cambridge University Press.

Howarth, David J. (2007), « Making and breaking the rules: French policy on EU 'gouvernement économique' », *Journal of European Public Policy*, vol. 14 (7), p. 1061-1078.

Laffan, Brigid et Schlosser, Pierre (2016), « Public finances in Europe: fortifying EU economic governance in the shadow of the crisis », *Journal of European Integration*, vol. 38 (3), p. 237-249.

Lebaron, Frédéric (2015), « Discours d'institution et pouvoir symbolique. Le cas des banques centrales », *L'Homme & la Société*, vol. 197 (3), p. 65-78.

Lemoine, Benjamin (2014), « Quantifier et mettre en crise la dette souveraine. Agences de notation, techniques comptables et constructions privées de la valeur des États », *Politique européenne*, vol. 44 (2), p. 24-51.

Lemoine, Benjamin (2016), *L'ordre de la dette. Enquête sur les infortunes de l'État et la prospérité du marché*, Paris, La Découverte.

Lépinay, Thomas (2020), *Le pouvoir des rapports. La Cour des comptes, du jugement des comptes à l'évaluation des politiques publiques (années 1950 – années 2010), contribution à une histoire des grands corps de l'État*, Thèse de doctorat en science politique, Université Paris-1 Panthéon-Sorbonne.

Lépinay, Thomas (2022), « Qu'est-ce qu'un budget sincère ? Les lois de finances entre juridicisation et politisation », *Droit et société*, vol. 112 (3), p. 599-619.

Lux, Julia (2018), « Disciplining large member states during the crisis: analyzing the discursive strategies of the EU and German actors on France », *Critical Policy Studies*, vol. 12 (1), p. 44-60.

Mahoney, James et Thelen, Kathleen (2009), « A Theory of Gradual Institutional Change », *in* James Mahoney et Kathleen Thelen (dirs), *Explaining Institutional Change*, Cambridge, Cambridge University Press, p. 1-37.

Mérand, Frédéric (2021), *Un sociologue à la Commission européenne*, Paris, Presses de Sciences Po.

Palier, Bruno (2005), « Ambiguous Agreement, Cumulative Change: French Social Policy in the 1990s », *in* Wolfgang Streeck et Kathleen Thelen (dirs), *Beyond Continuity. Institutional Change in Advanced Political Economies*, New York, Oxford University Press, p. 127-144.

Piron, Damien (2018), *Des régions qui comptent. La reconfiguration néolibérale de la Belgique fédérale saisie par les finances publiques*, Thèse en sciences politiques et sociales, Université de Liège.

Raudla, Ringa et Douglas, James W. (2022), « Fiscal councils as watchdogs—how loud do they bark? », *Public Money & Management*, vol. 42 (4), p. 241-250.

Roux, Jérôme (2012), « Le Conseil constitutionnel et le traité sur la stabilité, la coordination et la gouvernance au sein de l'Union économique et monétaire : Busiris, rue de Montpensier. Commentaire de la décision n° 2012-653 DC du 9 août 2012 », *Revue trimestrielle de droit européen*, vol. 48 (4), p. 855-876.

Saint-Martin, Denis (2021), « Les gardiens discordants de la discipline budgétaire : les ministères des Finances et les conséquences politiques de l'autonomie bureaucratique », *in* Patrick Hassenteufel et Sabine Saurugger (dirs), *Les Politiques publiques dans la crise*, Paris, Presses de Sciences Po, p. 145-171.

Savage, James D. (2005), *Making the EMU: The Politics of Budgetary Surveillance and the Enforcement of Maastricht*, Oxford, Oxford University Press.

Savage, James D. et Howarth, David (2018), « Enforcing the European Semester: the politics of asymmetric information in the excessive deficit and macroeconomic imbalance procedures », *Journal of European Public Policy*, vol. 25 (2), p. 212-230.

Savage, James D. et Verdun, Amy (2016), « Strengthening the European Commission's budgetary and economic surveillance capacity since Greece and the euro area crisis: a study of five Directorates-General », *Journal of European Public Policy*, vol. 23 (1), p. 101-118.

Schimmelfennig, Frank (2015), « Liberal intergovernmentalism and the euro area crisis », *Journal of European Public Policy*, vol. 22 (2), p. 177-195.

Schmidt, Vivien A. (2020), *Europe's crisis of legitimacy: governing by rules and ruling by numbers in the Eurozone*, Oxford, Oxford University Press.

Schoeller, Magnus ; Guidi, Mattia et Karagiannis, Yannis (2017), « Explaining Informal Policy-Making Patterns in the Eurozone Crisis: Decentralized Bargaining and the Theory of EU Institutions », *International Journal of Public Administration*, vol. 40 (14), p. 1211-1222.

Sheingate, Adam (2009), « Rethinking Rules: Creativity and Constraint in the U.S. House of Representatives », *in* James Mahoney et Kathleen Thelen (dirs), *Explaining Institutional Change: Ambiguity, Agency, and Power*, Cambridge, Cambridge University Press, p. 168-203.

Siné, Alexandre (2006), *L'ordre budgétaire. L'économie politique des dépenses de l'État*, Paris, Economica.

Stone Sweet, Alec (1992), *The birth of judicial politics in France: the Constitutional Council in comparative perspective*, New York, Oxford University Press.

Tesche, Tobias (2019), « 'The Troika is Dead, Long Live the Domestic Troikas?': The Diffusion of National Fiscal Councils in the European Union », *Journal of Common Market Studies*, vol. 57 (6), p. 1211-1227.

Thomann, Eva (2015), « Customizing Europe: transposition as bottom-up implementation », *Journal of European Public Policy*, vol. 22 (10), p. 1368-1387.

Verdun, Amy et Zeitlin, Jonathan (2018), « The European Semester as a new architecture of EU socioeconomic governance in theory and practice », *Journal of European Public Policy*, vol. 25 (2), p. 137-148.

Thomas Lépinay est docteur en science politique et post-doctorant au sein de l'institut thématique interdisciplinaire MAKERs (*Making European Society*) et du laboratoire Sociétés, acteurs, gouvernement en Europe (SAGE, UMR 7363) à l'Université de Strasbourg. Ses travaux portent sur la sociologie des finances publiques, la sociologie des institutions et la sociologie des élites administratives. Il a récemment publié « Qu'est-ce qu'un budget sincère ? Les lois de finances entre juridicisation et politisation », *Droit et société*, 112 (3), 2022, p. 599-619.

tlepinay@unistra.fr

POLITIQUE EUROPÉENNE
N° 79 | 2023
Benjamin Lemoine, Damien Piron
p. 96-131

Le souverain et le jeu du code financier. L'affaire *Royaume de Belgique vs Merrill Lynch*

Cet article documente les jeux ambigus d'un État semi-périphérique avec les codes de la financiarisation. Sur la base d'archives inédites et d'entretiens avec des gestionnaires de dette, des banquiers et des avocats d'affaires, il éclaire un litige entre le royaume de Belgique et la banque d'affaires Merrill Lynch sous l'angle d'une sociologie du droit et de la finance attentive à la mobilisation des pratiques juridiques et financières « en action ». Au tournant de la décennie 1990, l'État belge s'érige à l'avant-garde de l'innovation financière sur sa dette. Embarqué dans une série de paris risqués sur la convergence monétaire européenne, il se présente comme un acteur commercial « comme un autre » et se plie initialement aux règles de la financiarisation, dont il tire profit. Mais lorsque les pertes s'accumulent, le Trésor réaffirme la singularité de ses prérogatives souveraines. Pour acculer sa contrepartie privée à un accord, il la menace d'aller au procès devant les juridictions domestiques (plutôt que new-yorkaises) et minimise stratégiquement son degré de sophistication en vue de souligner sa position de dépendance dans la maîtrise des techniques financières. Au terme de deux ans de négociation, Merrill Lynch verse à la Belgique une compensation. L'affaire est réduite à un « accident de parcours » et le blâme circonscrit autour d'un responsable administratif « leurré ». La financiarisation de l'État belge, loin d'être remise en question, en ressort consolidée et professionnalisée.

The Sovereign at Play with Financial Codes. On the case '*Kingdom of Belgium vs Merrill Lynch*'

This paper analyzes the ambiguous games of a semi-peripheral state towards the codes of financialization. Relying on unpublished archives and interviews with sovereign debt managers, investment bankers and lawyers, it draws on a sociology of law and finance focusing on public policy tools and the use of legal-financial codes 'in action' to shed light on a dispute between the Kingdom of Belgium and US investment bank Merrill Lynch. In the early 1990s, the Belgian Treasury was at the forefront of financial innovation on its debt, taking risky bets on European monetary convergence. It behaved as a commercial actor 'like any other', initially endorsing the codes of financialization – and benefiting from it. Yet, when losses loomed, the Belgian State reasserted its sovereign prerogatives to compel the bank to settle. It threatened to go to trial and to defer to domestic courts (rather than New York judges), and strategically downplayed its degree of financial sophistication to emphasize its dependence towards the bank. After a two-year-long negotiation, Merrill Lynch paid out to settle the dispute. The case was reduced to a mere 'hiccup' and the blame circumscribed to a 'deluded' senior civil servant. Far from being called into question, the financialization of the Belgian state was further consolidated and professionalized.

Le souverain et le jeu du code financier

L'affaire *Royaume de Belgique vs Merrill Lynch*

Benjamin Lemoine
CNRS/École normale supérieure (Centre Maurice Halbwachs)

Damien Piron
Université de Liège (Département de Science politique - UR Cité)

Introduction : quand le souverain spécule sur son degré de financiarisation

Après avoir façonné l'architecture des marchés de capitaux à l'échelle domestique comme globale, les puissances publiques ont redéployé leurs forces en leur sein. Loin de n'être qu'un processus contraignant, la financiarisation constitue également un terrain de jeu pour les États souverains. Mais ce jeu n'est pas sans risques, ni neutre ou purement « fonctionnel » : les entités qui s'y engagent n'en ressortent pas indemnes[1].

Dès la fin des années 1980, le royaume de Belgique (*Kingdom of Belgium* – KoB) s'engage dans une politique de gestion « active » de sa dette publique, qui avoisine alors 130 % de son produit intérieur brut (PIB). Dans l'espoir de diminuer rapidement les charges d'intérêt payées aux créanciers par le contribuable, les services du Trésor tirent parti des opportunités de marché, autorisées par les variations de taux d'intérêt et de change entre devises. Ils parient notamment sur la stabilité monétaire européenne à travers la conclusion de « *swaps* »

1 Des versions antérieures de cet article ont été présentées lors du Congrès de l'Association belge de Science politique (2021) et de la conférence annuelle de la *Society for the Advancement of Socio-Economics* (2022) et ont bénéficié des retours des participant.es. Nous remercions également chaleureusement Andréa Lagna, Horacio Ortiz, Tom Duterme, Clément Fontan, Alexandre Violle, Jeanne Lazarus, le *working group* « Crédit » (constitué originellement à l'*Institute for Advanced Study* de Princeton en 2020), le groupe de Sermizelles (EHESS), ainsi que les évaluateur.rices de la revue pour leurs précieux commentaires.

(littéralement des échanges de titres)[2] sur les devises du Système monétaire européen (SME). Mais d'importantes fluctuations détériorent leurs positions entre l'été 1992 et le printemps 1993. La prestigieuse banque d'affaires étatsunienne Merrill Lynch (ML)[3] convainc alors les fonctionnaires belges de couvrir ces opérations à travers cinq nouveaux contrats d'option[4]. Souscrits dans la panique, ces produits dérivés complexes exposent paradoxalement le Trésor à des risques nouveaux, en raison de leur important effet de levier et de leur indexation sur la valeur des dollars étatsunien et canadien. L'effondrement subséquent du dollar plonge la Belgique dans l'infortune : les pertes potentielles, gigantesques, atteignent jusqu'à 1,2 milliard de dollars. Cherchant à se dégager de ces mises, les autorités belges accusent Merrill Lynch de tromperie sur la nature et la valeur des options – ce que nie la banque – et exigent une compensation financière.

Le litige se conclut en novembre 1998. À l'issue d'une négociation discrète de deux années, au cours de laquelle les parties agitent régulièrement la menace d'aller au procès, Merrill verse 115 millions de dollars au Trésor belge (Du Bois, 1998). La presse spécialisée révèle que la banque d'affaires n'en est pas à son coup d'essai et indemnise « *une fois encore* » (X, 1999) une autorité publique, après avoir déjà versé 460 millions de dollars au comté d'Orange en Californie dans une affaire semblable. Dans sa communication, ML tient à afficher que l'indemnité est indolore et « *n'impactera pas ses comptes* » (Waters et Kelly, 1999). Vu d'Outre-Atlantique, les médias et analystes s'étonnent que la Belgique – présentée tantôt comme un investisseur « *novice* » et « *peu sophistiqué* » (X, 1996b), tantôt comme l'un des plus gros utilisateurs de dérivés au monde (Piga, 2001, p. 24) –, « *terre de chocolat et de dentelles* », soit aussi celle d'options financières « *exotiques très dangereuses* » (Banks, 2004, p. 83-85). L'affaire belge alimente la légende noire de la finance, de manière d'autant plus dramatique qu'elle est entachée du décès, peu de temps après les faits, d'un cadre du Trésor impliqué au cœur de ces transactions.

---

2 Un *swap* (du terme anglais « échange ») est un échange de flux financiers entre deux parties pendant un laps de temps déterminé moyennant une rémunération, appelée prime. Cet instrument sert notamment à couvrir un risque de variation de taux d'intérêt ou de change. Par exemple, on troque un taux d'intérêt variable contre un taux fixe.

3 La banque Merrill Lynch est aussi évoquée dans ce texte par le diminutif Merrill, l'acronyme ML (tel qu'on le retrouve dans les archives et échanges indigènes) ou encore simplement « la banque ».

4 Les contrats d'option confèrent le droit d'acheter ou de vendre un instrument financier ou une marchandise (ici une devise) à un prix déterminé jusqu'à une date future déterminée.

L'analyse du litige KoB *vs* ML documente les jeux ambigus d'un État souverain aux limites de la financiarisation et de ses codes. Ce cas illustre les formes actualisées du pouvoir « infrastructurel » (Braun, 2020) de la finance de marché sur les États : pour réaliser leurs objectifs politiques, les administrations publiques dépendent des intermédiaires bancaires et financiers pour se financer (et souscrire à des titres et conduire des opérations à risque), mais aussi de leurs codes pour se constituer en sujets de droit (Pistor, 2019). Les acteurs, le langage et les savoir-faire de la financiarisation sont omniprésents et incontournables dans la gestion du dossier : banquiers et avocats d'affaires pourvoient aux innovations financières, assurent un rôle d'intermédiation et prennent en charge l'expertise et les conseils nécessaires à la maîtrise de ces instruments (Cornut St-Pierre, 2019). Mais ces mêmes organisations, et tout particulièrement les avocats d'affaires, se chargent aussi de la défense des intérêts en cause, traduisant la dispute dans des termes appropriés aux codes de la finance.

Nous montrons comment l'État belge joue de son degré de financiarisation. Initialement, le souverain se plie aux codes de la finance globale : il se présente à « armes égales » avec sa contrepartie, à la façon d'un « acteur comme les autres », banalisé sur le plan du droit, souscrivant à des contrats gouvernés par la loi de New York et s'exposant dès lors à des risques juridiques et financiers – avec la possibilité de perdre sur ces deux terrains. Seulement, lorsqu'il est mis en péril par ces dispositifs, l'État réaffirme ses prérogatives souveraines idiosyncrasiques et n'hésite pas à mobiliser l'arsenal qui fait son exorbitance sur le plan du droit pour l'emporter.

Ce jeu aux limites de la financiarisation exprime la position contingente de l'État belge dans la hiérarchie monétaire et financière européenne et internationale. En s'endettant en devises étrangères et en souscrivant à des titres « exotiques » afin de se financer à des taux compétitifs, le KoB s'expose à des risques – notamment de change – auxquels se refusent des émetteurs plus « installés », comme les États-Unis, l'Allemagne ou la France. Il se rapproche ainsi des pratiques des États dits « périphériques » au sein de l'architecture financière globale. Mais en s'offrant les services des meilleurs experts juridiques et financiers et en menaçant de déplacer l'arène judiciaire sur son territoire et de nuire à la réputation de sa contrepartie, la Belgique montre sa capacité à se rapprocher des qualités attendues d'un État « central ».

En mobilisant une approche attentive aux instruments d'action publique (Lascoumes et Le Galès, 2005) déployés dans le domaine financier public et privé, ainsi qu'aux controverses socio-techniques qui peuvent naître de leurs usages (Callon, 2006 ; Lemieux, 2007), nous montrons comment le rang des États dans la hiérarchie financière internationale se rejoue dans l'adoption ou non de certains dispositifs matériels et cognitifs. Comme les instruments étudiés en l'espèce – les *swaps* et les options conclus avec les grandes banques privées – sont des contrats financiers, constitués par le droit et susceptibles d'être disputés dans l'arène judiciaire, notre analyse se double d'une réflexion ancrée dans la sociologie du droit et de la finance. Nous interrogeons les jeux sociaux, politiques et institutionnels autour du codage juridique des innovations financières, mais aussi les tractations relatives à la mise en visibilité et à la qualification des illégalismes financiers, ou encore à l'attribution des fautes et des responsabilités.

Cette enquête s'appuie sur les archives personnelles de Grégoire Brouhns et de Bernard Snoy. Tous deux anciens directeurs du cabinet de Philippe Maystadt, ministre des Finances entre 1988 et 1999, ils figurent parmi les architectes de la stratégie de financiarisation de la dette publique belge (encadré 1). Ce matériau empirique dense et inédit est complété par des entretiens semi-directifs approfondis conduits entre mars 2021 et mars 2023 auprès de gestionnaires du Trésor, de banquiers et d'avocats d'affaires (annexe 1). Ces sources éclairent la stratégie du KoB, tout en offrant une perspective indirecte sur celle de Merrill, à travers des échanges de courriers et leurs prises de position dans les négociations, telles que retranscrites au cours de *meetings* par leurs opposants de l'administration belge.

Après avoir exposé la montée en puissance de la gestion financiarisée des dettes souveraines, en composition avec les contraintes du cadre européen, nous décrivons les relations engagées entre des banques-démarcheuses et des États-clients qui, comme la Belgique, désirent optimiser la gestion de leur courbe de taux d'intérêt. L'examen approfondi du litige montre ensuite comment l'État belge réaffirme sa capacité à dire et à faire la loi. Surtout, l'État focalise la dispute sur un « abus » de la banque, une « erreur » de gestion interne et un déficit de compétences, ce qui permet de dédouaner la hiérarchie administrative. Loin d'une remise en cause des dispositifs de la financiarisation et des risques afférents, l'affaire est finalement réduite à un simple « accident de parcours » et le blâme circonscrit autour d'un responsable administratif qui aurait été « leurré ».

Encadré n° 1 : présentation des archives

Les archives de Bernard Snoy (1945) offrent un aperçu de la relation ordinaire entre les banques d'affaires et les décideurs politiques belges au tournant de la décennie 1990. Fils de l'ancien ministre des Finances Jean-Charles Snoy et docteur en Économie de l'Université de Harvard, Bernard Snoy rejoint le cabinet des Finances après avoir travaillé à la Banque mondiale et à la Commission européenne. En tant qu'intermédiaire entre le ministre et les institutions financières de 1988 à 1991, il est en contact étroit avec les banques d'affaires domestiques et internationales. Ses archives se composent d'échanges de correspondance avec leurs agents, de documents de promotion d'émissions de dette, de prospectus financiers, de coupures de presse et de documents préparatoires à la libéralisation de la dette en francs belges.

Les archives de Grégoire Brouhns (1948-2007) donnent un aperçu de première main sur la gestion, par l'administration de la Trésorerie, du litige avec Merrill. Docteur en Droit de l'Université Catholique de Louvain, Grégoire Brouhns dirige le cabinet des Finances de 1988 à 1990, avant de prendre la tête de la Trésorerie. Ses archives contiennent, entre autres, une analyse des effets de la crise du SME sur le « *swap book* » du Trésor, des rapports inédits de la Cour des comptes, ainsi que trois pièces au cœur de la négociation : un « exposé des faits » (*Statement of facts*), un « exposé des motifs » (*Statement of claims*) et une « proposition de règlement du litige » (*Proposal to settle claims*).

Le souverain « flambeur » ou la financiarisation utilitaire

En Europe, la financiarisation de la dette publique a permis d'accomplir certains objectifs souverains – capter des emprunts à des taux compétitifs pour assurer la continuité du financement des politiques et des déficits publics – dans un cadre institutionnel qui censurait d'autres dimensions de la souveraineté nationale. En effet, la construction européenne est allée de pair avec l'abandon progressif du levier monétaire, la renonciation à entraver ou segmenter les marchés de capitaux, l'établissement de normes budgétaires et la mise en place d'un système de surveillance statistique[5]. Les démarchages commerciaux des banques vis-à-vis des États souverains, pour certains friands d'innovations,

5 Sur ce dernier aspect, *cf.* Piron (2022).

s'accompagnent d'asymétries de ressources. La stratégie financière belge, incluant le recours à des instruments financiers tels que les *swaps* et les options, apparaît ainsi comme celle d'un État semi-périphérique dans l'architecture financière internationale, qui tente de tirer son épingle du jeu en sollicitant l'aide des banquiers transnationaux dont il accepte la supériorité, pour un temps du moins.

La financiarisation de la dette publique comme instrument de souveraineté contrainte

Après avoir étudié les technologies de la financiarisation[6], les travaux de sociologie économique et de sociologie politique s'attèlent depuis une quinzaine d'années à l'analyse renouvelée des liens entre États et marchés de capitaux. Cette littérature est attentive à la façon dont les bureaucraties publiques ont non seulement engagé un mouvement profond de financiarisation des entreprises, de l'économie et des sociétés, mais ont aussi elles-mêmes épousé les canons, standards, normes et instruments de la finance privée (Chiapello, 2017 ; Fastenrath, Schwan et Trampusch, 2017 ; Lemoine, 2016a). Trampusch (2015) décrit par exemple comment la libéralisation financière, en offrant un accès approfondi aux marchés internationaux des capitaux, a conduit les gouvernements – y compris les plus centraux comme l'Allemagne – à financer leurs déficits par des obligations et de nouveaux instruments financiers, en lieu et place des crédits bancaires. L'auteure liste une série d'innovations nées de cette stratégie, telles que la création d'agences dédiées (Lemoine, 2016b), le recrutement au sein de l'appareil d'État d'acteurs issus du secteur financier privé et la transformation des instruments utilisés pour émettre la dette.

La financiarisation des États implique non seulement d'adopter les techniques et les produits des marchés de capitaux, mais aussi que l'administration tende à se comporter comme un acteur de marché, en compétition et « à armes égales » avec d'autres entités (publiques, semi-publiques ou privées) à la recherche de rendements d'actifs financiers (Datz, 2008). Si les stocks d'emprunts marchands et la quantité des contrats financiers souscrits indiquent en partie l'intensité de la financiarisation d'un État, cet article souligne le rôle des instruments de la dette et montre comment leurs conception, émission, négociation et

6 Karwowski (2019, p. 1002) définit la financiarisation de l'État comme « l'influence croissante des logiques, des instruments, des marchés et des stratégies d'accumulation financiers sur les activités de l'État ».

formatage juridique impliquent pour l'action publique des manières d'agir, de réfléchir et de se justifier plus ou moins financiarisées.

Dans le cas des États du Sud global, dits « périphériques » au sein de l'architecture financière internationale (Potts, 2017), les curseurs de ces transformations sont poussés au maximum. À défaut de drainer une confiance suffisante par des moyens nationaux, la création et l'approfondissement de marchés secondaires pour la dette publique contraignent ces États à renoncer à leur monnaie (pour libeller leur emprunt), à leur droit et juridictions domestiques (au moment de rédiger le contrat d'emprunt) et à leur immunité souveraine (en cas de litige) (Lemoine, 2022).

En Europe, si les États amorcent la rupture avec la finance administrée de l'après-guerre dès le milieu des années 1960 (Lemoine, 2016a ; Monnet, 2018), la dynamique de financiarisation des dettes publiques s'approfondit au début de la décennie 1980. Les titres négociables, « en marché », se substituent massivement aux titres émis « hors marché », qui étaient régis par des taux administrés et s'inscrivaient dans un système de crédit dirigé ou de « répression financière », *via* des entraves réglementaires à la libre confrontation de l'offre et de la demande. Les États ont alors pour stratégie de conquérir les investisseurs financiers globalisés. Le recours à la dette libellée en devises étrangères et aux produits dérivés – des instruments financiers tels que les *swaps* et les options – s'inscrit dans cette transformation du comportement de certains États semi-périphériques qui, selon leur rang dans le système financier, éprouvent plus que d'autres le besoin de donner des gages pour séduire les prêteurs.

Le recours aux dérivés renvoie aussi aux stratégies de mise à l'abri des risques monétaires qui s'ouvrent à cette époque et à l'intégration monétaire européenne. En 1971, la suspension par les États-Unis de la convertibilité du dollar en or met un terme au système de Bretton Woods et inaugure l'ère des taux de change flottants, déterminés par l'offre et la demande de devises. À partir de 1979, la création du système monétaire européen (SME), qualifié de « Bretton Woods européen » (Eichengreen, 1996), limite drastiquement les fluctuations monétaires entre les États participants. L'Acte unique (1986) et la perspective d'un marché intégré des capitaux cristallisent ce système : par crainte d'une fuite de capitaux, les gouvernements se refusent à modifier les parités. De même, il devient interdit de réserver des segments d'émission à certains investisseurs (par exemple nationaux) ou de soutenir les cours de la dette nationale par l'action de banques centrales (Preunkert, 2017).

C'est ainsi qu'il faut comprendre la percée de la financiarisation en Europe : les techniques d'émission de la dette permettent de poursuivre des objectifs souverains (se financer au meilleur taux et tenir le « rang » de crédit de l'État) dans un cadre institutionnel au sein duquel d'autres leviers, dont le financement monétaire, sont amenuisés. Si la financiarisation « habilite » les États (Dutta, 2020), autorise de nouvelles formes de *statecraft*, c'est en prenant le relais d'autres prérogatives souveraines, dont l'amputation est peu contestée.

Les technologies financières deviennent saillantes dans le cadre d'une mise en compétition des dettes : alors que l'ouverture de la convergence vers l'union monétaire tend à indiscriminer la valeur des obligations émises par les États européens, un jeu s'amorce entre Trésors, financiers et spéculateurs sur la valorisation des différences entre émetteurs nationaux au sein d'une zone monétaire en cours de stabilisation. Cette dynamique compétitive se prête à une course à l'innovation financière.

Une configuration singulière des rapports entre États et acteurs financiers privés s'ouvre alors. Des banques, à la recherche de nouvelles formes de clientèle parce qu'elles sont confrontées au déclin de leurs activités d'intermédiation et de financement de l'activité industrielle (Cornut St-Pierre, 2019), vont trouver dans les entités publiques et les États avides de gains rapides des « cibles » de choix de la commercialisation de produits financiers dérivés.

Il a été montré que l'appétit des structures publiques, nationales comme locales, pour les produits dérivés répondait à des contraintes budgétaires et comptables (Ferlazzo, 2018) : préserver une marge de manœuvre dans un contexte de contrôle budgétaire renforcé. Lagna (2016) a par exemple décrit l'usage par le gouvernement italien des produits dérivés pour l'émission de sa dette souveraine à la fin des années 1990. Non seulement, ces dérivés sont des paris qui s'adossent au postulat de la future convergence entre les bons du Trésor italiens et l'emprunt de référence, le *Bund* allemand, mais surtout ils naturalisent cet objectif et performent un espace des possibles limité, en rendant toute échappatoire coûteuse pour l'État, qui y indexe l'avenir des ressources publiques.

Dans le cas belge, l'émission d'une dette en devises étrangères sert de laboratoire pour tester de nouvelles techniques d'emprunt. Cette pratique permet au Trésor de se faire connaître sur les marchés internationaux de capitaux et d'acquérir un certain « savoir-faire » au contact d'intermédiaires financiers. Elle renforce la proximité entre les gestionnaires de la dette belge (les cadres du Trésor et le cabinet des Finances) et les banques commerciales d'envergure internationale. L'esprit général qui guide la stratégie belge aux confins des années 1980 est un pari sur la stabilité du SME : échanger (« *swapper* ») à long terme des monnaies « fortes » (comme le mark allemand et le florin néerlandais) contre des monnaies « faibles » (la lire italienne, la peseta espagnole, etc.). Ces dérivés, en même temps qu'ils réduisent le coût de financement pour l'État, emportent un coût social et politique : s'aligner sur les « fondamentaux » sous-jacents à la monnaie allemande, en tant que *benchmark* incontestable, implique des efforts austéritaires continus (Piron, 2019). La convergence des monnaies est déposée dans l'instrument : si les valeurs monétaires s'écartent, le taux de financement explose.

Jouer son rang dans la hiérarchie financière internationale

Au tournant de la décennie 1980, les déficits à deux chiffres se succèdent en Belgique. Incapable de satisfaire l'intégralité de ses besoins de financement sur le marché domestique, le KoB se tourne vers les marchés de capitaux internationaux, comme l'explique cet ancien agent du Trésor : « *Les devises, on en avait besoin parce qu'on ne savait pas se fier seulement au marché interne. [...] On avait besoin de cet argent [...]. Il fallait des rentrées, le marché belge ne suffisait pas*[7]. » Alors marginale, la dette en devises étrangères explose : en 1984, elle représente jusqu'à un quart de la dette publique belge. Elle atteint son pic en 1993, avant de décroître à la suite de la crise du SME (Figure 1).

Figure 1. Dette du Trésor belge (1977-2021), en milliards d'euros[8]

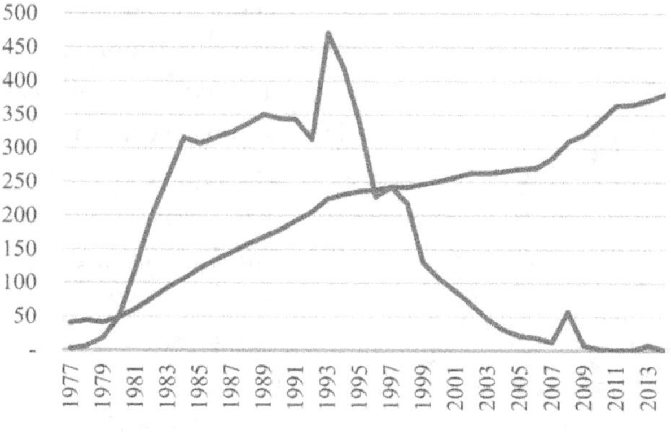

7 Entretien n° 12, Ancien fonctionnaire du Trésor, mars 2023.

8 Source : rapports annuels de la Banque nationale de Belgique. Nous remercions Tom Duterme pour son aide dans la collecte des données et la confection de ce tableau.

Emprunter en devises étrangères renvoie à une hiérarchie, qui n'a rien de figé, au sein de l'architecture financière internationale. Certains États sont rendus à commettre ce « péché originel », quand d'autres s'y refusent catégoriquement. Dans l'émission de leur dette, les États sont confrontés à une tension entre la recherche de stabilité, avec une émission de dette régulière et transparente de titres aux maturités variées (court, moyen et long terme) – ce qui contribue à en faire des « actifs sans risques » – et la poursuite d'innovations qui permettent de jouer sur la courbe des taux, de profiter des opportunités, bref de « battre le marché » pour diminuer leur charge d'intérêt à court terme – ce qu'on appelle une gestion « active ». Si ces technologies permettent aux États de se financer sur les marchés à des conditions avantageuses, elles ne sont pas neutres vis-à-vis du rang des États dans la hiérarchie financière mondiale : émettre en dollars, recourir à la technique des *swaps* ou renoncer à l'immunité souveraine peuvent naturaliser les perceptions et les classifications (*ratings*) entre des États aux devises « fortes » ou « faibles », ainsi qu'aux dettes « liquides » ou non.

Dénué d'infrastructure technique adéquate et confronté à l'impératif de lever des fonds importants sur des marchés internationaux de capitaux qu'il maîtrise mal, le Trésor belge se retrouve dans une situation de dépendance vis-à-vis des banquiers d'affaires pour effectuer et suivre ses placements, comme le reconstitue cet ancien gestionnaire :

> « En entrant à la Trésorerie, je me suis rendu compte qu'il y avait une faible connaissance des produits financiers. Au début des années nonante, c'est justement le moment où le secteur financier connaît une évolution marquante : tous les produits dérivés font un tabac, surtout dans le secteur public. Mais, c'est dommage de le dire, le secteur public n'avait pas une bonne connaissance de ces produits. Soudainement, on était confronté avec un monde bancaire qui avait changé, qui avait connu une révolution et l'administration publique tardait un peu. Pendant dix, quinze, vingt ans, il y avait un secteur relativement sophistiqué qui essayait de vendre ses produits à un acheteur non sophistiqué. Le secteur public, et donc la Trésorerie, était surtout un émetteur... et ça s'arrêtait là[9]. »

Les gestionnaires de la dette belge se reposent donc sur l'expertise de prestigieuses maisons internationales pour les informer sur les conditions de marché, mais aussi concevoir les conditions d'émission, en définissant le prix de départ des obligations, la clientèle visée, voire les produits dérivés couplés à l'émission. Avant chaque emprunt, les responsables commerciaux des banques sont invités à présenter (« *pitcher* ») leur offre. Tout en voyant

9 Entretien n° 12, Ancien fonctionnaire du Trésor, mars 2023.

dans cette manière d'agir « *pathétique* » une preuve d'« *amateurisme* » de la puissance publique, ils acceptent malgré tout de « *faire la queue*[10] » dans les locaux du Trésor en raison du prestige que confère le rôle de *lead manager* d'une opération souveraine :

> « Ce rôle est le plus lucratif et le plus visible et c'est en relation directe avec le Trésor. Je me souviens très bien avoir reçu un coup de téléphone du responsable du Trésor belge de l'époque. C'était ma première année chez Morgan Stanley, c'était la *Christmas Party*. J'étais à Londres et je reçois un coup de téléphone me disant : 'est-ce que vous pouvez venir demain matin à 8 heures 30 ? Vous avez le mandat.' Donc j'annonce ça à Morgan Stanley, qui est évidemment fou de joie, je suis le héros ! C'était une émission de 400 millions de dollars. C'est vraiment le début de l'internationalisation de la dette publique, avec tous les risques de change que ça représente[11]. »

Un témoin de l'époque raconte comment les offres commerciales des banques sont démultipliées du fait de l'absence autour du Trésor d'un réseau privilégié d'interlocuteurs et de contreparties bancaires, un « club » de banques de proximité (les *primary dealers*), comme il en existe aux États-Unis, au moins depuis les années 1960, et en France dès le milieu des années 1980 : « *En ce qui concerne la dette en devises [...], c'étaient des banques qui venaient vendre leurs idées, leurs produits. Il n'y avait pas vraiment un corps de* primary dealers *pour ces produits-là. C'était ouvert à tout le monde, pour ainsi dire*[12]. »

Pour une banque commerciale, conseiller aux États un nouveau produit signifie la plupart du temps l'obtention d'un mandat d'émission de ce titre par syndication, ce qui va de pair avec une commission juteuse, une « gratte » (Lemoine, 2013). Tous les émetteurs de dette souveraine ne succombent toutefois pas à cette « *tentation* » : quand certains envisagent sérieusement le recours aux services des banques démarcheuses afin de composer avec leurs contraintes locales, d'autres les « *remercient* » et dédaignent ces propositions. De fait, accepter les rendez-vous des banques, s'engager dans des mandats risqués, c'est potentiellement nuire à la réputation de marché et au crédit d'émetteur

10 Entretien n° 5, Banquier d'affaires, mars 2021.
11 Entretien n° 6, Banquier d'affaires, mars 2021.
12 Entretien n° 12, Ancien fonctionnaire du Trésor, mars 2023.

stable et transparent de l'État, comme l'explique un ancien directeur du Trésor français :

> « Nous, on n'a pratiquement jamais fait de *swaps*. [...] On avait tous l'impression de mettre les doigts dans quelque chose qu'on avait l'intime conviction de ne pas maîtriser. Donc nos risques maximums à nos propres yeux, c'était nous-mêmes : se faire entuber par Goldman Sachs ou par les gigolos de Merrill Lynch, agiles comme tout [...], il y a ceux qui aiment, mais on ne pensait pas être payés pour faire faire du surf à la République. Ce n'est pas un sport pour la République ![13]. »

Les « *swaps* d'arbitrage » : des paris risqués sur l'intégration monétaire européenne

En Belgique, la technique des *swaps* apparaît comme une méthode rapidement disponible pour réaliser des économies sur le service d'une dette en forte croissance. Ce produit, valorisé et encouragé par la communauté financière, connaît un essor fulgurant au cours de la décennie 1980. Entre septembre 1989 et octobre 1992, le Trésor belge conclut avec les principales banques d'affaires 83 *swaps*, dont le montant notionnel cumulé dépasse 80 milliards de francs belges.

La tactique est toutefois à double tranchant. En s'engageant fortement dans ces opérations financières, le ministère des Finances optimise certes la gestion de la trésorerie, maximise son portefeuille de placements, se fait connaître de la place financière et s'acculture à la financiarisation. Mais en souscrivant à des titres complexes, à défaut d'infrastructures techniques capables de soutenir ces avancées, l'État belge reste vulnérable à l'expertise des banques et expose sa signature de crédit à des risques juridiques et financiers additionnels.

Les *swaps* conclus par le KoB servent deux objectifs. Ils peuvent d'abord neutraliser le risque de change. Par exemple, après avoir émis une dette en marks allemands, le Trésor peut échanger ceux-ci contre du *cash* en francs belges pour effectuer ses dépenses. Le risque de dépréciation encouru (les remboursements périodiques de la dette devant se faire en marks) peut être couvert par un *swap* qui « bloque » le taux de change entre ces deux monnaies. Mais le KoB recourt aussi aux *swaps* pour des motifs financiers. Il peut épargner de précieux points de base – un centième de pourcentage de taux d'intérêt – en émettant sa dette dans une devise liquide (comme le dollar),

13 Entretien n° 4, Ancien directeur du Trésor français, mars 2021.

avant de conclure un *swap* de change vers une autre devise, moins liquide et donc inaccessible lors de l'émission primaire, mais dont le taux d'intérêt est inférieur (par exemple le franc suisse).

Pour réduire sa dette, le Trésor belge entend profiter de la stabilité des taux de change qui règne en Europe depuis le réalignement général des parités de janvier 1987. Dès 1989, le KoB expérimente avec diverses banques des *swaps* moins conventionnels, qualifiés de *swaps* « d'arbitrage ». Ce terme indigène désigne une stratégie consistant à échanger des monnaies « fortes » du SME contre des monnaies « faibles » pour une durée de plusieurs années. Le succès de ces opérations est conditionné au maintien de la parité des monnaies faibles pendant toute la durée du contrat. Le risque de change assumé est rémunéré par le versement immédiat d'un subside (« *upfront* »), qui est affecté à la réduction de la dette[14]. Cette politique est vivement encouragée par les banquiers d'affaires. Le directeur d'une filiale du Crédit Suisse à Londres, Tony de Liedekerke, explique dans une lettre adressée à Bernard Snoy que « *presque tous les gouvernements sophistiqués majeurs sont entrés dans des arbitrages similaires* » pour réduire le coût de financement de leur dette et que le risque de change est « *minime en comparaison avec le gain potentiel*[15] ».

Cette illusion d'un « gel » (James, 2012, p. 326) des taux de change au sein du SME se brise brutalement à l'automne 1992. Après une série d'attaques spéculatives menées à l'initiative de George Soros, le Royaume-Uni suspend la participation de la livre sterling au SME le 16 septembre 1992 ; c'est le « mercredi noir ». Dès le lendemain, l'Italie s'y résout de même. Quelques semaines plus tard, la Suède et la Norvège abandonnent à leur tour l'arrimage de leur monnaie. Au cours des mois qui suivent, de nouvelles dévaluations en Irlande, en Espagne et au Portugal, ainsi que les pressions exercées sur le franc français font craindre une implosion du SME, dont les marges de fluctuation sont finalement portées de 2,25 % à 15 % en août 1993.

Cette vague de dévaluation détériore fortement les positions de l'État belge[16]. Les cadres du Trésor découvrent à leurs dépens que les gains réalisés grâce aux *swaps* d'arbitrage se muent en pertes volumineuses. Au cœur de la tourmente spéculative, le responsable de la gestion de la dette en devises étrangères, Monsieur B., se tourne vers Raphaël Geys, un commercial de Merrill

14 Administration de la Trésorerie, « Rapport interne », 9 décembre 1992 (archives Brouhns).

15 Archives Snoy, 20 novembre 1989.

16 Sauf mention contraire, les développements suivants s'appuient sur le document suivant : *Statement of Facts*, 13 mai 1998 (archives Brouhns).

Lynch avec lequel il entretient des contacts fréquents. Celui-ci recommande au Trésor d'acheter des couvertures à court terme sur ses positions ouvertes, et de les financer en cédant à la banque des options « avec barrière » (*knock-out* – K.-O.)[17], indexées sur l'évolution à long terme des dollars canadien et américain vis-à-vis du franc suisse ou du mark allemand. Le Trésor conclut quatre paires d'accords de ce type avec la banque d'affaires entre le 7 août et le 18 septembre 1992.

Le 16 mars 1993, l'administration de la Trésorerie finance une nouvelle protection sur ses *swaps* d'arbitrage en cédant à Merrill une nouvelle option, dite « *power knock-out* » (P.K.-O.), basée sur l'évolution croisée du franc suisse et du dollar américain. Cette option, présentée par Geys devant les cadres du Trésor et le nouveau directeur de cabinet des Finances, Olivier Lefebvre, est dotée d'un puissant effet de levier : le montant des *cash-flows* varie de manière exponentielle et peut atteindre jusqu'à 2,5 milliards de dollars. L'évolution particulièrement défavorable des cours de change des dollars américain et canadien lors des mois qui suivent entraîne une perte, en « *mark-to-market* »[18], de 620 millions de dollars sur cette seule option. Estimant que ce montant excède manifestement celui de la protection reçue, le Trésor belge entame au printemps 1995 des poursuites auprès de ML afin de récupérer une partie des pertes.

Le souverain en « victime » circonstancielle de la financiarisation

Cette seconde partie analyse l'affrontement entre le KoB et ML. Au cours de cette affaire, diverses composantes de la relation financière sont mises à l'épreuve (Lazarus, 2009) : le mode de règlement du litige (négociation à l'amiable ou procès), l'identification de l'enceinte judiciaire légitime (les tribunaux new-yorkais ou bruxellois), la qualification des entités en jeu (le degré de « sophistication » du Trésor belge et les intentions de la banque) ou encore la nature de la relation commerciale nouée entre ML et le KoB (purement circonstancielle et contingente ou assimilable à une fidélité entre prestataire et client durable).

17 Une option « avec barrière » est une option qui s'active ou se désactive si l'actif sous-jacent passe au-dessus ou en-dessous d'une valeur limite (la barrière).

18 Cette expression désigne le fait d'enregistrer, au jour le jour, la valeur d'un actif selon son prix de marché. La valeur « *mark-to-market* » (« au prix du marché ») d'un actif correspond donc à son cours quotidien sur le marché.

En étudiant la dynamique de ce litige, nous analysons le déploiement « en action » d'une facette de la financiarisation de l'État : l'adoption, à un degré variable au gré des situations, de ses codes juridiques (Pistor, 2019). En se dotant de ressources importantes (des experts financiers et juridiques reconnus), le KoB parvient à neutraliser son adversaire tout en jouant de sa capacité à déplacer le lieu du litige vers un tribunal domestique, où il aurait l'avantage, et en menaçant de nuire publiquement à sa contrepartie. Surtout, les équipes chargées du dossier circonscrivent les discussions autour de la « faute » d'un gestionnaire : Monsieur B., construit comme une victime « naïve » des démarchages commerciaux des banques privées.

Cette problématisation de la dispute, qui évacue l'accusation collective – la corruption de l'administration ou un déficit de la régulation –, fait écho à la sociologie des illégalismes financiers (Angeletti, 2019, 2022 ; Angeletti et Lemoine, 2021). Ce versant de la sociologie du droit étudie les processus, collectifs et disputés, de distribution des blâmes et des fautes au cours des procès ou des épreuves visant précisément leur évitement. À travers le caractère public auquel elle contraint, la forme procès véhicule un certain régime d'explicitation des pratiques indigènes de la finance et de l'État – opérations et transactions qui sinon restent confinées, et se règlent dans l'ombre, à l'écart des tribunaux officiels. De même, l'identification et la circonscription de la faute apparaissent comme des enjeux disputés : sanctionner et punir un *trader* ou un département de l'organisation bancaire, c'est sortir du périmètre de blâme le système ordinaire et structural des pratiques engagées par les organisations embarquées dans la financiarisation, et dès lors entraver, ou laisser impensée, leur éventuelle régulation ou surveillance. Punir la faute, sanctionner le dérapage d'une entité vis-à-vis d'un sentier raisonnable et admis, « jeter la pomme pourrie », revient dès lors à préserver l'essentiel : le maintien d'espaces d'auto-régulation qui conviennent aux organisations financières privées.

L'identification de ce qui fait problème dans le cas du litige KoB *vs* ML est aussi une opération controversée parce qu'elle peut potentiellement donner le point à l'une des parties : le Trésor a-t-il souscrit à des produits particulièrement « exotiques » ou à des options banales, dans l'air du temps des innovations financières de l'époque ? Le Trésor est-il la victime d'une banque sans scrupules ou un acteur stratège, intéressé par la gestion active de sa dette quand les valeurs sont au vert et qui sait défendre opportunément ses intérêts quand la conjoncture se retourne, en se mettant en scène comme une entité vulnérable, à la merci des asymétries d'information dont bénéficierait sa contrepartie bancaire ? Tout au long du litige, Merrill conteste au Trésor ce statut de victime « peu sophistiquée », mettant au contraire l'emphase sur la force de frappe financière, juridique et experte du souverain.

« Encommissionner » l'affaire et se tenir à l'informel

Le 2 octobre 1996, Herman de Croo prend de court le Premier ministre, Jean-Luc Dehaene. Il accuse le gouvernement d'avoir joué et perdu la somme de 44,3 milliards de francs belges dans le cadre d'une « *spéculation en devises à grande échelle* » dont le Parlement n'aurait jamais été averti. Les révélations du chef de file de l'opposition libérale se basent sur la fuite de rapports confidentiels de la Cour des comptes, qui insiste depuis plusieurs mois pour que le Ministre des Finances, Philippe Maystadt, rende publique « l'affaire des *swaps* ». Trois ans après les faits, le sujet fait les gros titres de la presse. Un débat public s'amorce sur la légitimité des opérations conclues par le Trésor et sur la frontière, poreuse, entre une gestion « dynamique » de la dette et de la spéculation pure et simple (X, 1996a).

Le crédit du ministre vacille et, par extension, celui de l'État est sur un fil. Accusé de « *boursicoter* » (Gassée, 1996) avec les deniers publics et appelé à démissionner, Philippe Maystadt réduit cet incident à un simple accident de parcours et invite les députés à ne pas « *jeter le bébé avec l'eau du bain* »[19]. Le ministre des Finances relativise les pertes encourues au regard des économies réalisées grâce à sa politique de gestion « active » de la dette, avant d'énumérer une série de réformes entreprises afin de la professionnaliser davantage. Maystadt suggère de poursuivre les débats à huis clos afin de ne pas mettre en péril les positions de l'État belge sur les marchés financiers – à l'instar de « *n'importe quelle banque* »[20]. À la suite de cet « encommissionnement » réussi, le Parlement est neutralisé et le débat public autour de l'affaire s'éteint rapidement, tel un « *jet de flamme* » (*steekvlam*)[21]. La communication publique autour de l'opération financière et ses suites chaotiques est gérée au cordeau : la légitimité de l'initiative des options semble peu assumée par la hiérarchie, qui veille sur le moment à ne laisser filtrer que peu de détails du litige et des négociations.

19 Sénat de Belgique, séance du jeudi 24 octobre 1996.

20 Chambre des Représentants, Commission des Finances et du Budget, réunion publique du 15 octobre 1996.

21 Entretien n° 12, Ancien fonctionnaire du Trésor, mars 2023.

Dans le même temps, les deux parties s'entourent d'avocats d'affaires issus de cabinets prestigieux : Merrill fait appel à Skadden, « *la Rolls-Royce* »[22] des conseillers juridiques pour les créanciers selon un témoin de l'affaire, tandis que le KoB s'attache les services de Cleary Gottlieb, son équivalent côté État, et d'un avocat new-yorkais spécialisé dans le domaine des dérivés, Denis Forster. Avocat de *Procter & Gamble* dans son procès très médiatisé face à *Bankers Trust* (1996), Forster avait emporté une intense bataille judiciaire en prouvant l'existence d'une stratégie de la banque visant à tromper sa clientèle sur les risques encourus sur les produits qu'elle vendait. Sa réputation tient également à sa participation, en 1987 et en 1992, à la rédaction des standards sur ces produits de « gré à gré » : les accords-cadres de l'*International Swaps and Derivatives Association* (ISDA).

Les conseils juridiques des parties s'attèlent à définir la stratégie à suivre sur le plan de la procédure : faut-il privilégier un procès devant les tribunaux, qui aurait le défaut de rendre publique la séquence ayant conduit à cette impasse, ou préférer une négociation souple, confidentielle et informelle ? La banque, dont l'activité repose sur la confiance, cherche à éviter les dommages réputationnels associés à la publicité négative qui accompagne un procès, de nature à dissuader de potentiels clients d'entrer en transaction avec elle et de souscrire aux produits dérivés dont elle fait la promotion :

> « Les banquiers d'affaires sont très vulnérables à des incidents qui pourraient porter préjudice à leur réputation de sérieux. [...] C'est quelque chose de sensible pour un banquier d'affaires [...] dont le fonds de commerce est la confiance et la réputation auprès des clients[23]. »

Ce risque réputationnel se double de la menace de faire jurisprudence : si un jugement devait reconnaître une faute de la banque, d'autres clients lésés pourraient engager des poursuites à son encontre et s'y référer pour tenter d'obtenir gain de cause. Cet aspect est d'autant plus sensible que ML se trouve alors engagée dans une procédure similaire avec un pouvoir local étatsunien, le comté d'Orange (*Orange County*). Pour nourrir leurs revendications, les avocats du KoB ne manquent d'ailleurs pas de se référer à ce litige, à l'issue duquel la banque consentira à verser une indemnité de 437 millions de dollars à la collectivité publique – « *l'un des plus gros paiements de l'histoire de Wall Street* » (Reckard et Wagner, 1998).

22 Entretien n° 6, Banquier d'affaires, mars 2021.
23 Entretien n° 9, Avocat d'affaires, janvier 2022.

Ce double risque, réputationnel et jurisprudentiel, est un atout majeur entre les mains du KoB. Celui-ci se garde toutefois d'entamer précipitamment une action judiciaire qui risquerait d'affaiblir sa position de négociation, en levant la confidentialité précieuse tant pour Merrill Lynch que pour la hiérarchie administrative, qui cherche à étouffer toute affaire. Il s'agit de ne pas abattre effectivement cette carte, au risque de vider les négociations de leur substance :

> « Une des choses que j'aimais dans ces affaires, c'était l'effet indésirable d'un procès. En d'autres termes, vous finissiez par faire la même chose et tout préparer – tous les détails, tous les documents à l'appui. Mais c'était justement en vue d'*éviter* cela car une fois que vous êtes devant le juge, vous avez abattu toutes vos cartes. En tant que représentant de mes clients, je ne veux pas intenter un procès car, une fois que c'est fait, la valeur de mon accord diminue considérablement. Parce qu'il y a tellement d'avantages à dire : 'Nous ne dirons rien à personne sur ce sujet. Vous avez parcouru tout le pays pour faire ce genre de choses et si le mot sort, vous aurez un problème. Nous gardons cela pour nous, mais il y a un prix à payer.' Une fois que vous avez intenté un procès, vous perdez cet atout[24]. »

L'issue incertaine d'un procès renforce l'intérêt du KoB pour un accord à l'amiable. Un avocat rompu à ces situations nous explique que ce cas, qui met aux prises deux parties *« adultes, professionnelles, entourées de conseillers compétents »*, ne semble pas « *très évident* » : « *On ne parle pas ici d'un banquier qui a abusé de la confiance d'un orphelin. On est parmi des parties qui sont, par définition et par hypothèse, sophistiquées*[25]. » Or, il reviendrait au KoB, placé en position de demandeur, de prouver ses allégations. L'examen de la jurisprudence, alors naissante, relative aux produits financiers dérivés démontre qu'une telle démarche est loin d'aller de soi. Si quelques précédents sont plutôt favorables aux entités publiques (*Orange County* aux États-Unis, *Hammersmith and Fulham* au Royaume-Uni[26]), certaines autorités comme la France et le Québec légalisent rétrospectivement ces contrats dans une logique de stabilité bancaire et de défense « d'intérêts de place », où il est préférable de ne pas trop nuire à l'industrie financière privée.

---

24 Entretien n° 11, Avocat d'affaires, mars 2022.

25 Entretien n° 9, Avocat d'affaires, janvier 2022.

26 La décision *Hazell vs Hammersmith and Fulham* rendue par la Chambre des Lords en 1991 annule les contrats de *swaps* litigieux, au motif qu'ils « s'apparentaient plus à du pari qu'à de l'assurance » et, en conséquence, « outrepassaient les pouvoirs accordés au conseil par la loi » (Cornut St-Pierre, 2019, p. 179).

Tout au long du litige, le langage du droit est omniprésent : les parties n'ont de cesse de se référer aux normes et jurisprudences en vigueur dans différentes cours, mais entreprennent systématiquement de ne pas se résigner au procès formel. Si le passage devant les tribunaux est une option de dernier recours, il importe néanmoins que tout se passe *comme si* ce procès était une issue probable et maîtrisée. Tout en privilégiant la voie de la négociation informelle directe, les parties miment donc le langage et les codes juridiques. Certains documents portent par exemple un nom identique à celui des pièces échangées dans une procédure d'arbitrage (« mémoire en requête », « mémoire en défense », etc.).

La dispute porte également sur l'enceinte juridique légitime à traiter le différend. Si le contrat prévoit la compétence exclusive des cours new-yorkaises, qui font office de référence à l'échelle mondiale, le KoB soutient que l'accord entre les parties contient une exception à ce principe, qui l'autoriserait à intenter un procès à Bruxelles. Une telle localisation présenterait l'avantage d'être « *rapide, certain et favorable* », lit-on dans les archives. Tout en cherchant à respecter les codes de l'échange et à jouer le jeu de la « *fair negotiation* » des places financières, le KoB n'ignore pas que la justice new-yorkaise a la réputation d'être plutôt sensible aux intérêts des organisations financières.

Le cadrage mouvant de la dispute : de la tarification erronée à l'abus de confiance

En mai 1997, les parties sollicitent l'ancien président de la Banque centrale allemande, Helmut Schlesinger, et le professeur John Hull (Université de Toronto), une référence mondiale dans la tarification d'options, en vue de déterminer le prix du P.K.-O, l'option la plus controversée vendue par le KoB à ML. Cet accord est scellé dans un protocole d'entente (*Memorandum of Understanding – MoU*), dénué de valeur juridique :

> « Un *MoU*, c'est un contrat sans dire que c'est un contrat. On est là plus dans le politique, on veut que ce soit quelque chose d'informel : 'On est des *businessmen*, pas des juristes. Voilà les règles du jeu, on se met d'accord là-dessus et on ne veut pas que les juristes soient impliqués, donc pas de contrat'[27]. »

Après avoir auditionné George Constantinides, professeur à l'Université de Chicago et collaborateur *in house* de Merrill, ainsi que des représentants du KoB, assistés par John Campbell (Université de Harvard), Schlesinger évalue

27 Entretien n° 10, Avocat d'affaires, janvier 2022.

à 33 millions de dollars le prix « *juste et raisonnable* » du P.K.-O. Ce montant est pratiquement deux fois supérieur à la valeur des protections reçues par le KoB en échange de la vente de cette option (17 millions de dollars). Fort de cette évaluation aux allures de verdict (non contraignant), le KoB décline l'offre de ML de verser la différence (soit 16 millions de dollars) en règlement de toutes les réclamations à son encontre. Les conseillers du Trésor soutiennent que l'intégralité des conseils offerts par la banque font système et que la négociation autour de l'indemnisation doit être étendue à l'ensemble des pertes engendrées par les cinq options K.-O. et P.K.-O.

Les parties s'opposent pour caractériser rétrospectivement la relation qui les a mises en commerce : s'entendre sur une description de cette relation, c'est déterminer la responsabilité juridique et donc assumer potentiellement le coût et la prise en charge d'une défaillance[28]. La reconnaissance du statut « d'agent fiduciaire » de Merrill et les devoirs afférents à cette fonction sont au cœur de la dispute : ce statut, balisé dans la *common law* et la juridiction de l'État de New York, lie le sort de la banque à celui de son cocontractant et réprouve les profits accumulés sur le dos de clients lésés du fait de ses conseils. La banque nie ce caractère durable de la relation commerciale qui la liait au KoB. Elle réfute aussi toute dépendance du Trésor belge à son égard et affirme que les transactions étaient des *deals « librement négociés »* (« *at arm's length* »). Usant de la même analogie, les avocats du KoB rétorquent que ML avait au contraire « *un bras autour de l'épaule* » (« *an arm around the shoulder* ») du Trésor, auquel il fournissait ses conseils « *dans un moment de détresse* ».

Les affaires relatives aux dérivés font régulièrement état de telles asymétries (Cornut St-Pierre, 2019). Forster, l'avocat du KoB, explique ainsi que « *lorsqu'il s'agit de produits aussi explosifs que la nitroglycérine, tels que des dérivés, la personne qui achète le produit veut pouvoir faire confiance à l'autre partie* » :

> « Combien de personnes, par exemple dans les champs de pétrole du Texas, font ces transactions, signent des accords ISDA sans jamais avoir lu ces accords ISDA, et encore moins les comprendre ? Je pense que vous pourriez en prendre 100 et vous n'en trouveriez pas une seule » (Forster, 2000, p. 78, notre traduction).

La *doxa* de l'histoire financière – dont Roos (2019) dresse un état de l'art – conçoit la dette souveraine comme le contrat d'emprunt par nature le plus risqué, conformément à une tautologie appréhendée par les financiers privés :

28 Sauf mention contraire, les développements suivants s'appuient sur l'archive suivante : *Statement of Claims*, 29 mai 1998 (archives Brouhns).

le souverain étant souverain, il ne saurait reconnaître aucun pouvoir ou engagement supérieur à son vouloir arbitraire. Le souverain est réputé pour sa capacité à manipuler la loi par laquelle est gouverné le contrat, à redéfinir ce dernier, voire à faire condamner (et éradiquer) ses créanciers s'ils lui résistent trop. À rebours de cette supériorité présupposée de l'État vis-à-vis des organisations commerciales, la stratégie du KoB consiste à revendiquer un manque de « sophistication » du Trésor, décrit comme une victime du démarchage de ML, ainsi qu'une trahison par la banque de la relation de confiance nouée sur le moyen et le long terme. Les avocats du KoB veulent démontrer que la banque d'affaires, en tant que courtier en valeurs mobilières, s'est mise en position d'*obligée* et était tenue à un devoir de loyauté envers son client, de la confiance duquel elle aurait abusé.

Le KoB fournit à l'appui de cette thèse des échanges de courriers pour prouver l'existence d'une relation de « conseiller spécial », qui engageait la banque bien plus qu'une transaction isolée : le problème des options ne se bornerait pas à un « coup », mais traduirait une faute structurelle de la banque dans l'ensemble de ses conseils. Le KoB utilise la présentation de soi que fait circuler ML en guise de publicité pour démarcher ses clients : ces extraits insistent sur l'importance de « *la confiance* », de « *l'intégrité* », de « *la transparence* » et du « *dévouement au client* », et évoquent *« une tradition de confiance »* qui n'a « *pas de prix* ». Au service de leur démonstration, les avocats du KoB mettent en scène le « test » de la relation commerciale de confiance, *via* une série de questions/réponses destinées à éprouver rétrospectivement la nature de ce lien (illustration 1).

Illustration 1 : le « test » de la relation commerciale de confiance[29]

Whether "one party reasonably trusted"the other party is, of course, a factual issue.

The Test: Did the Kingdom reasonably trust Merrill Lynch?

The Kingdom suggests that there are two components to this issue:
(i) Did the Kingdom, in fact, trust Merrill Lynch?
(ii) If so, was that trust reasonable?

Did the Kingdom, in fact, trust Merrill Lynch?

Undoubtedly they did during the relevant period. Overwhelming evidence of this trust is the extent of discretion that the Kingdom gave to Merrill Lynch in structuring and executing the subject trades. It is difficult to imagine a greater degree of trust than allowing someone to structure trades involving the equivalent of hundreds of millions of US dollars — and never asking for any of the critical details, including price and value.

29 *Idem*, p. 9-10.

> This point should be conclusive on the question of whether the Kingdom trusted Merrill Lynch. The Kingdom did not ask questions. The question arises -- why not? The answer is obvious -- the Kingdom trusted Merrill Lynch.
>
> Though more on this point should not be necessary, it should be mentioned that correspondence from Merrill Lynch's own employees evidence this trust. See, for instance, notation from Mr. Geys to Mr. G confirming September 9, 1992 trades and stating, in Flemish, **"Thank you for your *trust* ["vertrouwen"] in the structure and Merrill Lynch."** See, also, letter from Mr. Geys to Mr. B of March 18, 1993 regarding the PKO: **"I hope the Kingdom is convinced Merrill Lynch executed this transaction in the Kingdom's *best interest* and I thank you for your *trust*."** (Emphasis supplied.) [3]
>
> **Was it reasonable for the Kingdom to trust Merrill Lynch?**
>
> Again, the relevant period of time for these purposes is August 1992 — March 1993 and, based on the circumstances then existing it was entirely reasonable for the Kingdom to trust Merrill Lynch for numerous reasons, including the following:
>
> 1. **This was *Merrill Lynch*.**
> The Kingdom viewed Merrill Lynch with the highest regard. Merrill Lynch then enjoyed (and we believe continues to enjoy) an excellent reputation as a leading financial institution with the highest integrity. It was inconceivable to the Kingdom that Merrill Lynch would attempt to defraud them and that the Kingdom could *not* trust Merrill Lynch.
>
> 2. **Merrill Lynch publicly encouraged trust.**
> At that time (and to this day), Merrill Lynch promoted and projected an image of an institution that could and should be trusted.
>
> Illustrative is the Merrill Lynch advertisement in Euromoney in September 1992 retained in the Kingdom's files which is entitled ***"In a changing world, it takes a certain kind of intelligence to know your way around."*** Beginning with "Knowledge is power" (and thereafter suggesting superior knowledge on the part of Merrill Lynch) the advertisement concludes:
>
> > **"At Merrill Lynch, we believe that trust is beyond price. MERRILL LYNCH A Tradition of Trust"**

Les réponses sont censées opérer comme autant de preuves d'une fidélité présupposée par les parties au contrat et aux transactions, liens (des devoirs et des dettes) qui sont présumés valoir au-delà du *deal* circonscrit, et impliquent, du côté de la banque d'affaires, d'agir dans le meilleur intérêt de l'État et de le servir au mieux. Le royaume de Belgique mentionne que « *Merrill Lynch a suggéré que ces références à la confiance sont un simple 'baratin' commercial (a mere salesman's 'puff')* » et ajoute qu'en cas de litige, la banque « *devra convaincre le juge des faits et expliquer ce choix de mots quelque peu étrange* ».

L'avocat de ML, Edward J. Yodowitz, conteste la qualification juridique des faits par le royaume. Selon lui, il n'y a eu à aucun moment de « fraude », mais uniquement une tarification erronée (*mispricing*). Les conseils de ML assimilent le KoB à un « *client malheureux qui cherche à faire porter le chapeau à quelqu'un d'autre* » et soulignent l'absence de fondement et de cohérence de plusieurs arguments avancés. La banque se dit réticente à toute forme de règlement, y compris à l'amiable car, même sans procès, indemniser reviendrait à prendre le risque que des fuites, jugées « *inévitables* », sur l'issue du dossier incitent d'autres acteurs à contester leurs contrats.

Monsieur B., l'État personnifié en victime non sophistiquée

Le second volet, complémentaire, de la stratégie du KoB consiste à circonscrire les responsabilités sur un cadre du Trésor, tragiquement décédé en janvier 1996, à l'âge de 59 ans. Monsieur B. est dépeint comme une « victime » du démarchage de la banque, présentant des lacunes en finance et n'ayant pas les moyens de *challenger* la présentation des produits. Monsieur B. constitue un fusible : son *curriculum* détaillé est mobilisé par les avocats du KoB, et la prosopographie se mue en construction juridique afin de servir la ligne de défense d'un « État non sophistiqué » (illustration 2).

Illustration 2 : le *curriculum vitae* de Monsieur B.[30]

RESUME OF MR. B

.Born in 37; died Jan 96

.Academic training:

Bachelor degree in administrative sciences

.Professional carreer:

Mr. B has spent his entire carreer with the Administration of the Treasury in the Ministry of Finance

Mr. B has successively worked in 3 departments:

.58-65 : Budget
- accounting for and projections of, the cash flows of the State (= central Government revenues and expenditures)
This was essentially a bookkeeping function

.66-85 : Control of State owned establishments
E.g.: Post, Telephone, Railways, social security etc.
This was essentially an audit function to check whether the organization and activity of these establishments are conform to their Statutes.

.Nov 85: Public Debt
Mr. B was appointed Head of this department in July 86

Mr. B was a man entirely dedicated to the service of the Nation and of impeccable integrity.

30 *Kingdom's lack of technical sophistication in derivatives trading during the period up to mid-1993*, 20 avril 1998 (archives Brouhns).

Sa personne de serviteur « pur » du Trésor, « jamais passé par le privé », incarne la victime idéale, naïve et innocente : Monsieur B. personnifie « l'État-victime », la cible parfaite du démarchage de ML. La défense insiste sur la notion de « *confiance* » : *« il s'est, très certainement, fié à ces représentations et s'il avait connu la vérité et si les faits matériels non divulgués lui avaient été révélés, il n'aurait pas conclu ces transactions »*. Plus encore, les acteurs du marché auraient été informés du déficit de compétences du Trésor belge et en auraient profité au moment de « *pitcher* » leurs offres. Les témoins de l'époque s'en souviennent :

> « Physiquement et mentalement, Monsieur B., on l'appelait Babar – l'éléphant. Il était un peu lourdaud, c'était tout sauf un foudre de guerre. Il était impossible qu'un Monsieur B. puisse décortiquer ces opérations-là. Et nous le savions tous. Et Merrill le savait. Et Merrill l'a fait intentionnellement. Ils savaient qu'ils allaient pouvoir *go away with murder*. [...] Monsieur B. en est mort, hein. On l'a littéralement coupé en morceaux. Ça a été de la torture pour lui tout ça[31]. »

> « C'est vraiment très triste. Honnêtement, c'était un fonctionnaire ancien style, très dévoué. Je l'ai beaucoup apprécié mais, c'est dommage de le dire, il n'était pas à la hauteur de ce monde-là. Et je crois honnêtement qu'on a un peu profité de lui, en vendant ces produits. Il faut se dire : il était dans un système où la Trésorerie était surtout un émetteur : on cherchait des fonds sur un marché, on récoltait de l'argent et puis tout ce qu'on faisait, c'était repayer des coupons, et à la date finale, le capital. Depuis les années nonante, c'était un monde tout à fait différent. Et je crois qu'il était un peu pris de court, il ne comprenait pas vraiment ce qui se passait. Il n'avait pas la technicité pour comprendre ça[32]. »

Tout en décrivant Monsieur B. comme « *un homme intégralement dédié au service de la Nation et d'une intégrité impeccable* », l'argumentaire du KoB le rend *de facto* responsable. Le soutien de façade affiché lors de la négociation avec Merrill contraste avec sa mise à l'écart au sein de l'administration. Le blâmer permet de protéger le reste de la technostructure, au plus haut niveau. Le dossier présente l'administrateur général de la Trésorerie, Grégoire Brouhns, et son successeur à la tête du cabinet de Philippe Maystadt, Olivier Lefebvre, comme absorbés par d'autres réformes de première importance, incapables de consacrer du temps à ces opérations, et dès lors dédouanés. Un ancien

31 Entretien n° 6, Banquier d'affaires, mars 2021.
32 Entretien n° 12, Ancien fonctionnaire du Trésor, mars 2023.

fonctionnaire du Trésor, témoin de l'affaire, conteste toutefois la version de l'homme isolé :

> « Je crois que le cabinet et Monsieur Brouhns étaient au courant de cette vente. Si on avait blâmé ou essayé de punir, pour ainsi dire, Monsieur B., on aurait dû dévoiler tout. C'était l'une des défenses de Merrill, qui disait que le pouvoir le plus haut en Belgique, donc le cabinet, au niveau politique, était impliqué [...]. On se rendait compte qu'on avait fait des fautes, mais que le seul coupable – si je peux utiliser ce mot – n'était pas simplement Monsieur B. Il y en avait d'autres qui étaient aussi impliqués. Et au moment où c'est sorti, ils se sont retirés [car] ça aurait pu se retourner contre eux[33]. »

Les conseillers de ML soulèvent également de nombreuses objections à l'égard des arguments avancés par le KoB, comme on peut le lire dans les notes de la délégation belge[34]. Décrire le KoB comme un novice (« *fresh out of college* ») en matière de gestion financiarisée de la dette n'est pas crédible aux yeux de l'avocat de la banque. Yodowitz rétorque qu' « *une institution est invariablement considérée comme sophistiquée* », que le KoB « *avait la possibilité d'engager et de payer un conseiller* » et « *a effectué de nombreuses transactions complexes avec d'autres banques* », ou encore qu'« *il est impossible que celui à qui est confiée la gestion de l'argent des contribuables puisse ne pas être sophistiqué* ». Sarcastique, il conclut en affirmant se préparer à « *attaquer toute la direction du Trésor pour négligence* ». L'échange reproduit ci-dessous est révélateur de la dispute relative à la reconnaissance d'une asymétrie de connaissance et de sophistication des parties en présence au moment du *deal* – *cf.* Encadré 2.

Un témoin de la Trésorerie belge accuse aussi la configuration institutionnelle de l'époque d'avoir rendu possibles de tels dérapages. Le déficit de régulation des pratiques bancaires et l'absence d'un système de contrôle interne au sein des établissements financiers comme de l'État sont aussi rendus « responsables » :

> « C'était encore le vieux ministère, avec la hiérarchie pyramidale. Donc il n'y avait pas les *checks and balances* qu'on a maintenant avec l'Agence de la dette : *front*, *middle* et *back office*. Il y a les *three lines of defence* et toujours un *challenge* et audit quelque part. Il faut savoir que, quelquefois, les banquiers venaient

33 *Idem*.

34 Archives Brouhns, octobre 1998.

dans son bureau et [Monsieur B.] était là, parfois seul, parfois avec deux ou trois personnes. Il n'y avait rien ni personne pour le *challenger* : 'Est-ce vraiment une bonne idée ?'[35]. »

Encadré 2 : échange autour de la sophistication du Trésor belge (archives Brouhns)

E. Yodowitz (avocat de ML, 16 octobre 1998) : « M. Richard [l'un des négociateurs du KoB] a admis que M. Brouhns était sophistiqué et qu'il était le superviseur direct de M. B. [...] La question de la sophistication favoriserait ML, que cette question soit jugée du point de vue de l'individu ou de l'entité. »
Réponse du KoB (19 octobre 1998) : « Sophistication de M. Brouhns : M. Brouhns est sophistiqué dans la mesure où il est une personne avec un QI supérieur à la moyenne. Il ne s'ensuit pas que M. Brouhns soit un technicien chevronné en ce qui concerne l'évaluation des options ou l'utilisation des options dans une stratégie de couverture des risques. »

Après une première rencontre infructueuse à New York, le KoB présente une offre révisée de règlement des réclamations comme un « *effort final* »[36]. De fait, c'est un ultimatum : en l'absence d'accord lors d'une réunion de la dernière chance, prévue à Paris le 3 novembre 1998, des poursuites judiciaires seront engagées contre ML. Dans un échange de correspondance, l'avocat de ML avertit son confrère que cette offre « *doit être basée sur une estimation réaliste des probabilités de succès devant un tribunal*[37] ». Yodowitz reproche au KoB des « *références répétées* » aux tribunaux belges, ainsi que des « *déficiences manifestes* » sur le plan juridique. En guise de « *bonne foi* », le KoB fonde son analyse sur le résultat d'un éventuel litige à New York et distingue ses réclamations selon sa perception de leur force relative : s'il n'estime « *pas approprié* » de transiger sur le P.K.-O., il se déclare en revanche prêt à des concessions « *significatives* » sur les options K.-O., voire « *majeures* » en ce qui concerne la rupture du devoir fiduciaire. La contre-offre du KoB exige 305,3 millions de dollars.

35 Entretien n° 12, Ancien fonctionnaire du Trésor, mars 2023.

36 Sauf mention contraire, les développements suivants s'appuient sur l'archive suivante : *Proposal to Settle Claims*, 20 octobre 1998 (archives Brouhns).

37 Lettre de E. Yodowitz à D. Forster, 16 octobre 1998 (archives Brouhns).

À l'issue de pourparlers confidentiels, les représentants des parties parviennent à un accord, qui prévoit une indemnisation de la Belgique à hauteur de 115 millions de dollars de la part de ML : 112,8 millions de dollars sont directement versés au Trésor, tandis que le solde revient à son avocat, en guise de *success fee*. Interrogé à ce sujet, un ancien agent du Trésor estime qu'au vu des ressources humaines et financières investies et de l'incertitude régnant autour d'un éventuel procès, le KoB « *s'en sort bien*[38] » avec ce montant, à la fois nettement supérieur aux 16 millions initialement proposés par la banque, mais aussi largement inférieur à la réparation demandée par le KoB. Pour se protéger dans la perspective d'autres litiges, ML exige une confidentialité totale sur l'accord, qui stipule expressément que ce « *geste commercial* » ne constitue en aucun cas une reconnaissance de faute de sa part. En acceptant cette exigence, l'État belge renonce à toute publicité relative à l'affaire, ainsi qu'à toute réclamation ultérieure à l'encontre de la banque.

Un « banal accident de parcours » : la reconstruction post-traumatique de l'actif sans risque

Au terme du litige, l'affaire est réduite à un accident de parcours. Merrill se retrouve « *blacklistée* » : « *On ne voulait plus travailler avec eux. C'était assez évident. Mais surtout, on avait bien fait savoir ça aux autres Trésors avec qui on était en contact*[39]. » La relation avec la banque comme les contrats litigieux sont présentés comme des exceptions qui confirment la règle de la financiarisation, la « *maladie de jeunesse* » d'une gestion « *révolutionnaire* » de la dette publique :

> « Il faut se rendre compte que Maystadt et Lefebvre révolutionnent la gestion de la dette. Avant, c'était une gestion en bon père de famille avec pas d'outils, tout est dans les mains du Consortium des banques, etc. C'est assez simple. Ce n'est pas des traders que vous avez en face de vous, c'est des fonctionnaires au sens vraiment très, très traditionnel du terme. Cette révolution qui se fait à ce moment-là, début des années 1990, c'est une révolution pour tout le personnel de la Trésorerie. Et y compris pour les politiciens. Donc on n'est pas armé, on n'est pas outillé. Dans les cabinets ministériels, il y a très peu de gens qui s'occupent de ça, qui savent même de quoi on parle. Et donc à un moment donné, il y a une erreur qui se fait. Comme on commence à faire de la gestion active, il y a des *swaps*, des choses tout à fait nouvelles que personne ne comprenait vraiment. Et bon, on fait un peu, à l'époque, ce qu'on appellerait du boursicotage. Est-ce

38 Entretien n° 12, Ancien fonctionnaire du Trésor, mars 2023.
39 Entretien n° 7, Ancien conseiller de Philippe Maystadt, avril 2021.

> que c'est vraiment là qu'il faut faire du boursicotage ? Est-ce qu'on ne prend pas trop de risques ? Voilà comment les choses se passent à ce moment-là : on passe d'une gestion très traditionnelle à une gestion active et proactive de la dette, ce qui a permis de réduire très fortement les charges d'intérêt. Et ok, il y a un *bug* à un moment donné. Mais bon, c'est la loi du genre[40]. »

Reconfiguré comme un accident de parcours au sein de la structure administrative, le « *swap opera* » donne lieu à une reconsolidation de son œuvre de financiarisation par le Trésor, se dotant d'une expertise augmentée et d'infrastructures « sophistiquées ». Il s'agit d'instaurer un cadre légal, comptable et administratif adéquat, afin de maximiser les avantages procurés par le recours aux marchés financiers, tout en minimisant les risques. La création d'une Agence de la dette indépendante, opérationnelle dès 1998, et le recrutement d'un personnel expert, aguerri aux codes des marchés de capitaux, doivent « professionnaliser » la gestion de la dette.

Cette réforme parachève de la sorte l'entreprise de « modernisation » de la gestion de la dette publique belge conduite par le cabinet Maystadt durant la première moitié de la décennie 1990. La construction d'un marché obligataire profond et « sans risques », qui passe par la mise en réseau de *primary dealers*, des banques tenues dans un club, constitue un instrument de souveraineté maîtrisée au sein de cette configuration contrainte de la finance globale. Le développement de l'adjudication, des obligations linéaires, d'une dette libellée en francs belges puis en euros, doit installer durablement l'État belge dans le paysage de la finance globale et permettre d'éviter une gestion aventureuse, au coup par coup, pour préférer une émission d'obligations souveraines stable, transparente et sécurisée.

Il s'agit, en bref, de construire un Trésor qui propose des titres basiques, dits aussi *plain vanilla*, ces *safe assets* tant recherchés par les investisseurs du monde entier, dotés, de surcroît, d'une prime de risque, un taux d'intérêt juteux par rapport à d'autres États plus « centraux » de la zone euro. Cette stratégie permet au KoB de réaffirmer une forme de souveraineté financière à l'égard, entre autres, des banques d'affaires internationales, dans un contexte où la supériorité étatique attachée à une administration de l'économie et de la finance n'est plus une option légitime. Le scandale Merrill Lynch ne rend pas controversés les dispositifs qui fondent l'action du KoB sur les marchés financiers, de même qu'il n'amène pas à s'interroger sur les conséquences politiques et sociales de cette stratégie.

40 Entretien n° 8, Ancien haut fonctionnaire belge, avril 2021.

Conclusion

Après s'être adossé à l'expertise des banques d'affaires et avoir engagé des paris opportunistes pour optimiser la gestion de sa dette dans un cadre monétaire européen contraint, le royaume de Belgique prétend avoir été exploité dans ses faiblesses. Tel un « *Janus à deux faces* » (Livne et Yonay, 2016), l'État montre l'un ou l'autre de ses atours selon son évaluation des nécessités propres à chaque situation : la banalisation de son statut, impliquée par l'entrée en financiarisation, et la mise en scène de sa faible expertise face à la sophistication de ML, pour renforcer son argumentaire, tout en déployant, en temps voulu, sa supériorité de souverain, en agitant la menace d'un procès sur le terrain de son droit. Ces ruses du souverain qui, selon les nécessités, use ou non de sa puissance idiosyncrasique, ne sont pas sans rappeler Machiavel (1980 [1532]) évoquant l'importance pour le Prince de savoir « combattre de deux manières » : soit avec les lois (la manière « propre à l'homme »), soit avec la force (« celle des bêtes »).

L'entrée en financiarisation n'est pas neutre et modifie l'*agentivité* du souverain. La mise en risque liée à l'adoption du code juridique et financier, qui transforme l'État semi-périphérique en potentiel justiciable comme un autre, peut endommager le crédit de l'État et laisser des traces réputationnelles, y compris quand s'impose le retournement tactique du souverain qui rejoue de sa capacité majestueuse à décider du *forum* approprié. Si le droit constitue une « arme » (Israël, 2009) stratégique et un outil omniprésent au cours de la controverse, c'est principalement en tant qu'horizon de normes sous-jacent et de grammaire mise au service de tactiques de négociations informelles. La forme procès et le recours aux tribunaux se donnent à voir en tant que possibilité de dernier ressort qu'il convient, pour les deux parties, d'éviter, afin de se prémunir du risque réputationnel. Le chemin du retour « à l'actif sans risque » des services du Trésor, dont les sollicitations de marché se veulent lisibles, sans heurts, ni « coups » – le refus de « battre le marché » affiché fièrement par les Trésors centraux dans l'architecture financière internationale –, n'est pas toujours une possibilité, ni un chemin aisé. Le rétablissement serein du crédit de l'État, de l'émission *plain vanilla*, implique en effet une gestion serrée de « l'affaire » : une communication publique minimale autour du litige et la circonscription du blâme, qui épargne la hiérarchie et focalise la responsabilité sur un fonctionnaire abusé. Cette stratégie de défense – l'argument d'un État victime, et non sophistiqué – ne saurait être exposée au vu et au su de tous, au risque de mettre en danger la crédibilité générale de l'émetteur de dette belge.

En synthèse, l'affaire donne à voir le réglage permanent du degré de souveraineté qu'implique la financiarisation dans un espace limité des possibles : tantôt le souverain joue le code et la loi de la finance comme tout autre acteur commercial, tantôt il se joue des codes et menace de recourir à sa propre force de loi. Chacune de ces opérations peut toutefois s'avérer périlleuse pour son crédit, qui dépend étroitement de l'exposition plus ou moins manifeste de ses tactiques et de la perception de ses mouvements par le public des places financières.

Bibliographie

Angeletti, Thomas (2019), « The Differential Management of Financial Illegalisms: Assigning Responsibilities in the Libor Scandal », *Law & Society Review*, vol. 53 (4), p. 1233-1265.

Angeletti, Thomas (2022), « Procès financiers et rapport à la règle des élites », *Les Cahiers de la Justice*, vol. 2 (2), p. 241-248.

Angeletti, Thomas et Lemoine, Benjamin (2021), « The Laws of Finance: For a Sociology of Finance and Law Entanglement », *European Journal of Sociology*, vol. 62 (2), p. 183-212.

Banks, Erik (2004), *The Failure of Wall Street*, Basingstoke, Palgrave Macmillan.

Braun, Benjamin (2020), « Central banking and the infrastructural power of finance: the case of ECB support for repo and securitization markets », *Socio-Economic Review*, vol. 18 (2), p. 395-418.

Callon, Michel (2006), « Pour une sociologie des controverses technologiques », *in* Madeleine Akrich, Michel Callon et Bruno Latour (dirs), *Sociologie de la traduction : textes fondateurs*, Paris, Presses des Mines, p. 135-157.

Chiapello, Ève (2017), « La financiarisation des politiques publiques », *Mondes en développement*, vol. 178 (2), p. 23-40.

Cornut St-Pierre, Pascale (2019), *La fabrique juridique des swaps. Quand le droit organise la financiarisation du monde*, Paris, Presses de Sciences Po.

Datz, Giselle (2008), « Governments as Market Players: State Innovation in the Global Economy », *Journal of International Affairs*, vol. 62 (1), p. 35-49.

Du Bois, Martin (1998), « Merrill, Belgium Settle Long Dispute Over Derivatives », *The Wall Street Journal*, 2 février.

Dutta, Sahil Jai (2020), « Sovereign Debt Management and the Transformation from Keynesian to Neoliberal Monetary Governance in Britain », *New Political Economy*, vol. 25 (4), p. 675-690.

Eichengreen, Barry (1996), *Globalizing Capital: A History of the International Monetary System*, Princeton, Princeton University Press.

Fastenrath, Florian ; Schwan, Michael et Trampusch, Christine (2017), « Where states and markets meet: the financialisation of sovereign debt management », *New Political Economy*, vol. 22 (3), p. 273-293.

Ferlazzo, Edoardo (2018), « La financiarisation des gouvernements locaux. Retour sur la gestion de la crise des emprunts "toxiques" par les collectivités locales, l'État et les banques privées », *Actes de la recherche en sciences sociales*, vol. 221-222 (1-2), p. 100-119.

Forster, Denis (2000), « Derivative Litigation and Dispute Resolution », *Fordham Journal of Corporate and Financial Law*, vol. 5 (1), p. 65-82.

Gassée, Michel (1996), « Boursicoteur, l'État ? », *Le Vif*, 11 octobre.

Israël, Liora (2009), *L'arme du droit*, Paris, Presses de Sciences Po.

James, Harold (2012), *Making the European Monetary Union*, Cambridge, Harvard University Press.

Karwowski, Ewa (2019), « Towards (De-)Financialisation: The Role of the State », *Cambridge Journal of Economics*, vol. 43 (4), p. 1001-1027.

Lagna, Andrea (2016), « Derivatives and the Financialisation of the Italian State », *New Political Economy*, vol. 21 (2), p. 167-186.

Lascoumes, Pierre et Le Galès, Patrick (2005), *Gouverner par les instruments*, Paris, Presses de Sciences Po.

Lazarus, Jeanne (2009), « L'épreuve du crédit », *Sociétés contemporaines*, vol. 76 (4), p. 17-39.

Lemieux, Cyril (2007), « À quoi sert l'analyse des controverses ? », *Mil neuf cent. Revue d'histoire intellectuelle*, vol. 25 (1), p. 191-212.

Lemoine, Benjamin (2013), « Les "dealers" de la dette souveraine. Politique des transactions entre banques et État dans la grande distribution des emprunts français », *Sociétés contemporaines*, vol. 92 (4), p. 59-88.

Lemoine, Benjamin (2016a), *L'ordre de la dette. Enquête sur les infortunes de l'État et la prospérité du marché*, Paris, La Découverte.

Lemoine, Benjamin (2016b), « L'État stratège pris dans les taux. L'invention d'une agence de la dette publique française », *Revue française de science politique*, vol. 66 (3-4), p. 435-459.

Lemoine, Benjamin (2022), « Faire de l'État un justiciable comme un autre. La souveraineté saisie par le droit et les techniques de la financiarisation », *in* Thomas Boccon-Gibod et Alban Mathieu (dirs), *Monnaie, souveraineté et démocratie*, Lormont, Le Bord de l'eau, p. 53-76.

Livne, Roi et Yonay, Yuval P. (2016), « Performing neoliberal governmentality: an ethnography of financialized sovereign debt management practices », *Socio-Economic Review*, vol. 14 (2), p. 339-362.

Machiavel, Nicolas (1980 [1532]), *Le Prince*, Paris, Flammarion.

Monnet, Éric (2018), *Controlling Credit: Central Banking and the Planned Economy in Postwar France, 1948–1973*, Cambridge, Cambridge University Press.

Piga, Gustavo (2001), *Derivatives and Public Debt Management*, New York, International Securities Market Association.

Piron, Damien (2019), *Gouverner les régions par les finances publiques – Européanisation, fédéralisation et néolibéralisme en Belgique*, Bruxelles, Larcier.

Piron, Damien (2022), « "On ne rigole pas avec Eurostat" – La disciplinarisation budgétaire saisie par l'harmonisation statistique », *Gouvernement et action publique*, vol. 11 (2), p. 33-53.

Pistor, Katharina (2019), *The Code of Capital: How the Law Creates Wealth and Inequality*, Princeton, Princeton University Press.

Potts, Shaina (2017), « Deep Finance: Sovereign Debt Crises and the Secondary Market 'Fix' », *Economy and Society*, vol. 46 (3-4), p. 452-475.

Preunkert, Jenny (2017), « Financialization of Government Debt? European Government Debt Management Approaches 1980–2007 », *Competition & Change*, vol. 21 (1), p. 27-44.

Reckard, Scott et Wagner, Michael (1998), « Merrill Agrees to Pay $400 Million in O.C. Settlement », *Los Angeles Times*, 3 juin.

Roos, Jerome (2019), *Why Not Default? The Political Economy of Sovereign Debt*, Princeton, Princeton University Press.

Trampusch, Christine (2015), « The Financialisation of Sovereign Debt: An Institutional Analysis of the Reforms in German Public Debt Management », *German Politics*, vol. 24 (2), p. 119-136.

Waters, Richard et Kelly, Jim (1999), « Merrill Pays $100 Million to Settle Dispute with Belgium », *Financial Times*, 1er février.

X (1996a), « Swaps : 'gestion dynamique' ou 'spéculation' », *La Wallonie*, 4 octobre.

X (1996b), « Giant Losses Loom for Belgium », *Foreign Exchange Letter*, 2 décembre.

X (1999), « Merrill Pays Out Again », *Derivatives Strategy*, mars.

Annexe : liste des entretiens

Entretien n° 1, Ancien ministre belge des Finances, mars 2021.

Entretien n° 2, Ancien parlementaire, mars 2021.

Entretien n° 3, Ancien conseiller de Philippe Maystadt, mars 2021.

Entretien n° 4, Ancien directeur du Trésor français, mars 2021.

Entretien n° 5, Banquier d'affaires, mars 2021.

Entretien n° 6, Banquier d'affaires, mars 2021.

Entretien n° 7, Ancien conseiller de Philippe Maystadt, avril 2021.

Entretien n° 8, Ancien haut fonctionnaire belge, avril 2021.

Entretien n° 9, Avocat d'affaires, janvier 2022.

Entretien n° 10, Avocat d'affaires, janvier 2022.

Entretien n° 11, Avocat d'affaires, mars 2022.

Entretien n° 12, Ancien fonctionnaire du Trésor, mars 2023.

Benjamin Lemoine est chercheur au CNRS en sociologie politique au Centre Maurice Halbwachs - École normale supérieure de Paris. Après avoir analysé la financiarisation des États européens à travers le cas de la dette publique, son travail actuel porte sur la façon dont la souveraineté est transformée sous l'effet des pratiques du droit et de la finance globale.

benjamin.lemoine@ens.psl.eu

Damien Piron est docteur en Sciences politiques et sociales et chargé de cours à l'université de Liège. Ses recherches explorent la reconfiguration contemporaine de l'État belge et de son administration à l'aide d'une sociologie politique des finances publiques attentive aux instruments budgétaires et comptables : normes statistiques européennes, partenariats public-privé (PPP), système de financement des collectivités fédérées, etc.

damien.piron@uliege.be

POLITIQUE EUROPÉENNE
N° 79 | 2023
Alexandre Violle
p. 132-159

Une stabilité financière pour quelle Europe ? Controverses juridiques et conflits de souverainetés dans la fabrique des compétences de supervision de la Banque centrale européenne

Cet article étudie les mesures déployées par les acteurs de la Banque centrale européenne (BCE) au titre de leur fonction de supervision des banques de la zone euro dans le cadre de la mise en place de l'Union bancaire en 2014. Il s'intéresse à la façon dont la mise en œuvre juridique du concept de « stabilité financière », qui justifie les actions de la BCE pour préserver les finances publiques des États membres, est investi de significations différentes par les acteurs publics et privés de la régulation financière internationale (banquiers, économistes, responsables d'autorités nationales de supervision). Des études de controverses relatives à l'usage de différents instruments de supervision mobilisés par la BCE au sein d'arènes expertes, allant de débats académiques jusqu'au Comité de Bâle, permettent de saisir des problématisations concurrentes des moyens assurant la « stabilité financière », ainsi que la façon dont se négocient les compétences de la BCE à agir sur les banques de la zone euro.

Financial stability for which Europe? Legal controversies and conflicts of sovereignties in the making of the European Central Bank's supervisory competences

This article analyses the measures deployed by European Central Bank (ECB) actors to supervise eurozone banks. It looks at how the legal implementation of the concept of 'financial stability', which justifies the ECB's actions to preserve Member States' public finances, is invested with different meanings by public and private actors in the field of international financial regulation (bankers, economists, heads of national supervisory authorities). By studying the controversies surrounding the use of different supervisory instruments mobilised by the ECB in expert arenas ranging from academic debates to the Basel Committee, it is possible to grasp the competing problematisations of the ways in which "financial stability" is ensured, as well as how the ECB's competences are negotiated.

Une stabilité financière pour quelle Europe ?

Controverses juridiques et conflits de souverainetés dans la fabrique des compétences de supervision de la Banque centrale européenne

Alexandre Violle
Post-doctorant IFRIS, Centre d'étude des mouvements sociaux, EHESS

Introduction

Comment les acteurs de la Banque centrale européenne (BCE) problématisent-ils, dans l'usage des capacités réglementaires de l'institution, la stabilité financière européenne ?

La question peut paraître technique, mais il s'agit d'une question majeure de sociologie politique des finances publiques européennes. L'enjeu est la reconfiguration des rapports États/marchés de capitaux en Europe. La crise des *subprimes* débutée en 2007 aux États-Unis, qui a généré une crise des dettes souveraines en 2010 en Europe du fait de la nécessité pour les États de s'endetter afin de recapitaliser les banques présentes sur leur territoire national, a poussé les responsables nationaux et ceux des institutions européennes (notamment la Commission européenne et la Banque centrale européenne) à développer des innovations institutionnelles pour enrayer les faillites des secteurs bancaires nationaux. Parmi celles-ci, on peut compter les mécanismes financiers d'urgence et les plans d'austérité imposés à des États du Sud de l'Union (à l'image de la Grèce) pour rassurer des créanciers privés (Adams *et al.*, 2014), souvent au mépris des règles de fonctionnement démocratique des États concernés (Sacriste et Vauchez, 2019 ; Tooze, 2018).

En 2013, les responsables européens et ceux des États membres sont parvenus à un accord pour sortir d'un gouvernement par l'exception, *via* la création d'une nouvelle institution : l'Union bancaire européenne (Howarth et Quaglia,

POLITIQUE EUROPÉENNE N° 79 | 2023

2016). Cette réforme composée de trois piliers[1] a pour objectif affiché par la Commission européenne de « couper le cercle vicieux entre dettes souveraines et faillites bancaires » (Commission européenne, 2014), autrement dit de se doter d'instruments permettant de gérer des faillites bancaires avant que celles-ci ne contraignent les États à s'endetter sur les marchés financiers pour recapitaliser leurs banques, et ne pèsent sur les finances publiques des États membres. Avec l'Union bancaire, la BCE a gagné en compétences en matière de supervision bancaire, pouvoir dont elle ne disposait pas avant la crise des dettes souveraines, et qu'elle obtint à la suite d'un travail actif de négociation de la part de ses représentants (Fontan, 2017 ; McPhilemy, 2016 ; Mourlon Druol, 2016).

Cet article porte sur le fonctionnement du premier pilier de l'Union bancaire, à savoir la supervision bancaire européenne confiée à la BCE par le règlement du Mécanisme de supervision unique adopté au Conseil européen le 15 octobre 2013[2]. La supervision bancaire joue un rôle original en matière de politique financière en tant qu'exercice d'anticipation. Le principe de supervision consiste à octroyer des compétences réglementaires à une autorité publique afin que celle-ci prenne des mesures préventives pour préserver, dans un avenir hypothétique, les finances publiques des États de faillites bancaires en série (Merhling, 2010), en s'assurant par exemple que les banques sont

---

1 Ces trois piliers consistent en un transfert de la responsabilité juridique des banques de la zone euro des autorités nationales compétentes à la Banque centrale européenne pour les 130 banques de la zone euro dites « systémiques » selon le règlement du Mécanisme de supervision unique (premier pilier de l'Union bancaire), la création d'un Mécanisme de résolution unique (MRU) pour assurer la prise en charge de la faillite des banques systémiques (second pilier de l'Union bancaire), et la création d'un fonds de garantie européen des dépôts des citoyens (troisième pilier de l'Union bancaire). L'objectif initial de la réforme était de compléter la construction européenne pour assurer le fait qu'un euro dans une banque allemande ou grecque bénéficie des mêmes garanties de protection en Europe. Le fonds de garantie européen des dépôts des citoyens n'a néanmoins finalement pas été réalisé en raison d'une désapprobation par les représentants allemands des solidarités jugées « excessives » que pourrait créer un tel dispositif entre pays créditeurs de la zone euro (Allemagne en tête) et pays débiteurs (Grèce, Espagne, Italie) (Schild, 2017 ; Véron, 2014).

2 Ce règlement a profondément modifié l'organisation interne de la BCE. Quatre nouvelles directions ont été créées au sein de l'institution pour mettre en œuvre le mécanisme de supervision unique. Un conseil de supervision réunissant des représentants de la BCE et des autorités nationales compétentes, distinct du conseil des gouverneurs chargé d'acter la politique monétaire, a également été mis en place à la suite de ce règlement. Nous allons suivre dans la suite de l'article le travail de problématisation réalisé par les acteurs du Mécanisme de supervision unique, notamment ceux appartenant à la direction 4 « Méthodes et standards » (chargée d'organiser la stratégie d'harmonisation de l'institution), et les critiques qu'ils ont pu rencontrer.

suffisamment capitalisées et en les contraignant à l'être davantage si elle l'estime nécessaire[3]. Le concept de « stabilité financière » constitue la clef de voûte justifiant l'intervention de la BCE en matière de supervision (Constancio *et al.,* 2019). Néanmoins, ce concept, et surtout les actions qu'il peut légitimer, ne fait pas l'objet d'une doctrine juridique ou économique bien spécifiée (Thiemann, Aldegwy et Ibrocevic, 2018). Parce qu'il s'agit d'anticiper une crise systémique à venir, pour prendre des mesures en amont, le champ des possibles concernant les actions à réaliser en vue de garantir une stabilité financière européenne est ouvert[4].

Plus précisément, cet article retrace les controverses sur les problématisations divergentes des moyens juridiques qui doivent être mis en place par la BCE pour assurer la stabilité financière européenne. Par l'expression de « problématisation », nous entendons ici l'activité discursive et pratique (Callon, 1986 ; Smith, 2016) qui consiste pour les acteurs à définir en situation les moyens et les buts nécessaires pour préserver une stabilité financière européenne. Ces problématisations sont repérables lors de différentes séquences de « juridicisation » (Pélisse, 2009) au cours desquelles les acteurs de la supervision bancaire européenne et internationale traduisent en droit les moyens d'assurer la stabilité financière[5]. Ces différents types de droit sont débattus par les acteurs (à savoir les accords internationaux bâlois et les règlements européens), pour justifier, ou encourager la BCE à prendre de nouvelles mesures. Il s'agit là de situations de juridicisation au sens où les arènes de débats peuvent être des cénacles experts (à l'image du comité de Bâle ou du Conseil européen), et non nécessairement des tribunaux, comme dans des situations de « judiciarisation » (Pélisse, 2009). Or, dans les désaccords juridiques entre acteurs de la supervision bancaire se joue la négociation des capacités d'action de la BCE à

3 Dans le jargon technique, il s'agit de compétences prudentielles.

4 Le règlement (UE) N°1024/2013 du 15 octobre 2013 « confiant à la Banque centrale européenne des missions spécifiques ayant trait aux politiques en matière de surveillance prudentielle des établissements de crédit » énonce simplement dans son considérant 27 que « pour préserver la stabilité financière, il faut remédier, à un stade précoce, à la détérioration de la situation économique et financière d'un établissement de crédit. La BCE devrait être chargée de prendre des mesures d'intervention précoce, conformément aux dispositions pertinentes du droit de l'Union ».

5 Nous adaptons à notre cas d'étude le concept de Jérôme Pélisse qu'il définit comme un processus de « formalisation juridique accrue des relations sociales, une extension du droit comme modèle et référence pratique pour les actions, ou, pour filer la métaphore de Bruno Latour, un resserrement des mailles du filet qu'est le droit » (Pélisse, 2009). Ce concept nous permet d'étudier la façon dont la stabilité financière fait l'objet de mobilisations collectives au sein desquelles différentes sources de droit constituent le substrat essentiel des controverses.

orienter par le droit les conduites (Riles, 2005 ; Cornut Saint-Pierre, 2021) des banques de la zone euro. Dans les développements à venir, nous verrons que les acteurs ne débattent pas nécessairement conceptuellement de la notion de « stabilité financière », mais plutôt des actions à mener en son nom, selon des conceptions divergentes des problèmes et objets devant être inclus dans les préoccupations de la BCE au titre de sa mission de stabilité financière[6].

Les analyses de l'article sont issues d'une recherche doctorale menée sur la période 2014-2019 (Violle, 2019). L'enquête comprend notamment 50 entretiens semi-directifs avec des acteurs nationaux (dont des acteurs au sein de l'Autorité de contrôle prudentiel et de résolution en France, du Ministère de l'économie et des finances en France, et des cinq groupes bancaires français) et européens (au sein de la Commission européenne et de la Banque centrale européenne). Pour symétriser les points de vue sur la supervision bancaire européenne, et recueillir des perspectives d'autres autorités nationales et/ou internationales, nous avons réalisé une revue de la littérature académique ainsi que de la presse spécialisée sur la même période. Nous avons également accompli une ethnographie d'une dizaine de rencontres publiques entre superviseurs, régulateurs, et représentants de banques. À la suite de ce travail, nous avons identifié différentes problématisations du champ des possibles en matière de « stabilité financière », lorsque les acteurs débattent de l'opportunité de la mise en place d'actions publiques par la Banque centrale européenne.

Le premier cas de juridicisation que nous aborderons correspond au moment de la première action de supervision entreprise par les acteurs de la BCE, à savoir la réalisation d'un audit des banques de la zone euro pour contrôler leur niveau de capitalisation. Nous verrons que celui-ci a donné lieu à un mouvement de critiques de la part d'économistes académiques américains quant à la manière dont l'audit a été pensé. Au cœur des désaccords se jouent des conceptions différentes de l'usage de catégories économiques, traduites dans les accords internationaux de Bâle et les règlements européens, sur lesquelles a reposé l'audit. Ce premier moment aura pour effet de faire émerger un nouveau problème public en matière de stabilité financière : la BCE peut-elle

---

6 Nous qualifions dans l'article « les acteurs de la BCE » l'ensemble des acteurs qui agissent au sein d'une des quatre directions de supervision de l'institution ainsi que les membres du directoire de la BCE qui peuvent être pris à partie publiquement pour les décisions prises dans le cadre du Mécanisme de supervision unique.

et doit-elle prendre des mesures administratives à l'égard de la façon dont les banques gèrent leurs modèles internes[7] ?

Nous aborderons ensuite un second cas de juridicisation lié à la manière dont l'audit a engendré une controverse au sein du comité de Bâle autour des règles de droit à mettre en place pour superviser différemment les banques de la zone euro, les problématisations de la stabilité financière européenne qu'elles sous-tendent, ainsi que l'effet de cette controverse sur la transformation du périmètre d'action de la BCE. Dans cette analyse, nous montrons que la stabilité financière européenne a été l'objet d'un conflit de souverainetés. Lors de celui-ci, plusieurs représentants étatiques au sein du comité de Bâle ont tenté de faire bouger les compromis juridiques internationaux relatifs aux instruments de mesure des risques des banques en faisant valoir leurs préoccupations nationales. De cette controverse nous identifions deux conceptions différentes de la stabilité financière. L'une consiste à envisager le recours à une règle unilatérale pour interdire aux banques de recourir à des modèles internes, l'autre à réaliser un audit des pratiques de modélisation des banques pour singulariser au maximum les mesures à prendre. Comme nous le verrons, cette seconde conception de la stabilité financière est une réponse aux souhaits des délégations allemandes et françaises de ne pas voir un encadrement des modèles internes des banques par une règle de droit unilatérale. Les autorités de supervision de ces États autorisent de longue date ces modèles au nom d'une logique de meilleure efficience d'allocation du capital par les banques et souhaitent préserver leurs pratiques.

L'audit : technique de gouvernement de la stabilité financière privilégiée par les acteurs de la BCE

Le premier moment de juridicisation émerge après un premier audit des banques de la zone euro réalisé par les acteurs de la BCE. Des économistes anglo-américains vont critiquer cet audit, et par ce geste, faire émerger un nouveau problème public au sujet de la stabilité financière européenne : que faire des modèles internes des banques ?

7 Comme nous le verrons, les modèles internes sont les dispositifs de calcul qui permettent aux banques de mesurer leurs risques, et d'organiser, *via* eux, la gestion de leurs portefeuilles.

Auditer pour rassurer des investisseurs

La principale technique mobilisée par les acteurs de la BCE pour s'assurer du niveau de capitalisation des banques, est celle de l'audit. Cette dernière peut être qualifiée de technique de gouvernement, en ce qu'elle a pour effet de chercher, par l'inspection des bilans des banques, à peser sur la conduite des établissements dans la gestion de leurs risques. L'audit ne consiste pas en un simple travail constatif. Le travail d'investigation qu'il requiert, la fabrique et la mise en relation des preuves pour juger de la dimension « normale » ou « excessive » des risques pris par les banques, est une activité qui transforme ces entreprises en sujets auditables (Power, 1996). Par des audits, la BCE cherche à décrire les établissements comme des objets réglementaires aux contours et propriétés bien délimités (Laurent, Lesavre et Violle, 2019) en standardisant la façon dont ils doivent gérer leurs risques.

En octobre 2013, un an avant la prise de responsabilité de la supervision bancaire par la BCE[8], l'institution communique sa volonté de réaliser un « *Comprehensive assessment* », autrement dit, un audit du bilan des banques de la zone euro (BCE, 2013). Cet exercice a été pensé en deux examens distincts : un « *asset quality review* » dont l'objectif est d'examiner les actifs et passifs des banques, et un « *stress test* » qui consiste en un travail de modélisation de la solvabilité des banques (à partir des résultats de *l'asset quality review*) en cas de réalisation d'une nouvelle crise financière. La raison d'un tel exercice tient aux crises économiques qui se sont fait jour dans la zone euro.

À la suite de la crise des *subprimes*, et de ses répercussions en Europe avec la crise des dettes souveraines en 2010, de nombreuses inconnues ont émergé sur l'état de la zone euro au sein de la communauté financière. Au moment de la négociation de la mise en place de l'Union bancaire, aucune autorité ne dispose d'informations sur le nombre de banques ayant fait faillite dans la zone euro, ou susceptibles de déposer leur bilan. De même, la difficulté des représentants européens et nationaux à gérer la crise grecque (Tooze, 2018) a soulevé des doutes chez les responsables d'autorités internationales comme le Fonds monétaire international, quant à la capacité des institutions de la zone euro à gérer les retentissements de la crise financière (Véron, 2014).

---

8 La BCE est devenue officiellement superviseur des banques de la zone euro le 4 novembre 2014.

« Assainir » en triant les banques « viables », « zombies » (à savoir les banques n'étant pas en bonne situation financière mais cherchant à le masquer sur le plan comptable) et « non viables » en organisant le cas échéant leur faillite ordonnée, voilà les mots d'ordre officiels de l'audit de la BCE (Reuters, 2014). Cet audit est à la fois une opération de constitution d'une connaissance sur un secteur économique, et une opération de gouvernement, c'est-à-dire un moyen d'orienter les conduites des banques en matière de prises de risques de financement et d'investissement. Cette double opération prend sens auprès d'un public « d'investisseurs », qui doit être rassuré du devenir de ses actifs afin qu'il ne retire pas ses capitaux des banques de la zone euro (Muniesa *et al.,* 2017 ; Violle, 2017).

Cet exercice d'audit a mobilisé une quantité de ressources humaines et techniques conséquentes, dans et hors les murs de la BCE établie à Francfort. Le dispositif a concerné les 130 plus grandes banques de la zone euro en termes de taille de bilan. Durant un an, un réseau de 26 superviseurs nationaux et d'auditeurs privés impliquant près de 6000 personnes a été mobilisé pour examiner les comptes des banques et modéliser leur résistance à d'éventuelles crises financières à venir. Au sein de la Banque centrale européenne, une nouvelle administration de supervision de 1000 agents a travaillé à la coordination de l'exercice. L'enjeu d'un tel déploiement de techniques et de moyens humains consiste pour la BCE à apparaître comme superviseur crédible, capable de dire la réalité de l'état du secteur bancaire de la zone euro pour stopper les critiques contre les établissements et maintenir les capitaux en Europe. Pour augmenter la crédibilité de son exercice, l'institution communique également au sujet de la composition des équipes de supervision. Celles-ci, appelées *joint supervisory teams* (équipes jointes de supervision en français), sont chargées de mener l'audit par banque systémique. Chaque équipe est dirigée par un superviseur, nommé pour trois à cinq ans, qui n'est pas de la même nationalité que la banque dont l'équipe a reçu la charge (Zeitlin, 2021). Il s'agit pour l'institution de construire l'objectivité des résultats obtenus en montrant que les acteurs chargés de la conduite de l'audit n'ont pas de conflits d'intérêts potentiels avec le secteur bancaire national dont ils ont la responsabilité (Violle, 2019).

Cette opération de fabrique de légitimité par l'organisation d'un audit n'est pas sans risque politique pour l'institution. Au plus fort de la crise financière, entre 2009 et 2011, des autorités comme l'agence bancaire européenne avaient déjà tenté de stabiliser les fluctuations boursières par la réalisation de *stress tests,* qui se sont soldés par de vives critiques d'acteurs publics et privés en raison d'une méthodologie jugée trop complaisante à l'égard des banques.

Ces critiques ont eu pour conséquence de marginaliser l'Agence bancaire européenne comme candidate à la mission de supervision des banques de la zone euro lors des négociations relatives à la mise en place de l'Union bancaire (Violle, 2017).

Le 20 octobre 2014, les résultats de l'audit sont rendus publics dans un rapport de la Banque centrale européenne intitulé « *Aggregate report on the comprehensive assessment* » (BCE, 2014). Sa lecture fait ressortir que l'exercice a révélé une insuffisance de capital à hauteur de 25 milliards d'euros, pour 25 banques sur les 130 évaluées. Une majorité de ces établissements ayant déjà opéré des procédures de recapitalisation en anticipant la publication des résultats, seules huit banques ont été contraintes de lever un total de six milliards d'euros de capital pour l'année à venir. Les banques concernées par ces plans de recapitalisation ont des sièges sociaux établis en Grèce, Italie, Belgique, Autriche et à Chypre, soit principalement les pays du Sud de l'Union, connus déjà auparavant pour leurs difficultés rencontrées en 2011.

La mesure du risque au cœur des controverses relatives à la stabilité financière

Ces résultats ont été vivement critiqués, notamment par des économistes académiques travaillant aux États-Unis sur des modèles concurrents de mesures des risques systémiques. Ceux-ci sont Viral Acharya, Sascha Steffen, Robert Engle, Matthew Richardson, Christian Brownlees ou encore Thomas Philippon, des économistes renommés internationalement. Ils ont tous eu l'occasion de travailler dans le centre de recherche d'économie financière de l'école de commerce new-yorkaise connue sous le nom de NYU Stern School of Business, sont parmi les économistes les plus cités en matière de mesure des risques systémiques, et contribuent à l'agenda de régulation internationale en la matière (Thiemann, Melches et Ibrocevic, 2020)[9]. Ces acteurs vont participer à un moment de juridicisation de la stabilité financière en critiquant l'audit de la BCE et les concepts juridiques sur lesquels il a reposé. Ils vont critiquer l'absence de contrôle dans l'audit de l'usage par les banques de leurs modèles internes ainsi que les concepts macro-économiques qui ont justifié le recours

9 À titre d'illustration, Robert F. Engle obtint le prestigieux prix de la banque de Suède en sciences économiques en 2003, Thomas Philippon a reçu de nombreux prix dont une distinction du Fonds monétaire international pour ses travaux, Viral Acharya fut nommé en janvier 2017 sous-Gouverneur de la Banque centrale d'Inde.

à certaines catégories juridiques, notamment le « ratio de solvabilité pondéré » comme nous allons le voir.

Ces auteurs ont commenté les réformes en matière de régulation financière internationale dans une série d'articles académiques, en mobilisant un instrument d'économétrie inventé par leurs soins appelé « SRISK » (pour « *Systemic-risk-measure* ») (Acharya *et al.*, 2010 ; Acharya *et al.*, 2012). Leurs travaux ont été discutés dans de nombreuses arènes expertes allant des journaux scientifiques au comité européen du risque systémique, ou encore lors de colloques académiques et en présence d'économistes de la Banque centrale européenne. Ces économistes ont contesté la façon dont les acteurs de la BCE tentent, par l'audit, de constituer les banques de la zone euro en objets réglementaires. Dans ces critiques se jouent les contours de ce qui peut faire problème en matière de stabilité financière. Les querelles de méthodes économétriques s'attachent par ailleurs à des débats juridiques quant aux effets des catégories introduites par les accords de Bâle, les accords qui posent les jalons de la régulation bancaire depuis les années 90[10].

Les auteurs ont notamment reproché au *comprehensive assessment* de la BCE de s'être concentré uniquement sur le ratio de solvabilité pondéré des banques introduit par les accords de Bâle[11] (Acharya et Steffen, 2014, 2015). Une des innovations apportées par ces traités, notamment les accords de Bâle II dans le courant des années 2000, a en effet permis aux banques de pondérer leurs actifs, autrement dit, les a autorisées à développer des modèles de mesures de risques pour calibrer leur niveau de fonds propres au plus près des risques pris[12]. La logique repose sur le postulat que plus les banques financent des activités risquées, plus elles doivent en principe prévoir un certain niveau de capitaux réglementaires pour étancher d'éventuelles pertes. À l'inverse, moins une activité s'avère risquée, moins elle nécessite de fonds propres immobilisés. L'idée d'une telle mesure visait à davantage responsabiliser les établissements dans leurs choix de financement et d'investissement en leur permettant de rechercher un bénéfice/risque optimal *via* le recours à des modèles (Baud et

10 La régulation bancaire internationale est très largement structurée par cette série de traités (Bâle I, II et III) élaborés à partir des années 90 comme des réponses successives aux crises financières ayant émaillé cette période (Tarullo, 2008).

11 Ce ratio correspond à la quantité de fonds propres qu'une banque doit posséder pour éviter de faire faillite. Les accords de Bâle III définissent ce ratio de telle sorte que les banques aient toujours un minimum de 8 % de fonds propres dans leur bilan au regard des risques qu'elles prennent.

12 Plutôt que par le respect de seuils réglementaires fixés *a priori*.

Chiapello, 2015 ; Harnay et Scialom, 2016). Cependant, la pondération des risques repose sur des modèles produits par les banques elles-mêmes – les modèles internes. Ainsi, l'introduction de cette possibilité réglementaire peut avoir pour effet inverse d'inciter les banques à développer des modèles qui minimiseraient leurs besoins en fonds propres pour augmenter leur rentabilité, tout en rendant très difficile le contrôle de ces modèles par les superviseurs (Izquierdo, 2001). En d'autres termes, ces économistes ont critiqué le fait que la BCE ait développé une méthode d'évaluation qui reprenait les résultats des modèles internes créés par les banques faute de moyens humains et techniques de les questionner, plutôt que de choisir une méthode ne dépendant pas d'une conception bâloise du risque bancaire et de sa mesure.

Le deuxième problème du ratio de levier pondéré est, selon les auteurs, la définition des banques qu'il sous-tend, ainsi que le type de « crise » qu'il permet d'envisager à leur sujet. Ce ratio étant un ratio de solvabilité, il présente l'inconvénient de tenir compte uniquement d'une possible insolvabilité des banques, or, pour ces auteurs, le problème de la supervision financière ne doit pas être celui du contrôle du risque de faillite d'un établissement devenu insolvable, mais plutôt de la préservation du secteur bancaire en tant que système d'institutions interconnectées (Acharya, et Richardson, 2012). En d'autres termes, ces économistes critiquent la conception « microprudentielle » du règlement européen qui régit le fonctionnement du Mécanisme de supervision unique. Ce texte confie en effet à la BCE des compétences de supervision qui privilégient des instruments de contrôle portant sur des établissements isolés plutôt que d'appréhender les interconnexions du système bancaire européen. La problématisation de la stabilité financière des auteurs est une critique des bases légales de la supervision européenne en ce qu'elle octroie des compétences à la BCE pour contrôler les risques pris banque par banque, plutôt que de partir d'une logique systémique pour en déduire des mesures à prendre sur des banques individuelles (Laurent, Lesavre et Violle, 2019).

Les économistes de la NYU Stern School of Business ont appuyé leurs analyses par le développement de leur propre modèle de *stress test* (Acharya, Engle, Richardson, 2012). Plutôt que de reposer sur un audit des comptes des banques, ces derniers ont proposé de prendre les capitalisations boursières à une date t, pour leur appliquer une dévalorisation d'ampleur comparable à celle connue par certaines banques lors de la crise de 2007-2008, afin de modéliser l'évolution de leur niveau de fonds propres. Les résultats de ce procédé donnent une image significativement différente du paysage bancaire de la zone euro. Au lieu des 25 milliards d'euros pointés par l'audit de la BCE, les auteurs estiment les besoins en capitaux des banques à hauteur de 725 milliards d'euros. D'après leur modèle, les banques les plus susceptibles d'être mises en difficulté ne sont pas les banques des pays périphériques de la zone euro, mais plutôt les grandes banques françaises et allemandes, disposant d'activités et d'une taille de bilan bien supérieures à leurs homologues grecques ou chypriotes. Pour ces auteurs, la taille des établissements rend ceux-ci plus sensibles à des problèmes de liquidités compte tenu de la multiplicité des engagements pris simultanément avec d'autres institutions.

Les superviseurs européens ne sont pas restés sans réponse à ces critiques, et ont eu l'occasion de les réfuter également dans des publications en pointant les difficultés de l'approche des concepteurs du SRISK (Tavolaro et Visnovsky, 2014). Dans leur parade, ils articulent des commentaires liés aux modèles des économistes et aux choix des variables utilisées. Ils se sont également opposés à la problématisation de la stabilité financière comme devant être recherchée à partir d'une approche systémique et défendent l'approche microprudentielle inscrite dans le droit européen. L'argument principal repose sur l'idée qu'une approche systémique imaginant un choc exogène lié à un krach boursier, comme le fait le SRISK, ne permet pas aux superviseurs d'analyser finement les effets d'un tel choc banque par banque, et de prendre des mesures préventives en conséquence. Ils contestent la possibilité de déduire d'une approche systémique des mesures pour les banques (Tavolaro et Visnovsky, 2014). Les acteurs de l'Autorité de contrôle prudentiel et de résolution (ACPR), l'autorité administrative indépendante qui a la charge de la supervision des banques présentes sur le territoire français, ont suivi avec attention ce débat, notamment parce que les banques françaises étaient pointées comme largement sous-capitalisées dans les calculs des économistes. Tout en se joignant aux critiques du SRISK explicitées ci-dessus, une responsable de la direction des études de l'ACPR commente le débat au sujet des modèles comme « excessif » :

> « Je vous passe les erreurs grossières de modélisation du SRISK. [...] Ce qui m'interroge c'est la focalisation excessive des débats sur les modèles internes. À ce que je sache, ce ne sont pas les banques françaises avec des modèles internes qui ont fait faillite durant la crise en Europe. C'est plutôt une question de petites banques ultraspécialisées sur un secteur d'activité économique, comme les banques espagnoles et le financement du secteur de l'immobilier. Alors est-ce qu'il y a un sujet sur les modèles internes ? Bien sûr on peut en débattre, mais se focaliser là-dessus au regard de l'histoire récente de la zone euro, ça me paraît excessif. Sachant que les modèles internes, ce n'est pas juste des « modèles »,

hein ? C'est des années de R&D, des équipes, des services, des moyens. On peut tout remettre en cause, mais on passe à côté des enjeux comme celui des *business models* des banques par exemple[13]. »

Pour cette enquêtée, la focalisation du débat sur les modèles internes écarte les enjeux principaux de la supervision que devraient être celui de l'examen et celui du contrôle fin des pratiques d'allocation de crédit des banques. Les modèles internes, promus par les accords de Bâle, ne sont ainsi pas la cause première de la crise financière de 2007 et ne devraient pas faire l'objet d'une attention publique de cette ampleur. Dans ses propos, elle défend à la fois les modèles internes comme acquis réglementaires, et le travail de supervision de l'ACPR, en rappelant que les banques françaises auraient relativement limité leurs pertes financières durant la crise[14].

En lieu et place d'une analyse détaillée des réponses des parties prenantes, il s'agit ici de souligner les effets de la mobilisation des économistes académiques à la suite de l'audit de la BCE. Ceux-ci ont déclenché l'organisation d'un moment de juridicisation, au sens d'une critique juridique de l'audit qui repose sur deux points. D'une part, une critique de la naturalisation par l'audit de l'ordonnancement juridique et financier des accords de Bâle qui autorisent les modèles internes. D'autre part, une critique des conceptions macro-économiques traduites dans le droit européen. Ce mouvement critique a eu pour conséquence de faire émerger un nouveau problème public : la BCE doit-elle prendre des mesures à l'égard des modèles internes des banques pour assurer la stabilité financière européenne et comment ?

Que faire des modèles internes des banques ? Un conflit de souverainetés autour des actions réglementaires de la BCE

Le second moment de juridicisation correspond aux débats internationaux qui s'ouvrent après le premier audit de la BCE au sujet de la prise en charge des modèles internes des banques. Deux logiques de stabilité financière vont

13 Entretien du 13/07/2015.

14 Il s'agit ici d'une des lectures possibles de la crise financière par une actrice de la supervision bancaire. Les analyses académiques de la crise financière de 2007-2008 et de la crise des dettes souveraines rappellent fréquemment la faillite de la banque franco-belge Dexia, ou la responsabilité de la banque BNP Paribas au début de la crise des *subprimes* (Tooze, 2018).

progressivement se dessiner dans les désaccords, celle du recours à une règle unilatérale pour interdire ou encadrer l'usage des modèles *via* une modification des accords de Bâle, ou celle d'un audit des pratiques des banques pour singulariser les mesures à prendre. Nous allons d'abord voir que ce moment de juridicisation est lié à de premiers débats entre représentants d'États membres au sein du Comité de Bâle quant aux marges de manœuvre à laisser aux banques en matière de mesures de leurs risques (premier mouvement de juridicisation). Différentes logiques juridiques vont être débattues entre représentants d'États membres qui cherchent à favoriser leur système bancaire national (second mouvement de juridicisation). Finalement, face à ces débats et à de forts dissensus entre représentants européens, les responsables de la BCE vont prendre les devants des débats bâlois en écartant l'idée de l'application d'une règle unilatérale au sein de la zone euro au profit d'une logique d'audit des modèles internes des banques (troisième mouvement de juridicisation).

L'autodiscipline des banques comme problème public au sein du Comité de Bâle

Si les débats sur les modèles internes existaient avant l'audit de la BCE en ce qu'ils sont liés aussi aux accords de Bâle, la publication des résultats du *comprehensive assessment* a relancé les discussions entre superviseurs et ouvert différents possibles pour garantir la stabilité financière européenne. Paradoxalement, ce cas de juridicisation va connaître son premier mouvement dans une arène experte non européenne mais internationale. Le Comité de Bâle va devenir, à la suite de l'audit de la BCE, lors de réflexions collectives entre banquiers centraux concernant des amendements des accords de Bâle, ce que Saskia Sassen appelle « une zone frontière » (Sassen, 2013), c'est-à-dire un lieu de recomposition des autorités et des droits concernant au premier chef la supervision bancaire européenne et les compétences de la BCE. Les représentants des banques centrales du Nord du monde vont expliciter différentes conceptions de l'encadrement des modèles internes des banques de la zone euro. Cette controverse donne lieu à des conflits de souverainetés lors desquels les représentants des différentes banques centrales font entendre les intérêts de leur État de rattachement pour préserver l'organisation de leur secteur bancaire national.

En particulier, le fait que les données auditées soient fournies par les banques interroge la question de l'autodiscipline des banques européennes en matière de gestion de leurs risques et les possibilités de l'organiser différemment. À titre d'illustration, l'économiste en chef responsable des questions de stabilité financière à la banque centrale d'Angleterre prend une position offensive à l'égard des modèles :

> « Avec le bénéfice du recul, la question se pose vraiment de savoir si la communauté des régulateurs a fait fausse route, dans les années 1990, en se reposant sur les modèles internes des banques pour établir les pondérations du risque. Non seulement il en a résulté une complexité importante, mais aussi les clés du royaume de la réglementation se sont retrouvées entre les mains des banques[15]. »

Au Comité de Bâle, le futur des modèles soulève des débats antagonistes au sein du CBCS (pour « *Committee on Banking Supervision* »), le forum où les représentants de banques centrales nationales chargés de missions de supervision se réunissent pour traiter des sujets liés à leur cœur de métier[16]. Le premier mouvement de juridicisation du devenir des modèles internes se matérialise par l'organisation de consultations publiques par le CBCS à leur sujet afin de faire connaître les positions des acteurs publics et privés. Les 22 décembre 2014 et 10 décembre 2015, deux consultations ont lieu à destination des banques assujetties aux accords bâlois par l'application de leur droit national en matière de gestion du risque de crédit ; le 24 mars 2016, une troisième consultation est faite au sujet de l'approche dite « IRB » -pour *internal ratings-based approach*- (à savoir du développement des modèles internes autorisés par Bâle II). Ces consultations permettent d'entrevoir les orientations débattues au sein du Comité de Bâle. Les banques ont en effet été appelées à réagir à différentes options envisagées par les banquiers centraux, en fonction de différentes catégories de risques[17].

15 Haldane Andrew, Madouros Vasileios (2013), « La réglementation basée sur le risque : est-ce le moment pour un retour vers le futur ? », *Revue d'économie financière*, 112 (4), 93-110.

16 Pour rappel, les membres permanents du Comité de Bâle sont les gouverneurs des banques centrales nationales des principales économies mondiales (parmi lesquelles figurent la France, les États-Unis, la Chine, la Russie, le Royaume-Uni, le Japon, l'Allemagne, le Brésil, l'Inde, l'Afrique du Sud, etc.). Statutairement, le GHOS est l'organe de gouvernance du Comité de Bâle.

17 Plus précisément, trois d'entre elles font l'objet de propositions de réformes : le risque de marché, le risque opérationnel et le risque de crédit. Les débats s'étant focalisés à titre principal sur le dernier, j'évoquerai ici uniquement les enjeux relatifs à celui-ci.

Les solutions juridiques portées par les différents représentants des autorités de supervision au sein du Comité de Bâle

À l'issue des consultations publiques, les représentants des autorités de supervision vont débattre au sein du Comité de Bâle des solutions pour réorganiser le principe de l'autodiscipline des banques (rendue possible par l'usage des modèles internes). Il s'agit là d'un deuxième mouvement de juridicisation qui consiste pour les acteurs du Comité de Bâle en une traduction des critiques de modèles en propositions normatives. En matière de risque de crédit notamment, plusieurs orientations de politiques publiques sont évoquées dans les consultations, allant de l'arrêt pur et simple des modèles internes, à leur réforme. Concernant la deuxième option, celle-ci fut prise en charge au sein du Comité par une réflexion autour de l'imposition de ce qui fut appelé des « *output floors* », des planchers d'usage des modèles internes. Ceux-ci ont pour objectif de contraindre l'usage des modèles en cherchant à limiter le degré de liberté des établissements en matière de modélisation par la fixation de seuils sur les résultats des calculs de risques en dessous desquels les banques ne pourraient descendre. Il s'agit autrement dit de restreindre les marges de manœuvre dans la manipulation des modèles pour éviter que les banques ne minimisent leurs risques au maximum pour ne pas être contraintes à immobiliser du capital.

Très vite l'opportunité des différentes options de régulation va cristalliser d'âpres débats entre superviseurs. Les positions antagonistes sont autant de conflits de souverainetés, au sens où les représentants d'autorités nationales tentent de pousser des options de régulation qui transformeront le moins possible leurs pratiques, et pèseront le moins possible sur les banques présentes sous leur juridiction. Notons que la situation dans laquelle une autorité publique suit, ou promeut les intérêts du secteur bancaire dont elle a la charge, est fréquemment analysée dans la littérature comme un cas de capture du régulateur. Celle-ci peut prendre la forme d'une capture *via* des échanges informels de bons procédés, ou sans action explicite d'acteurs privés, que ce soit du fait de la proximité des profils sociologiques des acteurs publics et privés, ou de la circulation des élites d'un secteur à l'autre (Kwak, 2014). Parce que cette approche, très inspirée de l'école du choix rationnel et de l'économie comportementale, souffre d'un certain nombre de difficultés[18],

18 Parmi elles figurent la difficulté à tracer empiriquement les intérêts en question pour expliquer une régulation ou encore une vision normative implicite de l'intérêt général comme opposé *a priori* à celui des firmes (Woll, 2014). Comme l'ont montré des auteurs au sujet du projet européen d'Union des

nous préférons le terme de « conflits de souverainetés » pour qualifier la situation dans laquelle des représentants d'autorités publiques font valoir leurs intérêts dans une négociation internationale. Si en l'espèce, la situation de négociation prend la forme d'un patriotisme économique (Clift et Woll, 2012), c'est-à-dire d'une défense par des autorités publiques de pratiques et de standards qui préservent *de facto* le *statu quo* avec les banques placées sous leur juridiction, ce qui sert également ici les intérêts des établissements, les acteurs des autorités prenant part aux décisions de supervision européennes ne suivent pas systématiquement les intérêts de leur secteur bancaire national sur d'autres sujets lorsqu'ils les identifient (Violle, 2021).

En l'occurrence, deux pôles très antagonistes à l'égard des modèles internes s'affrontent au sein du Comité de Bâle. D'une part, la délégation états-unienne, figure de proue de l'hostilité vis-à-vis des modèles, prône leur interdiction (Revue banque, 2016). En effet, malgré la participation des États-Unis aux travaux du Comité dès les premiers accords, ces traités n'ont jamais été transcrits dans le droit états-unien. Autrement dit, les banques présentes sur le sol nord-américain n'utilisent pas de modèles internes pour le calibrage de leurs fonds propres. En Europe continentale, la donne est plutôt inverse. Parmi les promoteurs des modèles internes figurent la France et l'Allemagne, qui disposent de grandes banques internationales qui appliquent et développent les modèles internes depuis leur promotion par les accords de Bâle II. Les pays scandinaves du Nord de l'Europe qui interdisent l'usage des modèles internes restent discrets dans ce débat. Un responsable de la veille réglementaire d'une grande banque française commente les débats sur le sujet en déplorant l'absence d'une unité européenne pour lutter face à « la position américaine »[19] :

> « Les Américains ont bien saisi la dimension géopolitique de la régulation bancaire. Ils participent aux travaux du Comité de Bâle, pèsent sur les orientations et ensuite ne les appliquent pas. Pour eux, promouvoir l'interdiction des modèles internes, ça n'a pas de coût, leurs banques n'ont rien investi en systèmes de calculs ou en personnels. Pour les Européens, c'est un sujet plus complexe, ça fait 10 ans que les banques européennes travaillent sur le sujet et développent des modèles. Malheureusement en Europe, c'est plus difficile de parler d'une voix. Les pays du Nord ont une vision réservée sur le sujet, craignant le risque

marchés de capitaux (Braun, Gabor, Hübner, 2018), lorsque des représentants étatiques ou des institutions européennes prennent des décisions bénéficiant à certains acteurs de l'industrie de la finance, cela peut être à dessein, pour poursuivre des objectifs de politiques publiques.

19 Entretien du 12/04/2016.

systémique sur leur secteur immobilier. Dans ces conditions, c'est plus difficile de parler d'une voix pour dire que 1/ les modèles ne sont pas plus risqués quand ils sont bien utilisés et 2/ que revenir en arrière aurait un coût non négligeable pour l'industrie et donc leurs clients. »

Cet acteur, intervenant au sein de la Fédération bancaire européenne (le syndicat des banques européennes) pour obtenir une position commune de la part des banques et des superviseurs de la zone euro quant aux modèles internes, regrette l'absence de consensus européen face à la position des États-Unis. Pour cet enquêté, les Américains ont un intérêt « géopolitique » à s'opposer aux modèles, car la majorité du crédit aux États-Unis n'est pas allouée par des banques mais par le « *shadow banking* »[20]. Cette structuration de leur secteur bancaire permet aux responsables américains de promouvoir des règles de droit contraignantes pour les banques européennes, sans que cela lèse leur système d'allocation du crédit. La négociation de règles contraignantes est d'autant plus un avantage pour ces négociateurs qu'ils ne transcrivent pas ensuite les accords de Bâle dans leur droit national. Cette analyse rejoint celles de responsables d'autorités publiques européennes. Le Gouverneur de la Banque de France de l'époque, François Villeroy de Galhau, parle en des termes policés « de risques de concurrence déloyale », pour qualifier la stratégie américaine de promotion de normes contraignantes à l'égard des modèles, tout en refusant d'appliquer ensuite les accords de Bâle sur leur propre territoire. Ce pays serait de surcroit moins impacté par des normes plus contraignantes en matière d'allocation du crédit en raison de la structuration de son secteur financier (Revue Banque, 2019).

Rapidement, au cours des négociations, l'Union européenne, incarnée par les positions française et allemande, gagne une première victoire à ce sujet : la décision de maintenir les modèles internes est actée au niveau du Comité de Bâle (Revue banque, 2016). Mais en négociant l'abandon d'une solution (ici l'interdiction des modèles), les représentants français et allemands ont généré des contrepropositions. Les États-Unis qui veulent l'arrêt des modèles internes, et ne l'ont pas obtenu, se rabattent alors en faveur d'un *output floor* dit « mordant », c'est-à-dire limitant de façon importante le recours aux modèles. Les discussions fuitant dans la presse indiquent qu'en septembre 2016 les États-Unis poussent pour obtenir l'instauration d'un *output floor* de 70 %. Un tel seuil a pour objectif d'empêcher les modèles internes de comprimer à plus

20 Il s'agit d'un marché du crédit parallèle non soumis aux règles de droit bancaire (Thiemann, 2018).

de 70 % les fonds propres des établissements au sein de leurs portefeuilles. Parmi les principales concernées, les banques françaises, qui à la fois utilisent ces modèles et qui, en raison de leur taille de bilan, sont particulièrement affectées par cette mesure, s'insurgent contre cette proposition et le font savoir publiquement. Michel Bilger, le responsable régulation et supervision de la banque française Crédit Agricole, et membre de l'Agence bancaire européenne, prend notamment la parole dans la presse spécialisée pour s'opposer à la proposition. Son argumentaire se fonde sur une logique d'allocation optimale du capital. Les modèles internes permettraient d'allouer un maximum de crédit en ne laissant pas de fonds propres inutilisés. Il parle d'un seuil « mordant » cette pratique d'allocation :

> « Un niveau de 70 % serait clairement pour nous très « mordant ». En d'autres termes, il détruirait l'essentiel de l'avantage procuré par les modèles internes. Or cet avantage est le résultat d'une analyse fine des risques. D'ailleurs, les modèles internes sont des outils sophistiqués d'un coût élevé pour les banques[21]. »

Sur la période 2016-2017, les négociations se tendent au sein du Group of Governors and Heads of Supervision (GHOS), l'organe exécutif de décision à Bâle. Deux difficultés se présentent aux gouverneurs des banques centrales pour trouver un accord. D'abord, les décisions au sein de ce groupe d'experts se prennent à l'unanimité. Ensuite, les recommandations bâloises ne sont pas contraignantes juridiquement pour les États et doivent être transposées dans les droits nationaux pour avoir force légale. Le second risque pour les négociateurs est que les dirigeants européens ne s'accordent pas sur une traduction en droit européen des accords, comme les États-Unis l'ont fait avec Bâle II, si les représentants d'un pays en position de force à Bruxelles bloquent l'accord.

Un exemple des tensions des négociations peut être trouvé dans le déroulement du sommet international des 28 et 29 novembre 2016 à Santiago du Chili, lors duquel le Comité de Bâle s'était réuni. On apprend ainsi dans un article de la Revue Banque (Revue banque, 2016), qu'à cette époque les techniciens de la régulation bancaire sont parvenus à rédiger une version finale d'accord au sujet de l'avenir des modèles internes, validant l'idée de la mise en place d'un *output floor*. Mais c'est sans compter un refus de signer des représentants

21 Revue Banque (2016).,« Le comité de Bâle devrait reconnaître les spécificités nationales », entretien avec Michel Bilger Responsable Supervision et Régulation du Crédit Agricole et membre du stakeholder group de l'EBA, article de presse, 28/09/2016. <http://m.revue-banque.fr/banque-detail-assurance/article/comite-bale-devrait-reconnaitre-les-specificites-n> (Accès le 25/06/2019).

des banques centrales françaises et allemandes, invoquant des arguments similaires aux éléments précédemment évoqués.

Au cœur de ces débats, les différentes délégations de banquiers centraux négocient la bonne façon de produire une discipline de la part des banques par le contrôle de leurs risques. La stabilité financière est pensée comme devant permettre d'éviter des crises financières, tout en laissant les établissements gérer eux-mêmes leurs activités. Cet univers politique et épistémique correspond à une période où la possibilité d'un contrôle plus explicitement politique (au sens de dirigiste) du crédit par les banquiers centraux, comme il a pu exister dans la période d'après la Seconde Guerre mondiale (Lemoine, 2016 ; Monnet, 2018), n'est plus du domaine du pensable pour les acteurs de la régulation et de la supervision européennes, à la suite de la libéralisation des flux de capitaux internationaux.

Il se joue néanmoins, dans les débats techniques au sujet des modèles, différentes façons pour les superviseurs de peser sur la conduite des établissements en lien avec différentes manières de problématiser les moyens d'assurer la stabilité financière. La défense d'une position sur le sujet des modèles recoupe la défense de standards de supervision jugés vertueux, et la crainte pour les responsables de ces administrations de voir leur secteur bancaire moins financer leur économie nationale en raison de réglementations susceptibles de freiner les capacités de prêts des établissements (Admati et Hellwig, 2014).

À cet égard, la Banque centrale européenne, qui siège également au Comité de Bâle, est face aux désaccords européens sur le sujet du contrôle des modèles internes et doit prendre position. De la juridicisation du devenir des modèles internes au sein du Comité de Bâle, qui se traduit par la formulation d'une pluralité de régulations possibles, les acteurs de la BCE vont opter pour prendre des mesures immédiates dans leur juridiction.

L'audit plutôt que la règle unilatérale : la stratégie des représentants de la BCE pour assurer la stabilité financière européenne

À la fin de l'année 2016, les acteurs de la BCE décident de ne pas trancher par le droit. Plutôt que de prendre position en faveur d'une règle unilatérale à promouvoir au sein de la zone euro ou une autre, ceux-ci annoncent l'organisation d'un nouvel audit des modèles internes sur trois ans appelé TRIM (pour

« *targeted review of internal models* »), avant de statuer sur une mesure. Le directeur de la direction « méthode et supervision » du mécanisme de supervision unique de la BCE a eu l'occasion de présenter l'esprit de ce programme lors d'un séminaire devant des responsables de banques françaises au siège de la Fédération bancaire française le 16 mars 2017 :

> « Les modèles sont critiqués en permanence, l'important est donc de restaurer une confiance dans les modèles. En l'occurrence, le doute principal réside sur le fait que les banques européennes auraient comprimé au maximum leurs actifs pondérés et seraient en conséquence sous-capitalisées vis-à-vis des risques qu'elles prennent.
> Notre programme TRIM vise à répondre à ces inquiétudes. L'objectif est de s'assurer du respect de règles du jeu communes, d'harmoniser les pratiques, afin d'arriver à un objectif qui est de pouvoir croire de nouveau les chiffres que les banques publient, c'est évidemment un objectif commun superviseur et industrie[22]. »

Lors de cette opération de communication, le haut fonctionnaire affiche un volontarisme fort de la part de son institution. On apprend ainsi au cours de cette réunion que les équipes de supervision de la BCE ont recensé lors du *comprehensive assessment* près de 7000 modèles internes différents, pouvant être regroupés en approximativement 4000 familles de modèles. Il y aurait une moyenne de 50 modèles différents par banque (avec de grandes variations d'une banque à l'autre), la majorité de ces derniers étant réservés au calcul du risque de crédit, sur lequel les responsables de la BCE comptent statuer. En termes de moyens, cette revue systématique des modèles internes est le plus gros projet du mécanisme de supervision unique, mobilisant près de 15 % de son budget total.

Ce choix d'action publique de ne pas trancher d'emblée par le droit est une problématisation de la manière d'obtenir une stabilité financière européenne. Face au risque pointé par des acteurs académiques que les banques manipulent leur besoin en capital réglementaire *via* un usage stratégique de leurs modèles internes (Mariathasan et Merrouche, 2014), les responsables de la BCE estiment que la question de la compression des actifs pondérés par les risques des banques doit être investiguée, et non pas seulement recherchée *via* des modèles économétriques qui utilisent des données de seconde main. La réponse apportée par ces acteurs à la juridicisation du devenir des modèles

---

22 D'après les notes de carnet de terrain.

au sein du Comité de Bâle est d'opter pour une singularisation maximale de la supervision, banque par banque, et même famille de modèle par famille de modèle, en écartant le recours à une règle de droit unilatérale qui reviendrait sur les acquis des accords de Bâle. Pour maintenir les équilibres précaires entre membres de l'Union bancaire, les responsables de la BCE optent pour le cas par cas, plutôt que pour une règle univoque devant s'appliquer à l'ensemble des établissements. Cette décision mise en œuvre par la direction des méthodes et standards de l'autorité européenne, va servir de point d'appui au niveau international aux négociants français ne souhaitant pas d'*output floor* dans le contrôle des établissements français.

Le 7 décembre 2017, le Comité de Bâle établit finalement un accord sur une réforme des modèles internes. Le contenu de cette dernière est dévoilé publiquement par le Président du GHOS[23] et Gouverneur de la banque centrale européenne, Mario Draghi. On apprend, lors de cette prise de parole, que concernant la mise en place d'un *output floor* à un niveau de 72,5 %, le Gouverneur de la Banque de France a finalement accepté l'accord en négociant un report de la mise en place dudit *floor* à 2027 (Revue banque, 2017).

En avril 2021, deux ans après la date théorique de la fin de son audit, la BCE rend public le rapport de son programme TRIM (Banque centrale européenne, 2021). On y apprend notamment que celui-ci a donné lieu à 200 inspections au sein des établissements, et que 253 décisions ont été prises au cas par cas par les équipes de la BCE pour modifier et rendre comparables entre eux les usages de modèles internes. La stabilité financière est produite par la BCE par une singularisation toujours plus importante de ses moyens d'actions sur les portefeuilles des banques.

Conclusion

Cet article s'est intéressé à la façon dont les acteurs de la Banque centrale européenne problématisent les moyens juridiques pour assurer une stabilité financière européenne capable de préserver les finances publiques des États membres de nouvelles crises bancaires. Nous avons alors identifié deux moments de juridicisation de la stabilité financière lors desquels les acteurs de

23 Pour rappel, le GHOS est l'organe de gouvernance du Comité de Bâle qui regroupe les gouverneurs de banque centrale et des responsables du contrôle bancaire.

la supervision bancaire européenne et internationale ont porté des conceptions différentes des moyens susceptibles de garantir cette stabilité.

Le premier moment de juridicisation a concerné l'audit réalisé par les acteurs de la BCE au titre de leurs nouvelles fonctions de supervision des banques de la zone euro au cours de l'année 2013. En suivant les débats académiques que celui-ci a soulevés, nous avons montré comment un groupe d'économistes américains a critiqué les catégories juridiques mobilisées par les acteurs de la BCE pour mener à bien leur inspection. À l'aide de notre second cas d'étude, nous avons finalement vu comment ce premier audit de la BCE a pesé sur le temps relativement long, de 2014 à 2020, dans les débats internationaux entre acteurs publics et privés de la supervision bancaire internationale.

En analysant les prises de position de différents représentants d'États au sein du Comité de Bâle au sujet du contrôle des pratiques de mesure des risques des banques, nous avons documenté un second moment de juridicisation lors duquel nous avons identifié des problématisations concurrentes de la mise en œuvre juridique de la stabilité financière. Les représentants anglo-américains ont défendu une conception de la stabilité financière devant être produite par l'édiction de normes unilatérales interdisant le recours aux modèles internes par les banques. D'autres représentants, français et allemands notamment, ont pour leur part dénoncé la duplicité de cette négociation en reprochant à leurs contradicteurs d'être susceptibles de s'extraire des accords une fois signés. Pour les représentants français et allemands, les modèles internes en tant que tels ne faisaient pas problème. Face aux désaccords entre représentants européens, la BCE a opté pour une stratégie de singularisation maximale des pratiques de supervision en répondant par un nouvel audit visant à régler au cas par cas les modèles internes des banques de la zone euro.

La préservation future des finances publiques des États membres en cas d'une hypothétique crise financière est ainsi le résultat d'un travail de problématisation de ce que peut vouloir dire agir au nom d'une stabilité financière européenne. La dynamique de la controverse mêlant débats techniques sur les risques, instruments de calcul, responsabilités politiques et juridiques, ou encore protocoles de négociations interétatiques concernant la stabilité financière se rejoue au gré de moments de juridicisation qui donnent corps et effets aux concepts macroéconomiques portés par les acteurs. De ces moments de juridicisation émergent, dans des arènes expertes, les futurs de l'action européenne en matière de stabilité financière.

Remerciements : Nous tenons à remercier chaleureusement Benjamin Lemoine, Damien Piron, Clément Fontan, Rafaël Cos, Caroline Vincensini, Quentin Dufour et les deux relecteurs/trices anonymes de la revue Politique européenne pour leurs commentaires sur des versions précédentes de l'article.

Bibliographie

Acharya, Viral ; Engle, Robert et Richardson, Matthew (2012), « Capital Shortfall: a New Approach to Ranking and Regulating Systemic Risks », *American Economic Association*, vol. 102 (3), p. 59-64.

Acharya, Viral ; Pedersen, Lasse H. ; Philippon, Thomas et Richardson, Matthew (2010), « Measuring Systemic Risk », *Working Paper*, New York University.

Acharya, Viral et Steffen, Sascha (2014), « Falling short of expectations? Stress-testing the European banking system », *CEPS Policy Brief*, n° 315, Bruxelles, Centre for European Policy Studies, p. 1-20.

Acharya, Viral et Steffen, Sascha (2015), « The "greatest" carry trade ever? Understanding Eurozone bank risks », *Journal of Financial Economics*, vol. 115 (2), p. 215-236.

Adams, Maurice ; Fabbrini, Federico et Larouche, Pierre (dirs) (2014), *The constitutionalization of European budgetary constraints*, London, Bloomsbury.

Admati, Anat et Hellwig, Martin (2014), *The Bankers' New Clothes: What's Wrong with Banking and What to Do about It*, Princeton, Princeton University Press.

Agence Fitch (2014), « The results of the ECB comprehensive assessment » [communiqué de presse].

Banque centrale européenne (2013), « ECB starts comprehensive assessment in advance of supervisory role » [conférence de presse], 23 octobre.

Banque centrale européenne (2014), *Aggregate report on the comprehensive assessment*, Francfort-sur-le-Main, Banque centrale européenne.

Banque centrale européenne (2021), *Targeted Review of Internal Models*, Francfort-sur-le-Main, Banque centrale européenne.

Basel Committee on Banking Supervision (2013), *Regulatory Consistency Assessment Programme (RCAP), Analysis of Risk-Weighted Assets for Market Risk*, Bâle, Bank for International Settlements, janvier.

Baud, Céline et Chiapello, Ève (2015), « Comment les firmes se financiarisent : le rôle de la règlementation et des instruments de gestion. Le cas du crédit bancaire », *Revue française de sociologie*, vol. 56 (3), p. 439-468.

Braun, Benjamin ; Gabor, Daniela et Hübner, Marina (2018), « Governing through financial markets: Towards a critical political economy of Capital Markets Union », *Competition & Change*, vol. 22 (2), p. 101-116.

Callon, Michel (1986), « Éléments pour une sociologie de la traduction : la domestication des coquilles Saint-Jacques et des marins-pêcheurs dans la baie de Saint-Brieuc », *L'Année sociologique*, vol. 36, p. 169-208.

Clift, Ben et Woll, Cornelia (2012), « Economic patriotism: reinventing control over open markets », *Journal of European Public Policy*, vol. 19 (3), p. 307-323.

Commission européenne (2014), « L'union bancaire, pour restaurer la stabilité financière de la zone euro » [communiqué de presse], Bruxelles, 15 avril.

Constâncio, Vitor ; Cabral, Inês ; Detken, Carsten *et al.* (2019), « Macroprudential policy at the ECB: Institutional framework, strategy, analytical tools and policies », *ECB Occasional Paper Series*, n. 227.

Cornut St-Pierre, Pascale (2020), « La technique juridique, objet de science sociale ? Pour une sociologie pragmatique des controverses techniques en droit », *Jurisprudence - Revue critique*, vol. 9, p. 1-18.

Draghi, Mario (2014), « Speech at the conference for the 20th anniversary of the establishment of the European Monetary Institute » [conférence de presse], Bruxelles, 12 février.

Fontan, Clément (2017), « The new behemoth? The ECB and the financial supervision reforms during the Eurozone crisis », *in* Ismail Ertürk et Daniela Gabor (dirs), *The Routledge Companion to Banking Regulation and Reform*, Londres, Routledge, p. 175-191.

Haldane, Andrew et Madouros, Vasileios (2013), « La réglementation basée sur le risque : est-ce le moment pour un retour vers le futur ? », *Revue d'économie financière*, vol. 112 (4), p. 93-110.

Harnay, Sophie et Scialom, Laurence (2016), « The influence of the economic approaches to regulation on banking regulations: A short history of banking regulations », *Cambridge Journal of Economics*, vol. 40 (2), p. 401-416.

Howarth, David et Macartney, Huw (dirs) (2019), *The Politics of Supranational Banking Supervision in Europe*, Londres, Routledge.

Howarth, David et Quaglia, Lucia (2016), *The political economy of European banking union*, Oxford, Oxford University Press.

Izquierdo, Javier (2001), « Reliability at risk. The supervision of financial models as a case study for reflexive economic sociology », *European Societies*, vol. 3 (1), p. 69-90.

Laurent, Brice ; Saraç-Lesavre, Basak et Violle, Alexandre (2019), « Formuler l'action publique en termes de tests. Les stress tests européens comme réponse aux crises financières et nucléaires », *Critique internationale*, vol. 85 (4), p. 63-83.

Lemoine, Benjamin (2016), « L'État stratège pris dans les taux : L'invention d'une agence de la dette publique française », *Revue française de science politique*, vol. 66 (3-4), p. 435-459.

Mariathasan, Mike et Merrouche, Ouarda (2014), « The manipulation of basel risk-weights », *Journal of Financial Intermediation*, vol. 23 (3), p. 300-321.

McPhilemy, Samuel (2016), « Integrating macro-prudential policy: central banks as the 'third force' in EU financial reform », *West European Politics*, vol. 39 (3), p. 526-544.

Mehrling, Perry (2010), *The New Lombard Street*, Princeton, Princeton University Press.

Ministère français de l'économie (2014), « Déclaration du ministre des Finances et des Comptes publics sur les résultats de l'évaluation complète de la Banque central européenne » [communiqué de presse].

Monnet, Éric (2018), *Controlling Credit: Central Banking and the Planned Economy in Postwar France, 1948-1973*, Cambridge, Cambridge University Press.

Mourlon Druol, Emmanuel (2016), « Banking union in historical perspective: the initiative of the European Commission in the 1960s-1970s », *Journal of Common Market Studies*, vol. 54 (4), p. 913-927.

Muniesa, Fabian ; Doganova, Liliana ; Ortiz, Horacio *et al.* (2017), *Capitalization: a cultural guide*, Paris, Presses des Mines.

Pélisse, Jérôme (2009), « Judiciarisation ou juridicisation ? », *Politix*, vol. 86 (2), p. 73-96.

Power, Michael (1996), « Making things auditable », *Accounting, organizations and society*, vol. 21 (2-3), p. 289-315.

Reuters (2014), « L'AQR s'annonce moins sanglant qu'attendu pour les banques », 26 septembre.

Revue Banque (2013), « La réglementation financière décryptée par Labex-Réfi : nous pouvons simplifier la régulation financière », 16 décembre.

Revue Banque (2016), « Vers Bâle IV ? Les banques dans l'incertitude. L'éclairage du superviseur, interview d'Édouard Fernandez Bollo », 22 mars.

Revue Banque (2016), « Bâle IV : le bât blesse toujours sur les *output floors* », 8 décembre.

Revue Banque (2017), « Bâle IV : la France freine un accord à Bâle sur la ligne d'arrivée », 23 octobre.

Revue Banque (2017), « Règles de Bâle : Mario Draghi sonne la fin du match », 8 décembre.

Revue Banque (2019), « Une réglementation assouplie pour certaines banques américaines », 3 décembre.

Riles, Annelise (2005), « A new agenda for the cultural study of law: Taking on the technicalities », *Buffalo Law Review*, vol. 53 (3), p. 973-1033.

Sacriste, Guillaume et Vauchez, Antoine (2019), « L'euro-isation de l'Europe », *Revue de l'OFCE*, vol. 164 (4), p. 5-46.

Sassen, Saskia (2013), « Territoire, autorité, droits : nouveaux assemblages », *in* Alain Caillé et Stéphane Dufoix (dirs), *Le Tournant global des sciences sociales*, Paris, La Découverte, p. 211-227.

Schild, Joachim (2017), « Germany and France at cross purposes: the case of Banking Union », *Journal of Economic Policy Reform*, vol. 21 (2), p. 102-117.

Smith, Andy (2016), *The politics of economic activity*, Oxford, Oxford University Press.

Steffen, Sascha (2015), « Capital shortfalls disclosed by the ECB comprehensive assessment: How much progress has been made by banks that were requested to take action? » [rapport], Strasbourg, Parlement européen.

Tarullo, Daniel (2008), *Banking on Basel: The Future of International Financial Regulation*, Washington, Peterson Institute for International Economics.

Tavolaro, Santiago et Visnovsky, Frédéric (2014), « What is the information content of the SRISK measure as a supervisory tool? », *Débats économiques et financiers*, vol. 10, p. 1-24.

Thiemann, Matthias (2018), *The growth of shadow banking: A comparative institutional analysis*, Cambridge, Cambridge University Press.

Thiemann, Matthias ; Aldegwy, Mohamed et Ibrocevic, Edin (2018), « Understanding the shift from micro-to macro-prudential thinking: a discursive network analysis », *Cambridge Journal of Economics*, vol. 42 (4), p. 935-962.

Thiemann, Matthias ; Melches, Carolina Raquel et Ibrocevic, Edin (2020), « Measuring and mitigating systemic risks: how the forging of new alliances between central bank and academic economists legitimize the transnational macroprudential agenda », *Review of international political economy*, vol. 28 (6), p. 1433-1458.

Tooze, Adam (2018), *Crashed: How a decade of financial crises changed the world*, Londres, Penguin.

Véron, Nicolas (2014), *L'Union bancaire, un succès européen*, Paris, En temps réel.

Violle, Alexandre (2017), « Banking supervision and the politics of verification: The 2014 stress test in the European Banking Union », *Economy and Society*, vol. 46 (3), p. 432-451.

Violle, Alexandre (2019), *Constituer un territoire de gouvernement pour la finance : enquête sur l'expertise de supervision au sein de l'Union bancaire européenne*, Thèse de doctorat, Paris, École des Mines.

Violle, Alexandre (2021), « Agir en européen. Forme et présence de l'État dans la fabrique des décisions de supervision des acteurs de l'union bancaire », *Revue française d'administration publique*, vol. 178 (2), p. 277-294.

Zeitlin, Jonathan (2021), « Uniformity, Differentiation, and Experimentalism in EU Financial Regulation: The Single Supervisory Mechanism in Action », *Amsterdam Centre for European Studies Research Paper*, vol. 4, p. 1-46.

Alexandre Violle est post-doctorant au Centre d'étude des mouvements sociaux de l'École des hautes études en sciences sociales. Ses travaux se situent à la croisée de la sociologie économique, de la sociologie politique et de la sociologie des sciences et des techniques. Il s'intéresse au rôle de l'expertise économique dans la fabrique de politiques publiques en France ou en Europe. Financé par une bourse de l'Institut Francilien Recherche Innovation Société, il travaille actuellement sur l'étude des réponses des banques centrales face au changement climatique.

alexandre.violle@sciencespo.fr

POLITIQUE EUROPÉENNE
N° 79 | 2023
Jessy Bailly
p. 160-191

Légitimité et légalité de la dette publique. Une juridicisation sans judiciarisation du discours annulationniste

De la crise de la dette du tiers-monde dans les années 1980 au contexte grec en 2015, cet article propose d'analyser la trajectoire militante de l'annulationnisme. En revenant sur les acteurs annulationnistes, leurs trajectoires, leurs ressources, et surtout sur la manière dont ils cherchent à accréditer la dette illégitime à travers un travail d'exégèse juridique, il s'agit d'étudier la manière dont le droit est convoqué par des militants en tant que ressource symbolique afin de convaincre des gouvernements d'annuler une partie de leur dette publique, au nom de la défense de la démocratie sociale. On contribue ici autant à la sociologie du droit, aux recours contestataires du droit contre des politiques économiques, qu'à la sociologie des mouvements sociaux positionnés sur la dette.

Public debt between legitimacy and legality. A juridification without judicialisation of the pro-debt cancellation activism

From the Third Worldb debt crisis in the 1980s to Greece in 2015, this article proposes to analyse the militant trajectory of public debt cancellation. We look back at cancellationist actors, their backgrounds, their resources, and above all how they strive to accredit illegitimate debt through symbolic law mobilization. Our aim is to analyse how law is used by activists as a symbolic resource to convince governments to cancel part of their public debt for the sake of social democracy. This is a contribution to the sociology of law, to the contentious uses of the law against economic policies, as well as to the existing work on anti-debt activists.

Légitimité et légalité de la dette publique

Une juridicisation sans judiciarisation du discours annulationniste

Jessy Bailly
MESOPOLHIS/CEVIPOL

Introduction

En juin 2015, une commission extra-parlementaire intitulée « Commission pour la vérité sur la dette publique grecque », mise en place quelques mois plus tôt et soutenue par la Présidente du Parlement hellénique, Zoé Konstantopoúlou, rend un rapport. Ce dernier porte sur l'évolution de la dette publique entre 2010 et 2015. Il y est affirmé qu'une partie de la dette de la Grèce, détenue par le Fonds monétaire international (FMI), la Banque centrale européenne (BCE) et le Fonds européen de stabilité financière, est proprement « illégitime ». Sur ce motif, il est estimé que l'État grec n'est pas tenu de rembourser ses créanciers. Les membres de la commission mobilisent un corpus juridique divers (autant de droit grec que de droit européen ou international), que l'on explicitera par la suite, destiné à convaincre le gouvernement d'Aléxis Tsípras qu'il est nécessaire et possible d'adopter une telle position annulationniste, face à des créanciers peu disposés à restructurer la dette publique grecque (Blustein, 2015).

L'apparition de cette commission en Grèce s'inscrit dans un contexte européen de relative sanctuarisation des règles budgétaires, depuis le Traité de Maastricht avec les critères de convergence (Savage, 2005) et un approfondissement de la discipline budgétaire (Lemoine, 2016)[1]. En prenant pour point

1 Vivien Schmidt a mis en valeur l'écart entre le discours rigoriste des autorités européennes et l'application limitée de certaines règles européennes. Lire : Schmidt, Vivien (2020), *Europe's Crisis of Legitimacy. Governing by Rules and Ruling by Numbers in the Eurozone*, Oxford, Oxford University Press. Les travaux déjà cités de James D. Savage (2005) éclairent le fait que la rigueur de la surveillance budgétaire est à relativiser, depuis sa mise en place à la fin des années 1990.

de départ l'émergence de cette commission, on souhaite revenir sur l'histoire intellectuelle du concept de dette illégitime, et le travail politico-juridique d'acteurs associatifs et d'experts critiques qui l'ont porté afin de convaincre des gouvernements nationaux, notamment européens, d'annuler une partie de leur dette publique.

L'analyse de cet investissement à la fois militant et expert du droit pour accréditer l'annulation de dette publique offre plusieurs contributions du point de vue de la sociologie du droit et du militantisme. Cet article contribue aux thèmes du dossier en examinant des recours militants et symboliques au droit (García-Villegas, 2018), afin de contester les politiques économiques. La mobilisation du droit ne passe pas ici par l'investissement au sein des arènes judiciaires. Si ce type de recours non judiciaire au droit a été mis en valeur il y a plusieurs décennies (McCann, 1994), l'article vise à approfondir la manière dont des militants recourent à une telle stratégie (pourquoi, comment et avec quels effets politiques ?). McCann a insisté sur le recours au droit dans les relations entre salariés et employeurs, et moins entre militants et représentants politiques. En France, plusieurs auteurs ont déjà évoqué les « usages contestataires du droit » (Agrikoliansky, 2009 ; Israël, 2003 et 2009), en montrant les contributions du droit à l'action collective, de même que les limites du raisonnement juridique pour l'action militante. On souhaite ici davantage éclairer les usages politiques et symboliques du droit, pour contester les politiques économiques de certains gouvernements et institutions internationales.

Contrairement à des cas d'études évoqués dans plusieurs articles du présent dossier, où il constitue un vecteur de réduction du politique, le droit est ici saisi par des militants, qui en font une ressource pour infléchir le gouvernement des finances publiques en Europe. Ces militants, qui disposent certes de connaissances en droit sans être pour autant des professionnels du droit, s'efforcent d'accréditer une vision alternative du problème de l'endettement et des relations financières internationales. Le droit n'est pas mobilisé pour faire valoir le nécessaire assainissement (Kickert *et al.*, 2015) ou la maîtrise des finances publiques (Siné, 2006). On montrera qu'à l'inverse, il est déployé pour défendre une vision extensive de l'État social, ce que Hanspeter Kriesi et Mónica Ferrín appellent la « démocratie sociale », définie comme un système politique devant produire des décisions encourageant l'amélioration des conditions sociales et économiques de la population, en respectant les principes de justice fiscale et sociale.

En suivant la trajectoire d'acteurs travaillant sur la dette illégitime depuis les années 1980, on souhaite insister sur l'existence de stratégies militantes de juridicisation sans judiciarisation[2]. Afin de les mettre en valeur, on mobilise les *legal consciousness studies*. Dans leur ouvrage, les chercheuses Patricia Ewick et Susan Silbey définissent la conscience juridique comme « la manière dont le droit est vécu et compris par les citoyens ordinaires lorsqu›ils choisissent d›invoquer le droit, de l›éviter ou d›y résister » (1992, p. 737). Plus précisément, elles identifient trois formes de conscience juridique : « en face du droit », « avec le droit » et « contre le droit » (pour une synthèse en français, lire : Pélisse, 2003).

Certains chercheurs (McCann, 1994 ; Ewick et Silbey, 1992) soutiennent que la conscience juridique est non figée, mais bien plus complexe. Si ce courant de recherche s'intéresse aux rapports ordinaires au droit, et que les militants que l'on va étudier ne sont en rien ordinaires, la conscience du droit que l'on va mettre en valeur ne se limite pas aux militants étudiés (voir par exemple Lovell, 2012). Il s'agit d'insister sur le fait qu'il est possible, pour des individus, de croire dans la légitimité *per* se du droit, tout en considérant certaines normes de droit positif comme illégitimes (Halliday et Morgan, 2013 ; Lovell, 2012 ; Mouchard, 2002). On peut ainsi, à la différence de ce qu'ont admis Ewick et Silbey (1998), ou encore Fritsvold (2009), critiquer le droit – et l'idéologie économique du droit telle que mise en valeur par Scheingold (1974) – par le droit, en jouant de l'ambiguïté et de l'incompatibilité des normes de droit au sein d'un même ordre légal. Ce qui différencie toutefois ces militants d'autres segments de la population qui partagent cette conscience du droit, ce sont les modes d'action utilisés par les annulationnistes (rapports de contre-expertise, interpellations politiques). Ainsi, il est essentiel de revenir sur cette littérature afin de comprendre les rapports au droit des activistes que l'on va étudier, et comment cela nous renseigne sur les recours symboliques au droit.

Ensuite, l'article éclaire d'une autre manière les travaux existant sur la critique de la dette au sein du mouvement altermondialiste (Ambrose, 2006 ; Baillot, 2017 ; Donnelly, 1999 ; Josselin, 2007). Focalisés sur la campagne transnationale de *Jubilee 2000*, ces travaux insistent souvent sur l'apparition de la « dette illégitime » dans l'argumentaire des militants comme le symbole

2 La juridicisation (*juridification*) est définie comme « une extension du droit comme modèle et référence pratique pour les actions » (Pélisse, 2009, p. 76). Quant à la judiciarisation (*litigation* ou *judicialisation* en anglais) elle renvoie à « un recours accru à l'institution judiciaire pour régler les conflits » (Pélisse, 2009, p. 74)

d'une « radicalisation » d'une partie du mouvement au cours des années 2000 (Baillot, 2017 ; Friesen, 2012). On montre toutefois que le déploiement de l'usage de la dette illégitime est antérieur à la campagne *Jubilee 2000*. Revenir sur son historicité permet de complexifier l'appréhension du mouvement contre la dette, en particulier dans ses rapports au droit pour contester les politiques économiques. Il faut actualiser ces travaux en montrant de quelle manière les militants annulationnistes se sont recomposés, à la suite de la crise de la dette publique des pays européens. On met notamment en valeur que les annulationnistes ont affiné leurs usages du droit.

Cet article repose sur une série d'entretiens avec des membres de l'Association internationale de techniciens, experts et chercheurs (AITEC) et du Comité pour l'abolition des dettes illégitimes (CADTM), que l'on définit comme annulationnistes, c'est-à-dire en faveur de l'annulation des dettes publiques. Il se nourrit aussi de l'exploitation des fonds d'archives que j'ai pu réaliser, en janvier 2019 à Liège, auprès du CADTM (archives depuis les années 1990), et de son analyse. À partir de ces premières enquêtes, je me suis rendu compte que le CADTM s'était inspiré de travaux militants bien antérieurs, datés des années 1980. C'est pourquoi j'ai par la suite effectué, en octobre 2019, un travail d'archives à Paris auprès du Centre d'études et d'initiatives de solidarité internationale (CEDETIM) et de l'AITEC. Grâce à ces matériaux, j'ai pu retracer l'histoire de la dette illégitime et m'interroger sur les normes et les types de droit utilisés par les militants. Après avoir compilé l'ensemble des éléments de droit mobilisés par les acteurs, j'ai pu mettre en valeur la conscience du droit qui se dégageait des militants étudiés, et les différences existant entre l'AITEC et le CADTM dans l'appréhension de la dette illégitime.

Dans cet article, il s'agit d'analyser la manière dont le droit est convoqué par des militants en tant que ressource symbolique afin de convaincre des gouvernements d'annuler une partie de leur dette publique, au nom de la défense de la démocratie sociale. En cela, le droit peut constituer un vecteur de résistance aux politiques d'austérité (celles-ci ne se résumant pas à la crise de la dette publique européenne, lire : Morrissette, 1982, p. 93-94). Pour retracer l'histoire de la dette illégitime et le travail politique des annulationnistes, il faut revenir d'abord sur la manière dont des militants ont fait émerger l'idée de dette illégitime dans les années 1980, en l'adossant à un certain nombre de normes du droit international. On étudiera ensuite l'activité du CADTM, qui approfondit ce premier travail d'exégèse juridique, en adoptant une stratégie consistant à convaincre des gouvernements de suspendre ou répudier unilatéralement une partie des dettes à l'égard des créanciers, en écartant la voie judiciaire.

Les prémices de la dette illégitime

L'idée de dette illégitime est d'abord mobilisée, dans les années 1980, par des militants issus de pays dits du « Nord », dans un contexte de crise de la dette publique de pays d'Amérique latine. On est alors loin (géographiquement et temporellement) de la critique des règles d'orthodoxie budgétaire imposées par certaines institutions de la communauté européenne. Comment des militants s'appuient-ils sur des normes de droit pour tenter d'orienter les relations financières entre créanciers et créditeurs ? On analysera d'abord les prémices de ce travail, en nous focalisant sur le CRID et l'AITEC. On verra ensuite comment le CADTM reprend un argumentaire relativement commun, tout en élargissant la portée de la dette illégitime et en affirmant une stratégie juridique propre, qu'il parviendra ensuite à mettre en application dans plusieurs contextes politiques nationaux, notamment européens.

Des conditions de possibilité de l'annulationnisme

La visibilité liée à la crise financière qui se déclenche en Amérique latine à partir de 1982 explique l'attrait pour la dette d'un ensemble d'organisations non gouvernementales (ONG) et d'acteurs associatifs (Baillot, 2017). Il faut toutefois revenir quelque peu en arrière, pour comprendre l'émergence progressive d'un mouvement de contestation des dettes publiques, qui alimentera d'ailleurs la campagne *Jubilee 2000*. Cela est lié à la reconversion de militants anticolonialistes en experts critiques de la dette publique, comme le montre la trajectoire de Gustave Massiah.

Initialement mobilisé sur les luttes de libération nationale et l'anticolonialisme, le CEDETIM doit se renouveler, sous la conjonction de plusieurs facteurs. D'une part, alors qu'il est proche du Parti socialiste unifié (plusieurs membres clés du CEDETIM sont engagés au PSU), plusieurs membres du CEDETIM désertent le PSU, du fait de l'arrivée de Michel Rocard à la tête du parti, qu'ils réprouvent.

Par ailleurs, la structure militante est marquée par un déficit de ressources qui l'oblige à changer de stratégies. Ayant déjà investi les thématiques du

Gustave Massiah : un militant à la jonction du tiers-mondisme et de l'anticolonialisme

Gustave Massiah est ingénieur-économiste. Il a travaillé dans un bureau d'études d'aménagement urbain et de décentralisation, de même qu'il a été professeur d'économie du développement. Il naît en Égypte, où il réside jusqu'à la fin de son lycée. Il continue ses études en France, à partir de 1956. Il intègre alors l'École des Mines, puis l'École nationale de la statistique et de l'administration économique. Lorsqu'il étudie aux Mines, il participe à des mouvements étudiants contre l'extrême droite alors menée par Jean-Marie Le Pen. Il estime que c'est la première fois qu'il a, au cours de ces manifestations, été témoin de la convergence entre ce qu'il appelle la gauche chrétienne et les mouvements communistes. Il est notamment à l'initiative du « Groupe d'Action pour la Paix en Algérie » (GAPA), qui réunit des militants chrétiens et des militants communistes. Parallèlement, il s'engage entre 1958 et 1962, à l'Union nationale des étudiants de France, lorsqu'une nouvelle direction (avec Michel de La Fournière, de la gauche chrétienne) s'engage dans l'anticolonialisme (entretien le 19 octobre 2019, à Paris). Il participe ensuite à des « portages de valise » en soutien au Front algérien de libération nationale avant de devoir effectuer son service militaire. Il parvient toutefois à partir au Sénégal, pour faire de la coopération. Par la suite, lorsqu'il revient en France, il participe à la création du CEDETIM (alors Centre d'études socialistes et de documentation sur le Tiers-Monde). Il s'agit alors de coordonner les luttes anticolonialistes et de soutien aux libérations nationales. De plus, Gustave Massiah s'engage dès sa création, au sein du Centre de Recherche et d'Information pour le Développement (CRID), en 1976. Il s'agit alors de favoriser la « coopération entre les mouvements chrétiens d'aide au développement ou d'information sur le développement » (Agrikoliansky, 2003). À travers ces éléments, on voit comment Gustave Massiah dispose de ressources expertes, objectivées dans ses études et dans ses expériences dans le développement. Par ailleurs, sur le plan militant, sa position est ancrée à l'interstice des courants anticolonialistes et tiers-mondistes, de son engagement dans le GAPA à son multipositionnement, dans les années 1970, entre CEDETIM et CRID.

« sous-développement »[3], face à la montée en puissance des acteurs humanitaires, le CEDETIM se positionne de plus en plus sur les questions de solidarité internationale et se rapproche des tiers-mondistes du CRID[4]. Ce rapprochement se fait également à la faveur de la crise de la dette des pays d'Amérique latine qui inscrit la dette à l'agenda international, et du changement de répertoire des anticolonialistes et des tiers-mondistes vers l'expertise militante (pour le CEDETIM, lire Agrikoliansky, 2005, p. 67 ; pour le CRID, lire Baillot, 2017, p. 289). Les deux courants se retrouveront notamment dans le mouvement altermondialiste.

Dans ce contexte de recomposition, certains membres du CEDETIM, dont Gustave Massiah, ont créé en 1983 un « réseau d'expertise militante », avec des hauts fonctionnaires (Marc Chervel), des économistes du développement (François Partant, Gérard Grellet, Elsa Assidon, Marc Raffinot), des africanistes (comme Pierre Jacquemot), ainsi que des militants associatifs (venant du CEDETIM et du CRID, comme Gustave Massiah) et syndicaux (Confédération générale du travail, Confédération française démocratique du travail) : l'AITEC. Le profil de ces experts-militants – qui s'appuient notamment sur la connaissance des économistes du développement des relations financières internationales – amène la nouvelle structure à produire des rapports d'expertise alternatifs, face aux « diktats techniques » des institutions financières internationales (IFI), pour alimenter le débat politique[5]. S'estimant inspiré par l'expertise non patronale des syndicats, Gustave Massiah met en valeur en entretien le fonctionnement pratique de l'AITEC :

> « On partait d'études de cas. Le groupe se réunissait une fois par mois, avec quinze personnes, dont une moitié étaient des experts praticiens, c'est-à-dire qui ont participé à des négociations de dette, un quart sont des universitaires ou des chercheurs, et un quart sont des animateurs de mouvements sociaux, du CEDETIM, du CRID, etc. On travaillait à chaque fois sur un dossier, par

3 Agrikoliansky (2003) met en avant que dès 1967, le CEDETIM se qualifie de « centre de réflexion » sur le tiers-monde et le « sous-développement » (*Bulletin de liaison du CEDETIM*, n° 1, 1967).

4 Le tiers-mondisme est un courant politique développé depuis la fin des années 1950, populaire dans des mouvements de chrétiens-sociaux, qui vise à défendre les intérêts de pays considérés comme « sous-développés », en cherchant à les émanciper des relations financières internationales. On considère que les pays « développés » sont responsables du sous-développement des pays dits du « Tiers-monde ».

5 AITEC (1985), « Le FMI ou comment s'en débarrasser », *Archimède et Léonard. Les cahiers de l'AITEC*, vol. 1. Il est aussi affirmé que l'AITEC vise à fournir des éléments techniques à la « demande sociale non solvable ».

exemple sur la dette du Mali ou du Brésil, avec des gens qui ont participé aux négociations sur la dette de ces pays. Pendant plusieurs mois, on a travaillé sur sept ou huit pays, en invitant des universitaires qui faisaient des exposés un peu plus généraux sur la dette[6]. »

Dans la suite de l'entretien, Gustave Massiah affirme que la déclaration de Carthagène de 1986 – lorsque des représentants du Mexique, du Venezuela et de neuf autres pays latino-américains demandent aux créanciers une réduction substantielle du volume de leurs dettes et des taux d'intérêt – représente, pour lui, une authentique critique sur la nature des interventions du Fonds monétaire international (FMI) et de la Banque Mondiale (BM) sur les questions de l'endettement et des ajustements structurels[7]. Cela donne à l'AITEC l'occasion de produire des « études de cas », pour fournir une analyse plus systémique.

L'analyse des premières productions de l'AITEC montre que l'association mobilise, dans son argumentaire, le droit, pour critiquer certains aspects de la gestion internationale de la dette de pays du Sud. Dès la fin des années 1980, on retrouve dans certaines de ses productions, l'idée que la dette des pays du Tiers-Monde est « illégitime »[8]. L'invocation de la « dette illégitime » renvoie à ce qu'Agrikoliansky (2005) a décrit comme un registre simultanément expert et militant, c'est-à-dire offrant la possibilité d'articuler un savoir technique (économique, juridique notamment) et une démarche militante (critiquer les politiques de développement et des rapports Nord-Sud).

Interroger la légitimité des dettes publiques par le droit international

Pour analyser la manière dont l'AITEC, de même que des acteurs tiers-mondistes, s'approprient la question de la dette des pays du Sud, il convient de mentionner un colloque organisé en novembre 1987 à Bagnolet, intitulé « La dette du Tiers-Monde : un code international de bonne conduite ». Au cours de l'exploitation des fonds d'archive au siège du CRID à Paris, j'ai pu lire un condensé des débats qui y ont eu lieu, avec des représentants de la BM, du bureau européen du FMI, de la CNUCED, de l'UNICEF, ainsi que divers responsables d'organisations non gouvernementales (Terre des Hommes, Justice et Paix,

6 Entretien le 23 août 2019 à Paris.

7 *Ibid.*

8 AITEC (1988), « Déclaration de l'AITEC sur le Tiers monde et l'état de la dette à la veille de 1989 ».

AITEC, Association des théologiens pour l'étude de la morale, Fédération Protestante de France). Le point 3 des principes de bonne conduite – qui évoque la question de la légitimité de la dette – est particulièrement contentieux, comme on le voit dans la restitution suivante des débats :

> Gustave Massiah : « [...] la légitimité de la dette ne se résume pas à la part frauduleuse. Elle comprend aussi l'affairisme et la contrainte [...]. 30 % de la dette est gaspillée. Et aujourd'hui, la dette s'accroît d'elle-même par le seul jeu des intérêts et des rééchelonnements. »
> Jacques Stewart (Fédération protestante de France) : « Mais où se situe la limite de la légitimité ? [...]. La difficulté est de situer les limites. Il vaut la peine de poursuivre la recherche pour essayer de traduire en droit international les limites de la légitimité. »
> Denis Samuel-Lajeunesse (Directeur du trésor français) : « [...] ce principe est à rejeter, parce que les créanciers ne sont pas responsables des phénomènes internes à certains pays en voie de développement (PVD) tels que la fraude, la corruption, la fuite de capitaux [...]. »
> Autre participant non mentionné : « Le principe qui souligne l'illégitimité des dettes qui ne correspondent pas à une réalisation est en effet illogique et immoral car il donne une prime aux pays qui ont dilapidé les capitaux reçus. »
> Andrew Beith (Directeur du bureau européen du FMI) : « La stratégie de la dette doit continuer à être fondée sur une approche au cas par cas. Le danger des approches généralisées est qu'elles ne prennent pas en compte les circonstances des débiteurs et des créanciers individuels, que les coûts sont excessifs sur le plan économique et financier, mais aussi du point de vue de la justice[9] ! »

Le débat et le clivage sont ici éclairants. On a d'un côté des acteurs associatifs, qui cherchent à promouvoir de nouvelles normes d'endettement, notamment à travers la question de la légitimité d'un endettement fondée en droit international (c'est le cas de Jacques Stewart). De l'autre, on a le représentant du Trésor Français, celui du FMI et une personne anonyme qui contestent la proposition. Ces derniers s'accordent sur le principe de bonne conduite, en refusant toutefois la dette illégitime, au motif de son caractère trop élusif. Pour eux, la prétention à faire émerger des principes plus éthiques dans la question de l'endettement ne peut et ne doit pas passer par la notion de dette illégitime, ou par l'accentuation des responsabilités contractuelles des créanciers.

9 « La dette du tiers-monde : un code international de bonne conduite », Dossier du colloque organisé par le CRID, 1988, p. 28-33.

Pour les organisateurs du colloque (comme Gustave Massiah), réunissant des représentants de différents courants intellectuels et de traditions militantes (extrême gauche laïque et catholicisme social), cette voie disqualifiée par les créanciers est pourtant séduisante. Ils considèrent que les créanciers ont une responsabilité dans la situation de surendettement et de sous-développement de certains pays du Sud. Cette prise de position, qui s'incarne dans le concept de « dette illégitime », renvoie à une vision commune de la dette comme révélateur des inégalités entre pays débiteurs et créanciers. En effet, à l'issue du colloque, les organisateurs chrétiens et laïcs affirment avoir obtenu :

> « [...] l'exposition publique des différences de vue entre : ceux qui défendent nécessairement l'orthodoxie financière et économique, ceux qui placent le développement comme condition première et soulignent les risque qu'un endettement excessif fait courir aux démocraties et ceux enfin qui parlent au nom des droits de l'homme ou de l'Évangile[10] ».

Après le colloque, les membres de l'AITEC rassemblent des éléments de droit international permettant de contester les pratiques d'endettement et de faire porter la responsabilité des relations financières internationales du côté des créanciers. Il nous faut désormais revenir sur ce travail d'élaboration d'un argumentaire juridique.

L'annulationnalisme par le droit (international)

Plusieurs auteurs ont montré l'importance des militants annulationnistes dans l'imaginaire politique des mouvements altermondialistes (Agrikoliansky, 2005 ; Della Porta, 2009). L'analyse des archives de l'AITEC permet de de voir comment celle-ci élabore un véritable argumentaire liant contestation des dettes publiques des pays du Sud et droit international. Ces représentations et revendications seront ensuite reprises par des militants de *Jubilee 2000*, campagne transnationale qui se superpose et s'articule au mouvement altermondialiste. Toutefois, aucune étude sur le mouvement contre la dette n'a fait le lien entre les premières exégèses juridiques de l'AITEC sur la dette illégitime et l'apparition de la dette illégitime dans le discours de *Jubilee South* (Ambrose, 2006 ; Baillot, 2017)[11].

---

10 *Ibid.*, p. 5.

11 Agrikoliansky (2003) a pourtant montré le positionnement central, même si non exclusif, des militants affiliés à l'AITEC comme au CEDETIM dans l'inscription de la dette à l'agenda des mouvements altermondialistes.

Quelques années après le colloque, en 1992, l'AITEC produit un dossier « centré sur le problème du rapport entre légalité et légitimité appliqué aux dettes du tiers-monde » :

> « [...] on voit émerger des points qui engendrent le doute [...] sur certaines dettes, qui questionnent sur la nature du système économique, juridique et international qui a engendré la crise de la dette [...]. Explorer le rapport entre légalité et légitimité est une voie pour faire avancer le droit international et la référence à ce droit est la seule façon de faire évoluer les rapports internationaux sur d'autres méthodes que celles du "droit des plus forts" [...][12]. »

Dès lors, l'AITEC entreprend de définir l'éventuelle (il)légitimité d'une dette publique, en la confrontant au droit international. Elle compile, dans un dossier, des publications de différents juristes français, qui n'ont pas posé ouvertement la question de la dette illégitime, mais qui s'interrogent sur les liens entre légitimité et droit international depuis l'adoption de la Charte des Nations Unies[13], ou sur la manière dont le concept de légitimité peut être utilisé par les pays du Tiers-Monde[14]. Concernant le potentiel offert par le droit international (Gaïti et Israël, 2003), l'AITEC montre comment des dettes peuvent être contestées au nom de circonstances particulières prévues par le droit international[15] : droits coutumiers comme l'état de nécessité, la force majeure, ou doctrine de la « dette odieuse »[16], pour faire valoir les normes morales d'endettement et de solidarité qu'elle défend. Dans ses publications, l'association défend à la fois le droit à une vie digne des populations affectées par le surendettement, la nécessité de « faire payer la dette aux fauteurs de dette » qui ne doivent pas être « impunis » (rejoignant la un leitmotiv du catholicisme social)[17] et la nécessité de sortir de l'asymétrie des relations financières internationales, qui « asservit de nombreux

12 AITEC (1992), « Légitimité ou illégitimité de la dette du Tiers-Monde. Dossier introductif », *Archimède et Léonard*, Vol. 9, p. 9

13 Dupuy, Pierre-Marie (1989), « Le droit : une technique au service d'une éthique », *Économie et humanisme*, p. 37-38.

14 Feuer, Guy et Cassan, Hervé (1985), *Droit international du développement*, Paris, Dalloz, p. 163.

15 AITEC, « Légitimité ou illégitimité... », *op. cit.*, p. 33.

16 La « dette odieuse » est théorisée en 1927 par Alexander Sack, professeur agrégé à la Faculté de droit de l'Université de Petrograd. L'AITEC s'appuie ici sur : Mohamed Bedjaoui, rapporteur spécial de la Commission de droit international des Nations unies (1965-1982), « Succession d'États dans les matières autres que les traités », *Annuaire de la Commission de Droit International* (1977).

17 Le concept de « dette illégitime » fait écho à une approche éthique de la dette internationale, consacrée par la Commission pontificale « Justice et Paix », dans un document du 27 décembre 1986, intitulé « Un approccio etico al debito internazionale ».

peuples de la planète », et de la « domination des riches à l'échelle mondiale » (prolongeant là une lecture marxiste des relations internationales)[18]. Le terme même d'« illégitimité » subsume l'imaginaire catholique social (tiers-mondiste) et celui des militants plus laïcs anti-impérialistes.

Elle rappelle aussi certaines normes du droit international que doivent respecter certains États et organisations internationales dans les moyens vis-à-vis de la dette extérieure : la résolution 2625 de l'Assemblée générale des NU, le Pacte des droits économiques, sociaux et culturels, ou encore le Pacte du droit au développement. Dans la suite du dossier, l'AITEC reprend des arguments d'illégalité de Monique Picard-Weyl[19], avocate communiste française, qui s'était déjà faite véritable exégète de normes juridiques pour défendre une conception morale des relations financières internationales. L'AITEC mobilise enfin les actes de colloques de juristes latino-américains sur les questions d'endettement[20].

En revenant aux *legal consciousness studies,* les militants de l'AITEC semblent correspondre au modèle « avec le droit », c'est-à-dire qu'ils font un usage instrumental du droit international, afin de soutenir leurs revendications. Toutefois, on doit alors introduire une précision par rapport au modèle d'Ewick et Silbey, évoqué en introduction. Dans la suite du dossier, les militants mettent en valeur des manques du droit public international ; sont notamment mentionnés les articles 24 et 27 de la « déclaration universelle du droit des peuples d'Alger » en 1976, déclaration non gouvernementale produite par des militants afin de compléter les lacunes du droit international public. Ainsi, en reprenant la déclaration non gouvernementale, ils revendiquent de nouveaux éléments de droit international (Lovell parle de « novel or expansive entitlements », 2012). Si les militants font un usage instrumental du droit existant, ils formulent tout de même de nouvelles revendications devant s'inscrire en droit[21]. En cela, ils ont une vision non figée et évolutive du droit. Revendiquant de nouveaux

18 AITEC (1992), « Légitimité ou illégitimité de la dette du Tiers-Monde », *op. cit.*, p. 92 ; puis p. 129.

19 « De l'illégitimité de la dette », *La Pensée*, janvier-février 1990.

20 Parmi lesquels : l'abus de droit, la théorie de l'imprévision, l'inégalité des parties contractantes en l'absence de principes compensatoires, l'abus de pouvoir, l'impossibilité d'appliquer des lois lorsqu'elles enfreignent l'ordre public international, le manquement du créancier à son obligation de faciliter l'exécution du contrat.

21 Les militants analysés par Mouchard (2002) donnent aussi à voir ce rapport critique au droit. Ils justifient la désobéissance civile à du droit positif, au nom de principes juridiques supérieurs encore insuffisamment pris en compte dans les ordres juridiques.

« legal ideals » (Lovell, 2012), ils donnent à voir une croyance dans la légitimité du droit *per se*, même s'ils sont conscients des limites du droit positif international. Ce rapport au droit s'explique dans la mesure où les membres de l'AITEC sont des « savants-militants » (Siméant, 2002), c'est-à-dire multi-positionnés entre espaces experts et espaces militants. Plus précisément, ce double positionnement les amène à reconnaître la légitimité du droit (comme instrument de régulation du social), mais, en tant que militants, à critiquer certains éléments du droit positif.

Toutefois, l'analyse des productions de l'AITEC donne à voir le difficile balisage juridique de ce qui relève des dettes illégitimes :

> « [...] les critères d'utilité des dépenses pour le développement du pays [...], de dette contractée en vue d'une violation des droits de l'homme et des droits des peuples ou d'un recours à la guerre sont des critères d'actualité qui pourraient permettre de distinguer les dettes légitimes des dettes illégitimes[22]. »

Au-delà des liens entre droit international et dette illégitime, l'AITEC affirme la nécessité de l'annulation des dettes illégitimes : « [...] pour une reprise de l'espoir et des responsabilités vis-à-vis d'un futur, une fois pour toutes, abolissons la dette et reprenons le financement du développement[23]. » En préconisant l'annulation des dettes, l'AITEC refuse explicitement, comme ce fut la position défendue par certains représentants politiques du colloque de 1987, les solutions traditionnelles d'arbitrage « au cas par cas » des pays surendettés :

> « Ne tombons pas dans le piège de la négociation au cas par cas, qui est la manifestation la plus flagrante de la domination des riches à l'échelle mondiale. Préconisons au contraire dans le cadre des institutions des Nations Unies, l'ouverture d'une véritable négociation internationale portant à la fois sur les questions de dette et de financement du développement[24]. »

Elle semble pencher vers la solution d'arbitrage à l'international des dettes des pays du Sud, dans un cadre plus systémique. Cela témoigne, une nouvelle fois, de la croyance dans la capacité du droit international à réguler les situations de surendettement des pays du Sud.

22 AITEC (1992), « Légitimité ou illégitimité... », *op. cit.*, p. 62.
23 *Ibid.*, p. 129.
24 *Ibid.*, p. 129.

Au tournant des années 1990, et à la suite de l'émergence d'une association spécialisée sur les questions d'endettement, le CADTM, l'AITEC laisse à ce dernier le soin d'approfondir la contestation par le droit des dettes illégitimes des pays du Sud, préférant se concentrer sur d'autres points de son agenda pour le développement. Certains des piliers de l'AITEC s'investissent notamment dans le mouvement altermondialiste et dans la création de l'Association pour la taxation des transactions financières et l'action citoyenne.

Le CADTM privilégiera, quant à lui, une tout autre stratégie juridico-politique, que l'on va désormais étudier, qui est susceptible d'apporter de nouveaux éléments à la sociologie du droit. Fondé par rapport au surendettement des pays du Sud, le CADTM transposera sa stratégie à certains pays européens, au moment de la crise de la dette.

Juridiciser sans judiciariser : la stratégie juridique du CADTM

Le CADTM est créé en 1990. Il s'inscrit dans la continuité des travaux du CRID et de l'AITEC, ainsi que des mobilisations contre le FMI et la BM qui se réunissent à Berlin en 1988, et contre les chefs d'États des grandes puissances rassemblés à Paris en 1989. Ces militants se rejoignent dans la nécessité d'annuler la dette des pays du Tiers-Monde. Le CADTM est fondé par des réseaux trotskistes belges et français, avec le soutien des tiers-mondistes. Il convient de revenir sur le travail du CADTM, en ce qu'il est un acteur clé dans la promotion politique et la juridicisation de l'idée de dette illégitime. Comme on va le voir, par rapport à l'AITEC, il affine une stratégie juridique bien particulière, qu'il convient d'analyser.

Consolidation juridique de la dette illégitime et réorientations stratégiques de l'annulationnisme

Le CADTM, association sans but lucratif d'une dizaine de salariés, a fortement investi le droit pour accréditer l'annulation de dettes publiques. Parmi l'ensemble d'arguments (pas nécessairement juridiques) qu'il travaille à publier, au sein de ses revues traduites en plusieurs langues, le volet juridique est assumé au départ par Éric Toussaint, son fondateur, puis par deux salariés recrutés au début des années 2000, tous deux étudiants en droit[25].

Trois ans après la création du CADTM, Toussaint (voir le profil ci-dessous) affirme s'être intéressé au droit, afin de contester certaines dettes publiques :

> « [...] j'ai beaucoup lu en anglais, car il n'y avait que très peu de choses en français. Aux États-Unis, il y a une littérature avec des tenants du système qui analyse comment coincer les pays débiteurs, comment faire en sorte que l'immunité et l'inviolabilité d'États endettés soient levées en cas de non-paiement de la dette[26]. »

Déclarant se former par lui-même au droit, en autodidacte, il cherche comment protéger les pays endettés, en recourant à des normes de droit international. Ayant publié quelques articles et ouvrages sur la dette, il est invité à Quito en 1998, par le Centre des droits économiques et sociaux (CDES), une organisation de défense des droits de l'homme créée l'année précédente. Il y rencontre un juriste américain, Chris Joshnick, avec qui il commence à travailler. À la suite du séminaire du CDES, est publié un ouvrage dans lequel Éric Toussaint « recense les arguments juridiques qui permettent de remettre en cause la dette et l'annuler »[27]. Cette fabrique de l'expertise militante, par la recension de savoirs lors de « colloques » mêlant responsables d'organisations sociales et juristes, est largement prisée par le CADTM au cours de la décennie 2000.

Éric Toussaint, un militant trotskiste devenu expert annulationniste

Éric Toussaint est né en Belgique wallonne, de parents instituteurs et d'un père engagé au Parti socialiste. Il affirme avoir participé à des mobilisations antinucléaires, lors de ses études au lycée. Par la suite, il devient enseignant en sciences sociales, dans des établissements d'enseignement technique et professionnel.

25 Le premier, Hugo, est paraguayen, et il effectue sa thèse de droit international en Belgique. Il est embauché par la suite au CADTM. Il sera remplacé quelques années plus tard par un étudiant français en droit international, effectuant ses études à Aix-en-Provence, qui commence en tant que stagiaire, avant de finir permanent.

26 Entretien le 15 février 2021.

27 *Un continente contra la deuda: perspectivas y enfoques para la acción*, Quito (Équateur), Abya-Yala (1999).

Dès les années 1970, il s'engage dans la IVe Internationale trotskiste. En 1983, il est particulièrement mobilisé au moment du mouvement de grève des services publics à Liège, pour contester les politiques de réduction des services publics en raison d'une crise de la dette communale. Il estime avoir réalisé une enquête de la dette liégeoise* (faisant écho à ce qui sera plus tard l'audit de la dette promu par le CADTM).
Au sein de la IVe Internationale, il fréquente l'économiste belge Ernest Mandel qui va l'influencer dans sa pensée et dans l'idée qu'il faut annuler les dettes des pays du tiers-monde. En 1990, il crée, avec d'autres membres trotskistes, le Comité pour l'annulation des dettes du tiers-monde (qui sera renommé en 2016 Comité pour l'abolition des dettes illégitimes), dans la continuité du sommet abolitionniste de 1989 déjà évoqué. Reprenant le travail de l'AITEC, il s'engage dès 1996 dans l'analyse de la dette rwandaise. Il s'investit alors surtout sur la dette de pays africains, avant de s'intéresser, dès 1998, à la situation en Argentine. Il est invité par le CDES la même année à Quito, pour recenser le droit international susceptible de soutenir une annulation de dette de l'Équateur vis-à-vis d'une campagne de navires exportés depuis la Norvège. Il s'investit parallèlement dans les mouvements altermondialistes, essayant de faire de l'annulation de dette une question centrale.
En 2004, il soutient une thèse en cotutelle entre Paris 8 et l'université de Liège, portant sur les interventions de la Banque mondiale et du FMI. On voit ici comment son expertise militante a pu lui permettre d'acquérir des ressources d'autorité académique, le rendant à même dès lors de pratiquer des formes de militantisme académique**.
La consécration politique de Toussaint intervient en 2007, lorsqu'il est contacté par des militants équatoriens du réseau *Jubilee, occupant désormais des postes importants, à la suite de l'élection présidentielle de Rafael Correa. Ce dernier met en place une commission d'« audit intégral » de la dette équatorienne, où Toussaint contribue largement.*

Depuis, Toussaint est consulté, et se fait conseiller politique, de divers gouvernements ou personnalités de gauche à travers le monde (gouvernements locaux et régionaux en Espagne, au Paraguay, au Brésil, ou encore au Costa Rica). Sur la base de son expérience équatorienne, il sera invité dans les cercles de la gauche politique non gouvernementale en Grèce, dès 2010.

* Entretien avec Éric Toussaint, le 15 janvier 2019, à Liège.
** Sur le concept, lire : Lang, Bertram (2015), « Le militantisme académique comme expression d'une nouvelle façon de vivre pour et de la politique », Aix-en-Provence, Communication présentée au Congrès 2015 de l'AFSP.

Le CADTM organise également un colloque à Bruxelles, en décembre 2001 « en vue de préparer les bases scientifiques du Tribunal international des peuples sur la dette, qui se déroulera les 1er et 2 février à Porto Alegre »[28], dans le cadre du Forum Social Mondial de 2002. Ce séminaire aurait, selon un compte rendu du CADTM, rassemblé une cinquantaine de juristes et de responsables d'ONG provenant d'Europe, d'Asie (Inde, Indonésie, Philippines), d'Amérique latine (Argentine, Brésil) et d'Afrique (République démocratique du Congo, Afrique du Sud). On y fait mention du droit international (les articles 22 à 27 de la Déclaration universelle des droits de l'homme (DUDH) ; le Pacte relatif aux droits économiques, sociaux et culturels de 1966 ; la Déclaration sur le droit au développement de 1986 ; des résolutions de l'Assemblée Générale des Nations Unies), de principes généraux de droit (cas de force majeure, état de nécessité), ainsi que de la dette odieuse. Remarquons que jusqu'à 2008, le CADTM recourt plus volontiers à la terminologie de « dette odieuse »[29], retravaillant le concept d'Alexander Sack, qu'à celle de dette illégitime, même si celle-ci fait partie, de la même manière que dans les mouvements altermondialistes auxquels participe le CADTM, de son discours[30].

28 Saumon, Alain et Zacharie, Arnaud (2002), « Séminaire sur le droit international. Compte rendu », *Les Autres Voix de la Planète*, 1er trimestre, p. 16.

29 CADTM (2008), « Dette illégitime : l'actualité de la dette odieuse », *CADTM.org*, 28 août 2008. En ligne : http://www.cadtm.org/Dette-illegitime-l-actualite-de-la> ; Consulté le 25/02/2021.

30 Rappelons qu'à l'époque, le sens commun des altermondialistes ne fait pas de distinction entre « dette odieuse » et « dette illégitime », des expressions parfois interchangeables avec « dette immorale ». Le premier à avoir tenté

Tous ces éléments seront compilés dans un chapitre de Toussaint, pour son ouvrage *La Bourse ou la Vie* (2003). L'argumentaire du CADTM repose alors sur les possibilités de fondements juridiques d'annulation de dette pour les pays du Tiers-Monde, que l'on estime affectés par des ingérences d'institutions internationales qui ne leur permettent pas de répondre à des obligations (notamment sociales) reconnues par le droit international. Il cite autant l'article 25 du Pacte relatif aux droits économiques, sociaux et culturels que l'article 25 de la DUDH qui proclame le droit à un niveau de vie suffisant. Toussaint cherche aussi à repérer les exemples historiques d'annulation et/ou de répudiation de dettes entre États, tout en réfléchissant à des arguments juridiques contemporains pour réclamer l'abolition de dettes externes de pays du Tiers-Monde. Il les trouve dans des principes généraux du droit international (cas de force majeure, état de nécessité déjà mentionnés par la Commission de droit international des Nations unies). Dans le prolongement de ces premières bases, Hugo Ruiz Díaz Balbuena, un doctorant paraguayen en droit international à l'Université Catholique de Louvain, va étoffer l'argumentaire juridique du CADTM. Toussaint lui mentionne l'existence de la doctrine de la dette odieuse, qu'il souhaite approfondir au-delà des interprétations de Patricia Adams qui la réduisait aux pays dits despotiques[31]. Le CADTM s'empare alors d'une batterie d'arguments, allant de l'article 53 de la Convention de Vienne de 1969 (nullité d'actes contraires au *jus cogens*) à l'article 16 de la Convention de Vienne de 1978, en passant par la mention d'un rapporteur spécial des Nations Unies[32], pour élargir la validité des dettes odieuses aux pays « démocratiques » :

> « [...] tout prêt octroyé à un régime, fût-il élu démocratiquement, qui ne respecte pas les principes fondamentaux du droit international tels que les droits humains fondamentaux, l'égalité souveraine des États, ou l'absence du recours à la force, doit être considéré comme odieux[33]. »

Au-delà de la (ré)interprétation de cette doctrine de dette odieuse, qui fait de Díaz Balbuena un exégète du droit (Israël, 2003), il recense plusieurs précé-

---

une distinction est Joseph Hanlon (autre exemple de militant-savant étudié par Baillot, 2017) dans : « Debt and Dictators », *Jubilee 2000*, 1998.

31 Adams, Patricia (1991), *Odious Debt: Loose Lending, Corruption, and the Third World's Environmental Legacy*, Probe International.

32 Bedjaoui, Mohammed (1972), « Neuvième rapport sur la succession dans les matières autres que les traités », A/CN.4/301 et Add.l, p. 73.

33 CADTM International (2008), « Dette illégitime : l'actualité de la dette odieuse », *op. cit.*

dents d'actes unilatéraux souverains[34], en les érigeant, dans son argumentaire, en véritable source de droit jurisprudentiel. Il cherche donc à insister sur la normalisation de ces actes unilatéraux, en reprenant des analyses de la Commission de droit international de l'ONU et différents éléments de doctrine de droit international[35]. Il se réfère aussi à des normes de droit applicables dans les contrats qui peuvent entrainer la nullité des actes (vices de consentement, clauses illicites, etc.). Par ailleurs, le CADTM multiplie les références à des conventions internationales pour affirmer la primauté des droits économiques et sociaux des populations (article 28 de la DUDH, article 2 du Pacte sur les droits économiques, sociaux et culturels, article 2 de la Déclaration sur le droit au développement) dans les politiques publiques menées dans les pays débiteurs. Cela sert à la fois à réclamer l'annulation de dettes, lorsqu'un gouvernement démocratique succède à un gouvernement ayant violé ces droits et/ou détourné l'argent issu de prêts, afin de donner la marge de manœuvre financière à ce nouveau gouvernement pour respecter ses obligations sociales et économiques vis-à-vis de la population. Mais cela sert aussi à critiquer les prêts conditionnés des IFI à des pays dont le service les empêcherait de respecter ces droits :

> « Le paiement des dettes peut également devenir illégitime lorsqu'il empêche l'État – et en conséquence, les pouvoirs publics et les différents organes – de remplir ses obligations concernant le respect des droits humains[36]. »

L'autre point important concernant la position annulationniste du CADTM consiste à proclamer le droit de gouvernements et de citoyens à conduire un audit de la dette publique, afin de reconnaître la part illégitime de leurs endettements[37]. En lien avec tous les éléments ci-dessus évoqués (obligation de respecter les droits économiques et sociaux reconnus au niveau international, droit à l'acte de répudiation unilatérale), le CADTM met en valeur le principe suivant : « La répudiation d'une dette par un gouvernement est un acte unilatéral souverain que les créanciers doivent accepter s'il est fondé juridiquement[38]. »

34 Il affirme notamment que « les actes souverains sont reconnus en droit international - tant au sein de la Commission de droit international de l'ONU ». Lire : « La décision souveraine de déclarer la nullité de la dette », *CATDM.org*, 8 septembre 2008.

35 *Ibid.*

36 *Ibid.*

37 À partir de 2013, le CADTM mobilise également l'article 7 du Règlement (UE) n° 472/2013 du Parlement européen et du Conseil du 21 mai 2013 relatif au renforcement de la surveillance économique et budgétaire des États membres de la zone euro connaissant ou risquant de connaître de sérieuses difficultés du point de vue de leur stabilité financière.

38 CADTM (2008), « Dette illégitime : l'actualité de la dette odieuse », *op. cit.*

En mobilisant notamment les articles 21 de la DUDH, 19 et 25 du Pacte relatif aux droits civils et politiques, il affirme que les « populations ont le droit d'être associées à l'audit ».

Ainsi, le CADTM s'appuie sur des éléments de droit international afin de fonder la nécessité de l'annulation des dettes (par exemple, lorsque sont cités le Pacte relatif aux droits économiques, sociaux et culturels de 1966 ou encore la Déclaration sur le droit au développement de 1986). Mais contrairement à ce que l'on a mis en valeur pour l'AITEC, ce rapport au droit est plus complexe. En recourant au droit pour contester les dettes illégitimes, le CADTM fait valoir une conception plus ambivalente du droit. Le surinvestissement du droit, pour dénoncer d'abord les dettes odieuses, puis plus systématiquement les dettes illégitimes à partir de 2008, montre qu'il ne s'agit pas là d'une conception purement instrumentale et cynique du droit. Comme l'affirme Israël (2009), la contestation par le droit renvoie simultanément à une attitude de défiance et de reconnaissance vis-à-vis des autorités. Si le CADTM s'appuie comme l'AITEC sur des éléments de droit susceptibles de légitimer l'annulation de dette, il met en lumière les contradictions entre certaines normes de droit international (droits sociaux) et les obligations des États à rembourser leurs dettes. En jouant de cette contradiction, il souhaite accréditer la supériorité juridique (et déontique) des droits sociaux sur les obligations de remboursement. Cette position est explicite dans l'extrait suivant : « [...] le CADTM s'approprie le droit international pour mettre substantiellement en question les politiques décidées par les Institutions financières internationales, leur légitimité et la licéité de leurs actions[39].» De plus, Toussaint rappelle souvent, dans ses écrits, la résolution du 23 avril 1999 de la Commission des droits de l'homme de l'ONU, qui dispose que les droits sociaux ne peuvent « être subordonn[é]s à l'application de politiques d'ajustement structurel et à des réformes économiques générées par la dette »[40]. Par ce geste, lui et le CADTM s'inscrivent dans la défense de ce que Kriesi (*et al.*) ont appelé la « démocratie sociale », c'est-à-dire « exigeant [d'une part] pour la démocratie que les gouvernements protègent tous les citoyens contre la pauvreté, et [d'autre part] exigeant que les différences de revenus entre les riches et les pauvres ne soient pas trop importantes » (2016, p. 80). Pour le CADTM, cela passe par le rééquilibrage

39 Díaz Balbuena, Hugo Ruiz (2003) « La création d'un Tribunal d'arbitrage sur la dette : une solution alternative ? », *CADTM.org*. En ligne : <https://www.cadtm.org/La-creation-d-un-Tribunal-d> ; Consulté le 25/02/2021.

40 On peut ici faire une analogie avec l'étude de Mouchard sur la manière dont les militants pour le droit au logement opposent droit au logement à droit de propriété (2002, p. 435).

des relations entre créanciers et débiteurs, afin de laisser à ces derniers la possibilité de prendre des mesures conformes aux droits sociaux internationaux.

Ces éléments nuancent certains travaux des *legal consciousness studies,* dans la mesure où ici, des militants se saisissent de certains éléments de droit positif, contre d'autres éléments de droit positif. Cela contredit de fait la distinction d'Ewick et Silbey entre « contre le droit » qui serait la seule conception contre-hégémonique du droit, et « avec le droit » qui contribuerait à reproduire l'hégémonie du droit. On rejoint ici d'autres études affirmant que des militants sont capables de faire le partage entre droit légitime et droit illégitime (Halliday et Morgan, 2013 ; Lovell, 2012 ; Mouchard, 2002). Au-delà du partage entre droit illégitime et légitime, les acteurs du CADTM essaient de créer du droit, en accréditant comme jurisprudence des actes historiques de répudiation de dette. Par là, ils cherchent à asseoir juridiquement leurs revendications, qui ne disposent pas encore d'un statut juridique. À l'image des acteurs étudiés par McCann (1994) et Lovell (2012), les acteurs du CADTM revendiquent des éléments de droit, pas encore reconnus par le droit positif. Cela les rapproche de l'AITEC, dont on a montré la vision évolutive du droit. On retrouve ici la cohabitation entre critique de certains éléments du droit positif et reconnaissance de la légitimité du droit *per se.*

Les mêmes arguments juridiques seront déployés par le CADTM, au moment où ses membres, face à la crise financière de 2008, retransposent leur lecture critique des relations financières internationales dans le contexte des pays du Nord, pour contester les politiques de rigueur budgétaire[41]. On verra plus frontalement comment le CADTM recourt au droit dans le contexte grec, qui élargira l'argumentaire juridique à disposition, sans changer fondamentalement de stratégie.

Par rapport à l'AITEC toutefois, le CADTM revendique plus systématiquement l'annulation de dette, en justifiant un tel acte de répudiation unilatérale par des éléments de droit international. Cela est directement lié à son refus de la judiciarisation, de même qu'à celui de l'arbitrage international. Après avoir analysé l'argumentaire juridique du CADTM, insistons sur le refus de la judiciarisation porté par le CADTM pour contester les politiques économiques.

41 « Conjoncture internationale en 2008 », *Cadtm.org*, 3 septembre 2008. Le CADTM parlera de plus en plus de « système-dette » pour faire l'analogie entre l'analyse du surendettement des pays débiteurs du Sud et ceux du Nord.

La « politics of rights » du CADTM

Ayant démontré les rapports au droit du CADTM, il faut désormais s'intéresser à la « politics of rights » (McCann, 1994) qu'il déploie. Par rapport aux « politics of rights » étudiées par McCann (1994) et Lovell (2012), celle du CADTM s'avère être un cas intéressant pour interroger les rapports de militants au droit entre recours symboliques au droit, actions en justice et médiation.

Alors que l'AITEC laissait la possibilité de régler le problème du surendettement à travers un mécanisme systémique d'arbitrage, le CADTM se prononce contre. L'analyse d'une archive de 2003 l'atteste. Autour de 2003, plusieurs militants positionnés sur les questions de dette se réunissent, lors du Conseil mondial des Églises. Un compte rendu de cette réunion permet de distinguer deux stratégies. La première consiste à demander la mise en place d'un Tribunal international d'arbitrage de la dette, qui vise à réunir débiteurs et créanciers en vue d'une médiation de dette pouvant aboutir à « la nullité, [à] la suspension du paiement de la dette ou [à] un moratoire[42] ». Cette position est surtout défendue par Eurodad, une ONG européenne, qui n'a cessé d'interpeller à ce sujet la BM[43]. La seconde défend plutôt « la réalisation d'un audit citoyen [...] comme moyen d'appuyer ou de préparer l'arrêt du paiement de la dette », principalement soutenue par le CADTM et des membres de *Jubilee South*[44]. Apparaît ici la spécificité du CADTM, dans l'espace plus large de la cause de la dette, où il s'agit, contrairement aux courants plus chrétiens surreprésentés dans *Jubilee 2000* (Donnelly, 1999), de réfuter l'arbitrage international. À l'inverse, le CADTM souhaite convaincre des gouvernements de pratiquer un audit de la dette, afin de repérer les marges illégitimes de la dette, pour ensuite prononcer des actes de répudiation de dette unilatérale. Alors que Gustave Massiah et l'AITEC plus largement étaient parvenus à associer tiers-mondistes et militants d'extrême gauche laïque, le CADTM se distingue des chrétiens sociaux plutôt favorables au mécanisme d'arbitrage. On a ainsi une vision laïque de l'annulationnisme. N'ayant aucune foi en la médiation, les militants du CADTM préfèrent préconiser le rapport de force entre débiteurs et créanciers.

---

42 Note interne du CADTM, 2003.

43 Banque Mondiale, « Meeting Notes », Round Table on Conceptual and Operational Issues of Lender Responsibility for Sovereign Debt, Washington D.C., 2008.

44 Note interne du CADTM, 2003.

En dehors de la médiation, j'ai interrogé plusieurs militants sur leurs rapports à l'action en justice :

> « Ma conviction, c'est qu'il ne faut pas miser sur des actions en justice comme attaquer la BCE, la France, ou un créancier privé, devant un tribunal. Je ne dis pas qu'il ne faut pas le faire, mais la justice des tribunaux prend du temps, les juges peuvent avoir un raisonnement très strict du droit, ne sélectionner que certains arguments juridiques et ça peut créer un précédent négatif pour ceux qui militent pour l'annulation des dettes [...]. La solution sera politique : on mobilise des arguments juridiques pour asseoir la légitimité d'une décision politique qui renverserait les règles du jeu, qui serait en porte-à-faux avec les intérêts des créanciers [45]. »
>
> « Il est difficile pour une association comme le CADTM de demander à la justice d'un pays donné de déclarer que telle ou telle dette est illégitime. Notre stratégie, c'est qu'un gouvernement, sur la base d'un audit à participation citoyenne, prenne des mesures souveraines fondées sur des arguments de droit, pour soit restructurer la dette, soit la répudier[46]. »

Ainsi, le premier extrait témoigne d'une perception politique de la justice, qui ne serait pas à même de pouvoir consacrer l'imaginaire de la dette illégitime. Le second entretien rejoint la dernière partie du premier extrait, en affirmant que la stratégie vise à juridiciser l'argumentaire économique, sans judiciarisation. En cela, les militants ne partagent pas ce qu'Ewick et Silbey (1998) ont dénommé « en face du droit », ou ce qui fait référence à ce que Scheingold appelle le « myth of law » (1974), c'est-à-dire la capacité à croire dans l'efficacité du droit, qui laisserait la possibilité de saisir les tribunaux pour obtenir justice. Ces éléments témoignent de la considération, par ces militants, de la justice comme une institution socialement biaisée et relativement incapable de renverser l'ordre social établi (Israël, 2009), en reconnaissant par exemple la dette illégitime. Ces positions sont d'autant plus étonnantes que le CADTM a déjà entamé des recours en justice, dans d'autres domaines[47]. Dès lors, le refus de la judiciarisation est significatif du fait que les militants du CADTM, capables d'organiser une action en justice, doutent que leur interprétation du droit puisse être consacrée au sein d'arènes judiciaires. Cela éclaire notamment

45 Entretien avec Renaud Vivien, ancien permanent du CADTM chargé du plaidoyer juridique, le 15 février 2021.

46 Entretien avec Éric Toussaint, le 4 février 2022.

47 Au Conseil d'État belge, dans le cas des arrêtés royaux engageant la Belgique jusqu'en 2031 à payer les dettes de Dexia SA à hauteur de 43,7 milliards d'euros en cas de défaut de paiement de la banque.

pourquoi ils recourent autant politiquement au droit. Pour terminer, revenons sur l'exemple grec évoqué dans l'introduction, pour illustrer les rapports au droit et la stratégie juridique sans judiciarisation du CADTM, actualisés dans le contexte européen.

L'exemple grec

La Grèce a été le pays européen le plus affecté par la crise de la dette européenne, au début des années 2010. Celle-ci dispose déjà d'une situation financière structurellement fragile (Savage, 2005, p. 137 ; Lemoine, 2018), et après la perte de confiance des investisseurs financiers, et la menace d'une liquidité insuffisante vis-à-vis de la gestion financière publique (Roos, 2019, p. 235), un *Memorandum of Understanding* (MoU) est conclu en 2010 entre la Grèce d'un côté et le FMI, la Commission européenne au nom de l'Eurogroupe et la BCE, de l'autre. Ces prêts conditionnés à des réformes de restriction budgétaire ne permettent toutefois pas de stabiliser le niveau d'endettement[48]. Après un deuxième *Memorandum* en 2012, s'opère une relative restructuration de la dette grecque, qui passe de la main d'un ensemble de créanciers privés, à plusieurs États-membres et à la BCE (Wyplosz et Sgherri, 2016). Face à la gestion « pro-créditrice » de l'endettement, et à la proximité entre responsables politiques grecs et *establishment* financier (Roos, 2019, p. 251-253), plusieurs opposants politiques grecs commencent à élever la voix, à dénoncer l'ineffectivité des MoU et leur incidence sur les droits sociaux des citoyens grecs, et préconisent une autre solution au problème de surendettement. C'est le cas de Sofía Sakoráfa. Députée ancrée à gauche, celle-ci critique les MoU passés entre le gouvernement de gauche, issu du PASOK, et la Troïka. Ancienne députée du PASOK, exclue pour avoir voté contre le premier *Memorandum* en mai 2010, elle revendique, au sein du Parlement hellénique, la nécessité de réaliser un audit parlementaire de la dette[49], afin de promouvoir une autre voie de sortie du problème de surendettement. Elle invite Éric Toussaint, sur la base de l'expérience de ce dernier en Équateur[50], à divers événements

48 FMI, « Greece: Ex Post Evaluation of Exceptional Access Under the 2010 Stand-by Arrangement », Washington, DC, IMF Country Report 13/156.

49 Toussaint, Éric (2011), « Grèce : tout un symbole de dette illégitime », *in* Damien Millet, Éric Toussaint (dirs), *La dette ou la vie*, Paris, Aden, p. 97.

50 Celle-ci a été publicisée notamment par Giorgios Mitralias, homologue militant grec de Toussaint, qu'il a rencontré au cours des années 1990. Mitralias va relayer, dans les milieux d'extrême gauche grecque, les nombreuses publications du CADTM, contribuant notamment à diffuser la question de la dette illégitime et de l'audit de la dette.

et réunions politiques de membres de Syriza et des futurs gouvernements Tsipras. Quelques mois avant le déclenchement du mouvement anti-austérité qui va faire chambre d'écho pour les partisans d'un audit de la dette en Grèce, est créé en mars 2011 un « comité grec d'audit de la dette » à l›instigation notamment de Giorgios Mitralias. L'audit de la dette et la proposition annulationniste qui lui est associée deviennent alors populaires dans l'espace des mouvements sociaux grec. Cela concorde avec les objectifs du CADTM qui, on l'a dit, cherche à promouvoir la pratique de l'audit de la dette. Le même mois, un des courants de Syriza, Synaspismós alors dirigé par Aléxis Tsípras, invite Toussaint à s'exprimer sur son expérience de l'audit en Équateur. Toussaint défend alors l'idée qu'une partie de la dette grecque est illégitime, sur la base des dépenses militaires du régime des colonels entre 1967 et 1974, et sur la base des Jeux Olympiques de 2004. Il revient aussi sur les prêts garantis par les États-membres et le FMI à la Grèce dans la conjoncture de crise, qui sont aussi définis comme illégitimes, puisqu'ils sont conditionnés à des « mesures d'austérité mises en place [qui] entraînent de nombreuses atteintes aux droits sociaux des personnes[51] ».

L'ancrage social des propositions du CADTM, reprises sur la place Sýntagma en juin 2011 au moment des occupations de places (Altiparmakis, 2021), notamment grâce à un travail de diffusion du CADTM et ses relais grecs, incite la formation Syriza à se les approprier dans son programme aux élections législatives de 2012[52], où le parti finit deuxième du scrutin.

Il faut attendre trois ans pour que Syriza remporte les élections législatives et parvienne à l'exécutif grec. Alors qu'Aléxis Tsípras devient chef de l'exécutif et sur la base de ses prises de position anti-austérité et grâce à son discours en faveur de l'annulation de dette en 2012 (Roos, 2019, p. 265), Toussaint lui enjoint de mettre en place une commission d'audit de la dette. Le Premier ministre mandate alors un ancien fonctionnaire européen grec, Georges Caravelis, pour travailler sur l'audit avec Toussaint. Ce dernier cherche un ensemble de soutiens, parmi les membres du gouvernement et les hauts responsables politiques, qui avaient auparavant encouragé la création du comité grec contre la dette dès 2010, ou qui s'étaient illustrés par des prises de position en faveur d'une suspension de paiement de la dette grecque à certains créanciers, pour

51 Toussaint, Éric (2011), « For a Progressive Exit from the Debt crisis Greece: Symbol of Illegitimate Debt », Communication à Athènes, 10-12 mars.

52 Voir le programme au lien suivant : <http://www.syn.gr/gr/keimeno.php?id=26945%20> ; Consulté le 21/02/2022.

que l'audit ait une certaine répercussion et légitimité[53]. Grâce à Georges Katroúgalos, juriste et membre du comité contre la dette, alors ministre à la réforme administrative, Toussaint est mis en contact avec la présidente du Parlement hellénique, Zoé Konstantopoúlou, alors députée depuis 2012, très active dans les mobilisations de la gauche européenne hétérodoxe, et avocate en droit pénal. Elle accède à la demande de Toussaint de réaliser un audit de la dette publique grecque. Elle lui demande de diriger les travaux d'une telle commission et d'en décider la composition. Toussaint s'appuie alors sur son réseau militant. D'éminents juristes y siègent également, tels que Margot E. Salomon de la *London School of Economics* ou encore un professeur belge de droit international (qui n'a pas souhaité décliner son identité).

Grâce à l'accès privilégié des membres de la commission aux archives publiques grecques, il s'agit d'analyser l'évolution et la structure de la dette publique grecque entre 2010 et 2015, en repérant les modalités et les usages qui ont été faits de l'endettement[54]. Un rapport préliminaire est terminé en juin 2015, présenté au sein du Parlement. Il critique les interventions du FMI, de la BCE et d'autres institutions de l'UE (Commission, Conseil) dans la gestion de la crise, qui ont alourdi l'endettement de l'État, en préférant reprendre les titres d'obligations détenues par des créanciers privés plutôt que d'alléger la dette. À l›aide d'une batterie d'arguments juridiques, soigneusement préparés par les juristes cités ci-dessus, et par les connaissances juridiques accumulées par le CADTM depuis 1999, il y est affirmé que les MoU ne sont pas acceptables, tant du point de vue du droit international (conséquences sur le droit à l'éducation, à la santé, au travail, à l'autodétermination, au logement[55]), que du droit européen (communautaire, en vertu de la Charte des droits fondamentaux de 2000, ou du Conseil de l'Europe, en vertu de la Charte sociale européenne), du droit domestique (au nom de la Constitution, que ce soit au nom de l'accès à la justice, ou la non-ratification des MoU par le Parlement grec) ou encore en raison de clauses abusives dans les relations entre l'État et les créanciers. La commission estime qu'une partie des dettes de la Grèce détenue par le FMI, la BCE et le Fonds européen de stabilité financière est à la fois illégale,

53 Lemoine, Benjamin (2016), « Généalogie des Politiques de l'anti-dette et du CADTM. Entretien avec Éric Toussaint », *Cadtm.org*. En ligne : <https://www.cadtm.org/La-genealogie-du-CADTM-et-de-l >; consulté le 22/02/2023.

54 Fattorelli, Maria Lucia (2015), *Audit citoyen de la dette publique : Expériences et méthodes*, Auditoria Cidadã da Divida, CADTM et CETIM.

55 À cet égard, le rapport de la commission joue sur le fait que la Grèce a ratifié tout un ensemble de traités internationaux défendant ces droits sociaux. De ce fait, ces éléments de droit international sont présentés comme des parties intégrantes du droit grec.

illégitime et odieuse, parce qu'elle découle d'accords ayant porté atteinte à l'intérêt général du peuple grec. Il s'agit là d'une critique, par le droit, des conditionnalités austéritaires attachées aux prêts, qui vont à l'encontre des droits humains, et établissent une relation très défavorable à la Grèce (clauses abusives). On retrouve ici la défense d'une conception sociale de la démocratie, à laquelle les engagements financiers de l'État grec ne peuvent porter atteinte. À la fin du rapport, sur la base de l'article 26 de la Convention de Vienne sur le droit des traités qui sanctionne l'absence de bonne foi, la commission conclut que l'État grec est légalement en mesure de répudier unilatéralement la dette publique grecque détenue par ses créanciers.

Si la commission, qui n'était pas consensuelle au sein du parti au pouvoir Syriza[56], n'a pas donné lieu à des actes politiques de la part du gouvernement, les quelques éléments qui s'y réfèrent illustrent la « politics of rights » déployée par le CADTM. Sur la base des éléments de droit déjà mobilisés depuis les années 2000, auxquels s'ajoutent désormais des éléments de droit européen que le CADTM a travaillés, à partir de sa réorientation sur la dette illégitime des pays du Nord à partir de 2008, et de droit grec, il s'agit, non pas de consacrer le raisonnement en droit (justice) de l'annulationnisme devant des tribunaux, mais bien d'inciter le gouvernement à adopter une prise de position politique, en jouant de l'autorité du droit sur laquelle elle est fondée.

Conclusion

Dans cet article, on a retracé l'histoire de la dette illégitime, du contexte de crise de la dette des pays d'Amérique latine dans les années 1980, à celui de la crise de la dette en Grèce. On a mis en valeur que des acteurs associatifs, empruntant simultanément aux registres militants et experts, recourent au droit pour légitimer l'annulation de dettes publiques. Par le droit, ils contestent des politiques économiques – et l'ordre de la dette (Lemoine, 2016) – jugées préjudiciables aux droits sociaux.

On a ainsi montré que le recours symbolique au droit pouvait constituer un instrument de critique sociale. En nous appuyant sur les éléments de droit mobilisés par l'AITEC puis par le CADTM, on a analysé les rapports au droit

56 À cet égard, lire : Lemoine, Benjamin (2016), « Généalogie… », *op. cit.* Par ailleurs, Roos (2019, p. 290 et suivantes) revient de manière détaillée sur les divisions internes de la formation politique.

de ces militants experts, afin de mieux comprendre leur stratégie de juridicisation sans judiciarisation. Si l'AITEC travaille la notion de dette illégitime en mobilisant le droit international, elle ne rejette pas pour autant un mécanisme d'arbitrage international entre pays débiteurs et créanciers. À l'inverse, le CADTM se positionne contre le principe de la médiation, et plus largement de l'action en justice, pour défendre la dette illégitime et les annulations de dette publique. Ce refus de la judiciarisation doit se comprendre à l'aune des rapports au droit du CADTM, que l'on a cherché à expliciter en revenant sur les *legal consciousness studies*. Ainsi, le CADTM, qui justifie l'annulation de dette en s'appuyant sur certains éléments du droit international, européen ou domestique, ne se réduit ni au « face au droit », ni au « avec le droit » d'Ewick et Silbey (1998). Si le surinvestissement du droit dans ses actions politiques donne à voir une foi dans la légitimité du droit *per se*, le CADTM cherche toutefois à disqualifier certaines politiques économiques, fondées en droit, qui nuisent à sa vision de la démocratie sociale, en convoquant d'autres normes de droit. Dès lors, comme d'autres études l'ont montré (Halliday et Morgan, 2013 ; Lovell, 2012 ; McCann, 1994), les militants sont capables de distinguer droit légitime et droit illégitime. En jouant sur l'ambiguïté du droit, le CADTM contribue, dans la continuité de l'AITEC, à faire du droit un vecteur de résistances aux politiques économiques.

À travers cet article, on a démontré que le droit est un instrument à disposition de militants hétérodoxes, pour contester l'ordre économique et financier (même si cela nécessite certaines ressources). Sa mobilisation par des acteurs sociaux ne le réduit ainsi pas à légitimer l'ordre social, comme l'affirment pourtant Ewick et Silbey (1998). On espère avoir ici illustré certains usages contre-hégémoniques du droit, qui passent par le droit – et non par son évitement –, pour contester l'ordre de la dette, et qui pourront inspirer de futures études de sociologie du droit.

Bibliographie

Agrikoliansky, Éric (2003), « De l'anticolonialisme à l'altermondialisme : généalogie(s) d'un nouveau cadre d'action collective », Papier présenté au colloque « Les mobilisations altermondialistes », Paris, Fondation Nationale des Sciences Politiques, 3-5 décembre.

Agrikoliansky, Éric (2005), « Du tiers-mondisme à l'altermondialisme. Genèse(s) d'une nouvelle cause », *in* Éric Agrikoliansky, Olivier Fillieule et Nonna Mayer (dirs), *L'altermondialisme en France. La longue histoire d'une nouvelle cause*, Paris, Flammarion, p. 44-73.

Agrikoliansky, Éric (2010), « Les usages protestataires du droit », *in* Éric Agrikoliansky *et al.* (dirs), *Penser les mouvements sociaux. Conflits sociaux et contestations dans les sociétés contemporaines*, Paris, La Découverte, p. 225-243.

Altiparmakis, Argyrios (2021), « The Greek Case », *in* Abel Bojar, Theresa Gessler, Swen Hutter et Hanspeter Kriesi (dirs), *Contentious Episodes in the Age of Austerity. Studying the Dynamics of Government–Challenger Interactions*, Cambridge, Cambridge University Press, p. 236-252.

Baillot, Hélène (2017), *Nous ne devons rien, nous ne paierons rien : Jubilee 2000 et la redéfinition du mode de problématisation de la dette des pays pauvres (1996-2000)*, thèse de doctorat en science politique, Paris, Université Paris 1 Panthéon-Sorbonne.

Blustein, Paul (2015), « Laid Low: The IMF, the Euro Zone and the First Rescue of Greece », *CIGI Papers*, vol. 61, Waterloo, Center for International Governance Innovation.

Della Porta, Donatella (2009), « Organizational Structures and Visions of Democracy in the Global Justice Movement: An Introduction », *in* Donatella della Porta (dir.), *Democracy in Social Movements*, Londres, Palgrave Macmillan, p. 1-16.

Donnelly, Elizabeth (1999), « Proclaiming the Jubilee: the Debt and Structural Adjustment Network », communication présentée au Latin American Studies Association XIX International Congress, Washington, DC, 29 septembre 1995.

Ewick, Patricia et Silbey, Susan (1992), « Conformity, Contestation and Resistance: An Account of Legal Consciousness », *New England Law Review*, vol. 26, p. 731-749.

Ewick, Patricia et Silbey, Susan (1998), *The Common Place of Law: Stories from Everyday Life*, Chicago, University of Chicago Press.

Ferrín, Mónica et Kriesi, Hanspeter (2016) (dirs), *How Europeans View and Evaluate Democracy*, Oxford, Oxford University Press.

Friesen, Elizabeth (2012), *Challenging Global Finance. Civil Society and Transnational Networks*, Basingstoke, Palgrave Macmillan.

Fritsvold, Erik (2009), « Under the Law: Legal Consciousness and Radical Environmental Activism », *Law & Social Inquiry, vol. 34 (4), p. 799–824.*

García-Villegas, Mauricio (2018), *The Powers of Law. A Comparative Analysis of Sociopolitical Legal Studies,* Cambridge, Cambridge University Press, p. 19-37.

Halliday, Simon et Morgan, Bronwen (2013), « I Fought the Law and the Law Won? Legal Consciousness and the Critical Imagination », *Current Legal Problems,* vol. 66 (1), p. 1-32.

Israël, Liora (2003), « Faire émerger le droit des étrangers en le contestant, ou l›histoire paradoxale des premières années du GISTI », *Politix,* vol. 62, p. 115-143.

Israël, Liora (2009), *L'arme du droit,* Paris, Presses de Sciences Po.

Josselin, Daphné (2007), « From Transnational Protest to Domestic Political Opportunities: Insights from the Debt Cancellation Campaign », *Social Movement Studies,* vol. 6 (1), p. 21-38.

Kickert, Walter *et al.* (2015), « La politique d'assainissement des finances publiques en Europe : Analyse comparative », *Revue Internationale des Sciences Administratives,* vol. 81 (3), p. 595-619.

Lemoine, Benjamin (2016), *L'ordre de la dette. Enquête sur les infortunes de l'État et la prospérité du marché,* Paris, La Découverte.

Lemoine, Benjamin (2018), « Démocratie des «faits» ou démocratie défaite ? Politique et statistique pendant la crise grecque », *Statistique et société,* vol. 6 (2), p. 9-19.

Lovell, George (2012), *This Is Not Civil Rights. Discovering Rights Talks in 1939 America,* Chicago, University of Chicago Press.

McCann, Michael (1994), *Rights at Work: Pay Equity Reform and the Politics of Legal Mobilization,* Chicago, University of Chicago Press.

Morrissette, France (1982), « Le problème de la dette des pays en développement », *Canadian Yearbook of International Law/Annuaire canadien de droit international,* vol. 19, p. 50-131.

Mouchard, Daniel (2002), « Les mobilisations des «sans» dans la France contemporaine l'émergence d'un «radicalisme autolimité» », *Revue française de science politique,* vol. 52 (4), p. 425-447.

Pélisse, Jérôme (2003), « Consciences du temps et consciences du droit chez des salariés à 35 heures », *Droit et société,* vol. 53 (1), p. 163-186.

Pélisse, Jérôme (2009), « Judiciarisation ou juridicisation ? Usages et réappropriations du droit dans les conflits du travail », *Politix,* vol. 86 (2), p. 73-96.

Roos, Jerome (2019), *Why Not Default? The Political Economy of Sovereign Debt*, Princeton, Princeton University Press.

Savage, James D. (2005), *Making the EMU. The politics of Budgetary Surveillance and the Enforcement of Maastricht*, Oxford, Oxford University Press.

Scheingold, Stuart (1974), *The Politics of Rights: Lawyers, Public Policy and Political Change*, New Haven, Yale University Press.

Siné, Alexandre (2006), *L'ordre budgétaire. L'économie politique des dépenses de l'État*, Paris, Economica, 2006.

Wyplosz, Charles et Sgherri, Silvia (2016), « The IMF's Role in Greece in the Context of the 2010 Stand-By Arrangement », *IEO Background Paper*, 1602/11, Washington, DC.

Jessy Bailly est docteur en science politique (MESOPOLHIS/CEVIPOL). Il a travaillé sur les collectifs d'audit citoyen de la dette en Europe et sur l'activisme en faveur de l'annulation des dettes publiques. Il a notamment publié dans *Participations* (2022), *Droit et Société* (2022), la *Revue internationale de politique comparée* (2022) et *Social movement studies* (2022, en ligne).

POLITIQUE EUROPÉENNE
N° 79 | 2023
Félicien Pagnon
p. 192-214

Contester l'ordre budgétaire sur le terrain du droit. Quand une primo-députée s'attaque à la LOLF

Réalisé à partir d'une enquête de terrain auprès du personnel politique et administratif de l'Assemblée nationale française, cet article retrace le travail d'écriture d'une loi. Entre 2013 et 2015, une députée écologiste se saisit des « nouveaux indicateurs de richesse » pour contester l'ordre budgétaire. Conçu par cette dernière comme une ressource pour généraliser l'usage de ces outils, le droit se révèle en définitive un cadre rigide qui réduit la portée de son projet. Ce cas d'étude permet de saisir comment le rapport de force politique évolue en se déplaçant sur le terrain du droit.

Challenging the budgetary order on the ground of law. When a first-time deputy attacks the LOLF

Based on a field research on the political and administrative staff of the French National Assembly, this article traces the work of writing a law. Between 2013 and 2015, an ecologist deputy seized on the "new wealth indicators" to challenge the budgetary order. Thought as a resource to generalize the use of these tools, the law turns out to be a rigid framework which reduces the scope of her project. This case study helps us to understand how the political balance of power evolves by moving into the realm of the law.

Contester l'ordre budgétaire sur le terrain du droit
Quand une primo-députée s'attaque à la LOLF

Félicien Pagnon
Université Dauphine-PSL

Introduction

En 2015, une députée écologiste française, alors vice-présidente de la commission des finances à l'Assemblée nationale, parvient à faire voter une loi obligeant le Gouvernement à évaluer son action à l'aune de « nouveaux indicateurs de richesse », dans le cadre de l'examen du projet de loi de finances annuel. De tels indicateurs renvoient à une mesure alternative de la richesse reposant sur des dimensions autres que purement financières : sociales, qualitatives, environnementales (Gadrey et Jany-Catrice, 2005). La stratégie de la députée consiste à forcer Gouvernement, parlementaires et citoyen·ne·s à regarder en face des évolutions chiffrées qui démontrent l'insuffisance d'instruments tels que le PIB (Produit Intérieur Brut), la dette ou le solde budgétaire pour penser l'état économique, social et environnemental de la France. Il s'agit donc pour l'élue de contester les finances publiques sur le terrain du droit et à l'aide d'un instrument nouveau.

Pensé par la députée comme un outil de lutte pour généraliser l'usage des indicateurs alternatifs, le droit se révèle en définitive un cadre rigide qui limite la portée de son projet. Le texte voté en 2015 ne satisfait pas aux intentions maximalistes qu'elle affichait initialement. Elle formule en 2013 une proposition de loi organique visant à modifier le cadre de la LOLF (Loi Organique relative aux Lois de Finances), mais c'est une simple loi de demande de rapport qui sera adoptée deux ans plus tard. Les modalités du texte ont fait l'objet de négociations qui ont finalement réduit son potentiel de contrainte sur les procédures budgétaires. Cette distance entre intention politique et réalisation juridique résulte de rapports de force qui s'expriment à l'échelle micropolitique du travail parlementaire. En établissant la position relative de la députée dans le champ parlementaire par l'analyse des ressources politiques et compétences techniques dont elle dispose, notre contribution met en

POLITIQUE EUROPÉENNE N° 79 | 2023

évidence sa difficulté à agir dans un environnement très contraint et souligne comment elle s'y adapte malgré tout. Le processus que nous documentons dans cet article est un cas d'espèce de judiciarisation : le rapport de force politique autour de l'ordre budgétaire qu'incarne la LOLF se déplace sur le terrain du droit et interroge le pouvoir des députés minoritaires à l'Assemblée nationale.

Les finances publiques reflètent un ordre budgétaire (Siné, 2006) qui contraint l'action publique de façon très concrète (Ogien, 2010 ; Bezès et Siné, 2011). Cet article entend rendre compte de la solidité de cet ordre budgétaire en analysant la façon dont celui-ci a pu être contesté par le recours au droit, dans un cadre configurationnel (Demazière et Le Lidec, 2014) comprenant élus et administration parlementaire. Si l'Assemblée nationale a fait l'objet d'études renouvelées il y a quelques années (Rozenberg et Kerrouche, 2009 ; Nay, 2003 ; Boelaert, Michon et Ollion, 2017), et si l'élaboration du droit a beaucoup été étudiée à partir du travail des administrations (Page, 2011 ; Chevallier, 2011 ; Bonnaud et Martinais, 2013 ; Torny, 2011), le processus d'écriture législative des parlementaires n'a en tant que tel reçu que peu d'attention. L'écriture occupe pourtant une place décisive dans les processus de gouvernement (Foucault, 1971 ; Goody, 1979), ce dont permet de rendre compte l'analyse de l'écrit bureaucratique (Gayon, 2016). Plusieurs travaux dessinent néanmoins des pistes d'analyse de ce processus d'écriture législative, en interrogeant le pouvoir des parlementaires face aux textes juridiques — « à potentialité d'ouverture » ou « fermés » (Milet, 2010). De même, le rôle spécifique d'organes parlementaires tels que les délégations (Bloquet, 2021) a été étudié, ainsi que les modes d'interaction entre Parlement et Gouvernement (Bloquet et Lecomte, 2019). Rendre compte de ces derniers implique une exploration sociologique de la « boîte noire » de l'examen parlementaire des textes, à laquelle nous entendons ici contribuer.

Ce travail se fonde sur six entretiens semi-directifs tirés d'une enquête de terrain plus vaste. Nous avons ainsi interrogé une élue et deux collaborateurs de deux formations politiques différentes (EELV [Europe Écologie Les Verts], ainsi que le PS [Parti socialiste]), deux administrateur·rice·s de l'Assemblée nationale, ainsi qu'un conseiller technique au service du ministre du Budget. En plus des entretiens, nous nous sommes également référé aux publications antérieures d'Éva Sas pour restituer sa stratégie, ainsi qu'aux divers rapports sur la base desquels elle l'a conçue. Nous avons également utilisé une base documentaire composée des dossiers législatifs associés à chacune des deux propositions de loi de la députée (2013 et 2014). Notons d'emblée que si ce matériau permet de reconstituer les échanges qui ont eu lieu en séance, il ne rend pas compte des interactions qui se sont déroulées « en coulisse ». Nous sommes cependant parvenu à restituer ces dernières : nous avons en effet eu accès à plusieurs échanges de courriels entre la députée, son collaborateur, l'administratrice de l'Assemblée nationale et les conseillers ministériels dans le cadre de l'écriture et de la négociation de la seconde proposition de loi.

Dans une première partie, nous montrerons comment la députée écologiste Éva Sas formule une proposition de loi pour contester l'ordre budgétaire, et analyserons le peu de ressources politiques dont elle dispose pour ce faire. La seconde partie souligne les effets de la stratégie retenue par la députée, qui consiste à cibler la LOLF : le coût politique d'une telle opération est très important et force l'élue à retirer sa première proposition de loi. La dernière partie détaille la manière dont Éva Sas est parvenue à faire voter une loi au prix de multiples retouches sur le contenu du texte et d'un amoindrissement de son ampleur. Nous montrons notamment le rôle de l'expertise juridique des conseiller·e·s gouvernementa·les·ux et parlementaires dans ce processus.

Ressources dans le jeu parlementaire et stratégie de contestation des finances publiques

Le registre de la contestation : l'usage des nouveaux indicateurs de richesse

Diplômée de l'ESSEC (École supérieure des sciences économiques et commerciales), d'abord militante au sein du mouvement « Nouvel Équilibre » de Pierre Larrouturou sur la réduction du temps de travail, encartée chez les Verts depuis 2000, Éva Sas est élue en 2012 députée de la septième circonscription de l'Essonne sous l'étiquette EELV. Elle est désignée vice-présidente de la commission des Finances à l'Assemblée nationale par sa formation politique. En utilisant son droit d'initiative parlementaire pour proposer une loi sur les nouveaux indicateurs de richesse, Éva Sas cherche à promouvoir une disposition qui soit « emblématique[1] » de l'idéologie propre à sa formation politique.

En mobilisant cet outil, la députée se positionne dans le débat sur les mesures alternatives de la richesse, avec une référence explicite aux travaux de Jean Gadrey et Florence Jany-Catrice sur le sujet, qui dressent un panorama de ces indicateurs à l'échelle du monde (Gadrey et Jany-Catrice, *op. cit.*). D'emblée,

1 Entretien réalisé avec Éva Sas, le 26/03/2018.

les deux économistes assument la dimension polémique attachée à ce travail, dont l'objectif est de remettre en cause la conception de la valeur que reflètent les agrégats macro-économiques traditionnellement présentés par la comptabilité nationale pour décrire l'état de l'économie française, au premier rang desquels se trouve le PIB (Gadrey, 2006).

Reprenant une expression des deux économistes, Éva Sas se propose donc à son tour de « remettre le PIB à sa place[2] », en promouvant les nouveaux indicateurs de richesse dans le domaine de l'action publique. Dès lors, la députée entend mettre en avant des chiffres alternatifs afin de transformer le débat politique en touchant d'abord la sphère parlementaire et ensuite, plus largement, l'ensemble de l'opinion publique. Elle entend se servir de l'Assemblée nationale comme d'une caisse de résonance pour repolitiser la délibération budgétaire et faire émerger de nouveaux compromis (Lascoumes, 2009).

La démarche d'Éva Sas s'articule donc autour du double registre technique des statistiques et du droit. D'une part, elle cherche en mobilisant ces chiffres à conquérir un nouveau territoire pour la critique de l'économicisme sous-jacent des politiques publiques. D'autre part, le recours à des formes technicisées d'action parlementaire — la statistique et le droit — entend compenser la position relativement faible de la députée au sein du rapport de force parlementaire **(Encadré n° 1).**

Accès à l'information juridique et ressources politiques dans le jeu parlementaire

La députée dispose donc d'une marge de manœuvre réduite dans le cadre du jeu institutionnel. Aux asymétries en matière de ressources mobilisables s'ajoutent plusieurs formes d'asymétrie en termes d'accès à l'information juridique. Les aléas de la stratégie qu'entend pratiquer Éva Sas découlent en grande partie de sa faible connaissance du jeu parlementaire et de son accès difficile aux compétences juridiques nécessaires pour bien anticiper le déroulement des procédures parlementaires.

À l'échelle microsociologique d'abord, Éva Sas entreprend la production d'une première proposition de loi à huis clos avec son unique collaborateur parlementaire. La députée n'est dotée d'aucune formation juridique préalable et

2 Éva Sas, même entretien.

Encadré n° 1 : une députée minoritaire au sein de la majorité parlementaire

Lorsqu'Éva Sas dépose sa toute première proposition de loi en 2013, le groupe EELV compte 18 député·e·s à l'Assemblée nationale. Si des alliances ont été nouées entre EELV et le PS à l'occasion des législatives, le nombre de député·e·s socialistes et apparenté·e·s s'élève à 291, soit la majorité absolue. Le vote des écologistes n'étant pas déterminant d'un point de vue numérique, le groupe se trouve marginalisé sur le plan du rapport de force politique : les député·e·s EELV sont minoritaires dans la majorité*.
Pour bien mesurer la difficulté d'une telle situation pour Éva Sas, il faut souligner qu'un groupe d'un peu plus de quinze parlementaires (ce chiffre correspondant au nombre minimal de député·e·s nécessaires à la formation d'un groupe) tel qu'EELV ne dispose que d'une seule journée par an pour mettre à l'ordre du jour ses propres propositions de loi. Étant donné la procédure de prise de parole à la tribune, explicitation du texte de loi, délibération et vote, une formation politique numériquement faible ne peut espérer soumettre plus de quatre ou cinq propositions durant cette journée : c'est-à-dire quatre ou cinq par an. Dès lors, le simple fait pour la députée de pouvoir défendre une telle proposition fait déjà l'objet d'une négociation au sein de la formation politique.

*De même, seuls une ministre et un ministre délégué écologistes sont présent·e·s dans le Gouvernement, jusqu'en 2014 avec la nomination de Manuel Valls, à partir de laquelle EELV est absente de la coalition gouvernementale (donc au moment de la seconde proposition de loi).

débute alors son tout premier mandat en tant que parlementaire. Quant à lui, son collaborateur a reçu une formation en Droit public et Finances publiques, mais purement théorique, et ne dispose que d'un an d'ancienneté dans le champ parlementaire pour avoir été l'assistant d'une sénatrice socialiste l'année précédente. Ni l'une ni l'autre ne connaissent à ce stade les usages pratiques et routinisés des textes juridiques dans le cadre de l'Assemblée nationale. Il s'agissait pour l'une comme pour l'autre de leur tout premier exercice d'écriture législative. Or l'incorporation des règles de ce jeu social particulier prend du temps et avantage les député·e·s rodé·e·s à l'exercice parlementaire. Autrement dit, les ressources accumulées par le binôme étaient dès lors très faibles.

Pour autant, ainsi que l'a démontré Étienne Ollion, l'engagement des député·e·s dans le cadre du jeu parlementaire repose également largement sur les capacités d'organisation collective des groupes politiques (Ollion, 2021). Il est toujours possible pour une primo-députée de s'adresser à des parlementaires plus ancien·ne·s dans le jeu, ou bien à des collaborateur·rice·s plus au fait du droit. Mais cela implique, dans un cas comme dans l'autre, d'appartenir à une formation politique pourvue à l'Assemblée de suffisamment de poids pour que des tel·le·s interlocuteur·rice·s soient mobilisables. De l'aveu de l'assistant parlementaire d'Éva Sas, les autres collaborateur·rice·s plus expérimenté·e·s qui auraient pu lui venir en aide n'étaient pas légion durant la période de l'écriture législative. Rattaché à une formation politique n'ayant obtenu que peu de député·e·s, que peu de collaborateur·rice·s, le binôme dispose donc d'une expertise collective en matière juridique relativement faible par comparaison avec des formations à l'époque majoritaires telles que le Parti socialiste.

Par ailleurs, le fonctionnement de l'Assemblée nationale met également à disposition des député·e·s des administrateur·rice·s. Ces haut·e·s fonctionnaires recruté·e·s sur concours sont à la fois en possession de compétences juridiques élevées et d'une expérience du jeu parlementaire considérable, pour suivre à longueur de journée les procédures d'écritures mises en œuvre par les député·e·s. Elles et ils assument la charge des auditions relatives aux propositions de loi, envisagent la compatibilité juridique des textes avec le droit existant, et contribuent à la co-écriture des lois. Néanmoins, la procédure juridique de l'Assemblée nationale dispose qu'on ne peut avoir accès à leur expertise qu'une fois une proposition de loi déposée, et pas avant – mécanisme qui désavantage dès lors les député·e·s nouvellement élu·e·s qui désirent utiliser leur capacité d'initiative parlementaire **(Encadré n° 2).**

Cibler la LOLF : une stratégie politiquement coûteuse

Hypothèses concernant la stratégie d'Éva Sas

Éva Sas entend contester un ordre budgétaire qui repose sur l'usage routinisé d'indicateurs économiques traditionnels. Pour ce faire, elle conçoit avec son collaborateur parlementaire une stratégie qui peut être qualifiée de maximaliste : modifier la « loi organique n° 2012-1403 du 17 décembre 2012 relative à la programmation et à la gouvernance des finances publiques » qui encadre et prolonge la LOLF. Il s'agit de maximiser l'effet potentiel de leur proposition de loi, afin de contraindre l'action publique. Une telle stratégie peut surprendre

Encadré n° 2 : les administrateur·rice·s de l'Assemblée nationale

Lorsqu'un texte est mis à l'ordre du jour et qu'un·e rapporteur·se est désigné·e (généralement l'auteur·rice de la proposition de loi), ce·tte dernier·e se voit adjoindre un·e administrateur·rice, chargé·e de l'aider dans l'écriture législative. Les administrateur·rice·s de l'Assemblée nationale font partie d'un même corps, qu'elles et ils intègrent par un concours de la fonction publique. Installé·e·s durablement dans la vie parlementaire, elles et ils restent quand les élu·e·s sont remplacé·e·s. Elles et ils connaissent le droit public, mais disposent plus encore d'une connaissance pratique du jeu parlementaire pour y être confronté·e·s quotidiennement. De ce fait, elles et ils saisissent aisément les contraintes du processus législatif et les enjeux stratégiques que masque l'aspect lisse du droit écrit. Autrement dit, elles et ils sont des allié·e·s précieux·se·s pour la.le sociologue qui entend saisir les contraintes propres au déplacement du rapport de force politique dans le domaine juridique.

tant l'envergure institutionnelle du texte est grande, ce qui pose la question de l'intention politique derrière une telle démarche **(Encadré n° 3).**

La faible expérience de la députée et de son collaborateur aide à comprendre tout d'abord ce choix ambitieux. L'assistant parlementaire d'Éva Sas nous explique que la LOLF était un texte qu'il « connaissait bien » de « par ses études »[3], et c'est la raison pour laquelle il le cible. Mais sa connaissance uniquement théorique des dispositions de la LOLF conjuguée à son inexpérience en matière d'écriture législative le pousse à ignorer les usages pratiques qui sont faits d'un tel texte, et le caractère routinisé de ces usages.

L'explication ne saurait néanmoins se borner à une mauvaise évaluation du champ juridique des possibles par le binôme. Si l'équipe parlementaire ne mobilise pas plus largement les ressources auxquelles elle pourrait avoir accès en termes d'expérience parlementaire et de compétence juridique, c'est également qu'elle cherche à se positionner rapidement sur le sujet des nouveaux indicateurs de richesse. Ici, un effet de concurrence politique entre EELV et le PS permet de saisir l'urgence temporelle ressentie par le député et son collaborateur. En 2013, le député socialiste Serge Bardy et son collaborateur

3 Entretien réalisé avec le collaborateur parlementaire d'Éva Sas, le 11/05/2017.

avaient déjà initié un groupe de réflexion parlementaire sur la question des indicateurs alternatifs. En accélérant le processus d'écriture et de dépôt d'une proposition de loi, Éva Sas s'assure d'être positionnée en première place sur la thématique. Elle opte pour une stratégie de « cavalier seul[4] ».

La volonté des député·e·s de se positionner sur de telles thématiques comporte bien évidemment des ressorts d'ordre idéologique et mobilise leurs convictions personnelles et collectives. Néanmoins, le schéma qui se donne ici à voir est plutôt celui d'un « intérêt au désintéressement ». En effet, l'enjeu principal de la compétition au sein du champ parlementaire est symbolique : parvenir à faire voter une loi à son nom permet à un·e député·e d'accumuler une ressource symbolique qu'elle ou il peut ensuite réinvestir dans le champ politique. En participant à la représentation des intérêts qu'elle ou il incarne par son mandat politique, elle ou il contribue également à reproduire le jeu parlementaire en cherchant à se rehausser au sein de celui-ci.

Trois facteurs nous permettent donc d'expliquer cette stratégie : l'inexpérience parlementaire du binôme qui la conçoit, l'urgence temporelle qu'il ressent du fait de la compétition entre formations politiques, et la volonté de se positionner en premier sur la thématique des nouveaux indicateurs de richesse.

Contester l'ordre budgétaire oui, modifier la LOLF non

La stratégie d'Éva Sas va rapidement se confronter à la solidité de l'ordre budgétaire établi. Si sa volonté d'introduire des indicateurs alternatifs est plutôt bien reçue par le Gouvernement, la stratégie à laquelle elle décide de recourir pousse rapidement sa proposition de loi dans une ornière. La LOLF se présente en effet comme un cadre de travail difficilement modifiable. L'administratrice de l'Assemblée nationale à laquelle échoit le suivi de la

4 Entretien réalisé le 18/09/2019 avec le collaborateur parlementaire de Serge Bardy, député socialiste intervenant dans le débat autour de la loi déposée par Éva Sas (anonymisé).

Encadré n° 3 : la Loi Organique relative aux Lois de Finances (LOLF)

Parfois présentée comme la constitution financière de la France, la Loi Organique relative aux Lois de Finances est votée à l'unanimité en 2001 par le Parlement. Portée par Didier Migaud et Alain Lambert, soutenue par Laurent Fabius, alors ministre des Finances, elle a pour objectif d'encadrer l'exercice budgétaire annuel et de le « rationaliser ». Le document intitulé *Les objectifs et indicateurs de la LOLF* publié en 2005 par le Sénat indique : « Les 34 missions de l'État, dont 8 sont interministérielles, concourent aux politiques publiques et regroupent 134 programmes. Les objectifs sont évalués à partir d'indicateurs d'efficacité ou d'intérêt général pour le citoyen, d'indicateurs d'efficience pour le contribuable, d'indicateurs de qualité pour l'usage du service public » (Sénat, 2005). Ainsi, pour Marc Leroy, dans *Sociologie des Finances Publiques*, il s'agit d'instaurer un « nouveau référentiel gestionnaire » qui peut être lu comme un outil de rationalisation (et bien souvent de réduction) des dépenses publiques, ou comme un outil de transparence des comptes publics conférant aux parlementaires un plus grand pouvoir d'évaluation (Leroy, 2007).
Pour le dire autrement, la LOLF « constitutionnalise » (Gill et Cutler, 2014) un ordre budgétaire régulièrement décrié comme néolibéral, et instaure de ce fait un référentiel d'action publique articulé autour de l'évaluation des politiques publiques, de l'optimisation des dépenses publiques et d'une certaine conception de l'efficacité comme de la rationalité (Ogien, 2010). Elle devient dès lors la courroie de transmission d'une forme nouvelle de gouvernance (Bezes et Siné, 2011).

proposition de loi organique d'Éva Sas exprime ce fait sans détour[5], comme le montre l'échange reproduit ci-dessous :

> « Administratrice de l'Assemblée nationale : Il y avait un consensus sur le fond, sur le fait de dire que le PIB ne suffit pas, qu'il peut y avoir d'autres indicateurs

5 Diplômée de l'ENS (École Normale Supérieure) de Cachan, agrégée de sciences économiques et sociales et titulaire d'un DESS de droit européen des affaires, notre interlocutrice a travaillé pour l'Autorité de la concurrence avant de rejoindre l'Assemblée nationale, pour y exercer en tant qu'administratrice au sein de la commission des finances. Ses compétences en la matière lui ont valu d'être chargée de la proposition de loi organique déposée par Éva Sas en 2013.

qui peuvent être intéressants et selon les politiques publiques qu'on veut mener, qui sont plus pertinents. Mais il y a eu une opposition majeure du Gouvernement pour ne pas modifier la LOLF, ça c'est clair. Il y a eu une motion de renvoi en commission, quelque chose comme ça[6] — pour dire : vous devriez représenter votre projet, mais sous la forme d'une loi ordinaire et vous laisser le temps de réfléchir à la meilleure manière de définir ces indicateurs de richesse. Ce n'est pas grave, ça arrive souvent et surtout ce n'était pas vraiment dramatique d'un point de vue politique — ce qui nous semblait quand même assez essentiel, c'était de parvenir à une disposition législative opérationnelle, c'est-à-dire qui soit mise en œuvre par le Gouvernement, et qui fasse à peu près consensus. Donc on était évidemment un peu déçus, parce qu'on s'était dit qu'en réalité ça aurait pu rentrer dans le cadre de la LOLF, mais on comprend bien que le Gouvernement n'avait pas très envie qu'on aille modifier ce texte.
Félicien Pagnon : Mais qu'est-ce qui les freinait précisément ?
Administratrice de l'Assemblée nationale : Ah, mais parce qu'on ne touche pas à la LOLF en fait. C'est un peu comme toucher à la Constitution[7]. »

Cet échange montre le processus de constitutionnalisation budgétaire (Gill et Cutler, *ibid*) à l'œuvre dans le cas de la LOLF. Si le texte n'a pas été voté par voie référendaire, mais par le Parlement, il est néanmoins considéré, y compris par notre interlocutrice, comme la « constitution financière » de la France. Ce statut particulier du texte est lié à l'histoire de son vote : il a été adopté à la quasi-unanimité des deux chambres, avec l'aval de la gauche[8] comme de la droite, au terme d'un processus de négociation particulièrement long et technique.

Le compte rendu de la séance en hémicycle du 23 janvier 2014 permet de restituer l'argument principal énoncé par le ministre Bernard Cazeneuve au sujet de la proposition de loi organique n° 1628 déposée par Éva Sas :

« L'importance de ces textes requiert le respect d'au moins deux conditions. D'une part, il est indispensable de conserver une vision d'ensemble de ces textes, afin d'en garantir l'équilibre et la cohérence. D'autre part, il apparaît absolument nécessaire de ne pas mener de réforme qui n'aurait été précédée de travaux préparatoires à la hauteur des enjeux — je vous renvoie sur ce point, s'agissant tant de leur durée que de leur caractère œcuménique, à ceux qui ont

6 En réalité, devant le risque d'un renvoi en commission, Éva Sas a retiré sa proposition de loi en séance.

7 Entretien réalisé avec l'administratrice de l'Assemblée nationale (anonymisée) associée à la rédaction de la proposition de loi d'Éva Sas, le 7/12/2017.

8 À l'exception du groupe communiste, qui s'abstient.

précédé l'élaboration de la LOLF elle-même. C'est pourquoi le Gouvernement ne pourrait pas être favorable à une modification de la loi organique dans les conditions qui sont celles proposées aujourd'hui[9]. »

La stratégie adoptée par Éva Sas manquait donc largement son objet. Contrairement à ce qu'elle imaginait au départ, le texte se présente comme « fermé » (Milet, 2010 *op. cit.*) et non pas sujet à modifications. Maximaliste, la démarche de la députée impliquait une politisation d'un texte résolument technique afin d'attirer l'attention (Lascoumes, *op. cit.*), mais cette politisation avait un coût bien supérieur aux ressources dont elle disposait et qu'elle aurait pu engager dans le rapport de force institutionnel. En effet, la LOLF se présente sous la forme d'un « consensus » au sens de Michel Dobry, c'est-à-dire une position dont il est très coûteux de s'éloigner, au risque de se voir marginalisé dans le jeu politique (Dobry, 1986). Sans l'appui d'acteur·rice·s majeur·e·s des pouvoirs exécutif et législatif, la démarche était vouée à l'échec. En l'espèce, le verdict était clair : le Gouvernement s'opposerait résolument à toute tentative de modification de la LOLF et la proposition de loi serait automatiquement rejetée par la majorité.

D'une proposition de loi à l'autre : la négociation avec le Gouvernement

Si le Gouvernement ne se montre pas hostile au principe des nouveaux indicateurs de richesse ou à l'idée de produire une loi sur cette thématique, il s'oppose donc à la stratégie proposée par Éva Sas, et à toute forme de modification de la LOLF[10]. L'administratrice de l'Assemblée nationale suggère qu'une loi simple aurait eu plus de succès qu'une loi organique[11].

Ici, le fonctionnement règlementaire de l'Assemblée nationale, dont la primo-députée ne connaît pas encore les rouages précis, vient compliquer sa tâche. Si en théorie une loi simple plutôt qu'organique aurait pu être proposée par la députée, cette option n'est plus envisageable en pratique, à ce stade du processus d'écriture. En effet, le règlement de l'Assemblée nationale interdit de

9 Le compte rendu de la séance en hémicycle est contenu dans la dossier législatif, consultable sur le site de l'Assemblée nationale, <https://www.assemblee-nationale.fr/14/cri/2013-2014/20140142.asp>.

10 Entretien réalisé avec un administrateur du Conseil économique, social et environnemental, auparavant rattaché à l'Assemblée nationale au moment du vote de la loi en 2015, le 20/4/2017.

11 Administratrice de l'Assemblée nationale, entretien déjà cité.

transformer le statut d'une loi après son dépôt, ainsi que nous l'explique la haute fonctionnaire : « C'est des questions d'outils. Simplement, on ne mélange pas les choux et les carottes[12]. » Autrement dit, Éva Sas se retrouve immobilisée entre deux impératifs qui s'incarnent dans des textes juridiques : l'intangibilité de la LOLF d'une part, et la procédure règlementaire de l'Assemblée nationale d'autre part.

La députée constate donc que l'insuccès de cette première démarche impliquera d'attendre une année supplémentaire avant de formuler une nouvelle proposition de loi. Éva Sas doit négocier directement avec les conseiller·e·s politiques et techniques du Gouvernement afin de trouver une formulation qui leur conviendrait également. Finalement, le choix est fait de retirer la proposition de loi organique au profit d'une nouvelle proposition de loi « ordinaire » qui serait mise aux voix l'année suivante, en échange d'un engagement du Gouvernement à soutenir cette seconde proposition. Le contenu de cette négociation permet de saisir en quoi le terrain du droit prolonge le rapport de force politique, à travers la médiation des représentant·e·s du Gouvernement, et sous des formes technicisées.

Faire exister tout de même les nouveaux indicateurs de richesse : l'écriture d'une nouvelle proposition de loi et la révision à la baisse des ambitions initiales

Éva Sas, en se confrontant à la solidité du droit, qu'il s'agisse de la LOLF ou du règlement de l'Assemblée nationale, se voit progressivement contrainte de réviser ses ambitions à la baisse. Elle dépose en 2014 une seconde proposition de loi. La conformation de la députée aux réalités juridiques qu'impose l'ordre budgétaire se fait par le truchement de sa confrontation avec les expert·e·s du droit. De ce point de vue, le rapport de force politique se trouve technicisé et se déplace sur le terrain micropolitique du droit.

L'écriture à quatre mains des propositions de loi et ses contraintes

C'est notamment dans l'interaction avec l'administratrice ayant reçu la charge de la première proposition de loi que se joue la forme que le texte législatif

12 Administratrice de l'Assemblée nationale, même entretien.

adoptera finalement. Outre le recadrage stratégique que lui impose l'administratrice (« on ne touche pas à la LOLF » ; « on respecte la majorité »[13]), la haute fonctionnaire intervient également dans la formulation du texte de loi. Elle remet en question tout d'abord la dénomination même de l'outil technique que sont les nouveaux indicateurs de richesse dans la mesure où le terme n'existe pas à ce stade dans le droit français, en aucun endroit. On voit ici encore à l'œuvre la *path dependency* caractéristique du droit. L'administratrice propose ainsi à la députée de renommer l'objet de la loi en faisant référence au terme de soutenabilité, qui a le mérite d'exister dans les corpus juridiques pour faire référence à la soutenabilité financière. Elle suggère également les termes de « croissance durable » et de « développement durable »[14], ce dernier terme faisant écho à des agendas politiques déjà anciens ayant trouvé une traduction juridique depuis. Si dans un premier temps la députée songe à ainsi reformuler la proposition de loi, elle décide finalement de conserver la mention des nouveaux indicateurs de richesse dans la seconde proposition de la loi formulée l'année suivante. L'administratrice de l'Assemblée nationale se préoccupe en tout premier lieu de conserver l'intégrité de l'édifice juridique, qu'elle conçoit comme un impératif.

Au-delà de la dénomination des indicateurs dans le titre de la loi, plusieurs critiques portent sur la formulation même de l'outil quantitatif dans le texte juridique. Le point le plus litigieux est la mention d'indicateurs spécifiques dans le texte de la loi. Éva Sas au départ envisageait d'introduire par la voie législative la référence à quatre indicateurs spécifiques dont l'usage viendrait contrebalancer la centralité du PIB dans l'évaluation et la conception des politiques publiques : l'espérance de vie en bonne santé, les émissions de gaz à effet de serre, l'empreinte écologique ainsi que l'indice de santé sociale (Sas, 2014). Si les trois premiers sont relativement connus, le dernier est une référence explicite au travail de Florence Jany-Catrice et Rabih Zotti : ces deux économistes ont produit en 2009 l'ISS (Jany-Catrice et Zotti, 2009), un indice composite agrégeant diverses données issues pour l'essentiel des indicateurs déjà contenus dans le BIP 40[15]. Finalement, aucun de ces indicateurs

13 Même entretien.

14 Même entretien.

15 Proposé par le Réseau d'Alerte sur les Inégalités, le Baromètre des Inégalités et de la Pauvreté comporte dix dimensions sociales résumées par des indicateurs largement invisibilisés dans le débat public. L'expression « BIP 40 » est une référence explicite au CAC 40 dont les évolutions sont régulièrement commentées par les médias alors qu'elles n'ont qu'une influence très indirecte sur l'existence des citoyens. L'indicateur de Santé Sociale est construit sur la base de ces dix indicateurs, mais y ajoute deux dimensions : les liens sociaux et les liens interindividuels.

n'apparaît dans la formulation de l'unique article de loi qui sera voté en 2015 **(Tableau n° 1).**

Tableau n° 1 : différences entre la première proposition de loi déposée par Éva Sas et la loi finalement adoptée en 2015

	Proposition de loi organique n° 1628, enregistrée le 11 décembre 2013	Loi n° 411-2015 adoptée le 13 avril 2015
Type de loi	Organique	Ordinaire
Mise en œuvre prévue	Modification de la LOLF*	Demande de rapport
Mention d'indicateurs spécifiques	Oui	Non

Source : tableau réalisé par l'auteur

** Les dispositions contenues dans la proposition de loi organique n° 1628 concernaient à proprement parler la loi de programmation des finances publiques, mais le but de l'opération était bel et bien de transformer la mise en œuvre de la LOLF. Entretien réalisé avec l'assistant parlementaire d'Éva Sas, déjà cité.*

Lorsque nous interrogeons Éva Sas comme son collaborateur, l'une comme l'autre justifient l'absence d'une liste explicite d'indicateurs dans le texte de loi. Trois arguments distincts sont mobilisés. Stratégiquement, il s'agissait tout d'abord de « ne pas prendre le risque de la stagnation du débat sur "quels indicateurs" ? Un risque fort au sein de l'Assemblée nationale[16] ». Le binôme se trouve confronté au risque, réel, que s'ouvre un débat sans fin au sujet d'un nouvel outil d'action publique dont le contenu comme l'usage potentiel restent encore très étrangers à la culture parlementaire. Le risque aurait été que le débat reste confiné à la commission des lois, et n'ait de ce fait aucun retentissement particulier auprès de l'ensemble des parlementaires, sous-politisant dès lors la mesure législative là où la députée cherche au contraire à utiliser l'hémicycle comme caisse de résonance (Lascoumes, *op. cit.*). Un second argument est invoqué pour justifier cette suppression des quatre indicateurs, placé cette fois-ci non sur le plan stratégique, mais sur le plan de la légitimité politique : « Est-ce aux parlementaires de choisir ces indicateurs[17] ? » Peut-être valait-il mieux proposer un débat public sur les indicateurs à retenir. Cet argument sera fondamental dans le cadre de la seconde proposition de loi. Enfin, un troisième argument concerne ici l'instabilité des indicateurs dans le temps, qui reprend le raisonnement formulé par l'administratrice de l'Assemblée nationale lors de l'entretien réalisé avec elle : si les indicateurs ne sont pas stables, si « la

16 Collaborateur parlementaire d'Éva Sas, même entretien.

17 Même entretien.

doctrine évolue », doit-on les graver dans la loi ? Ces préoccupations d'ordre stratégique, moral et technique viennent ici se renforcer mutuellement.

La trajectoire de cet argument permet de souligner la pertinence d'une analyse configurationnelle. En effet, avant que la députée et son collaborateur ne le reprennent à leur compte, celui-ci leur est présenté par l'administratrice, après consultation des personnes auditionnées dans le cadre du dépôt de la proposition de loi organique. Autrement dit, le poids de l'expertise des acteur·rice·s techniques et institutionnel·le·s qui entourent la députée influe de toute évidence sur sa propre analyse de la situation. Le rapport de force politique qui oppose une députée minoritaire à une majorité parlementaire et à un Gouvernement de même couleur politique se déplace ici sur le terrain technicisé du droit et se voit rejoué entre celle-ci et des haut·e·s fonctionnaires détenteur·rice·s d'une compétence juridique forte en matière de Finances publiques.

La confrontation d'une élue « profane » à des « expert·e·s » chargé·e·s de dire le possible et l'impossible sur le plan juridique

Début 2014, le passage de la première proposition de loi devant la commission des lois impliquait que des auditions soient réalisées pour appuyer le rapport parlementaire. Un temps très court est imparti à l'administratrice de l'Assemblée nationale pour mener à bien ces auditions. Nécessaires sur le plan règlementaire, ces dernières nous sont présentées par la haute fonctionnaire comme une occasion de consulter la « doctrine économique » sur le sujet des nouveaux indicateurs de richesse. L'administratrice reçoit le dossier à la mi-décembre pour un passage en commission des lois le 14 janvier. Le 8 janvier 2014, elle consulte le « conseiller auprès du ministre de l'Économie qui était chargé de la macro-économie et des finances publiques »[18], la « responsable à l'INSEE [Institut National de la Statistique et des Études Économiques] du suivi de la commission sur la mesure de la performance économique et du progrès social », le « sous-directeur des politiques sectorielles à la direction générale du Trésor », la « conseillère parlementaire du ministre de l'Économie et des Finances », et le « conseiller parlementaire du ministre délégué au Budget ».

18 Le nom des personnes auditionnées est ici anonymisé. L'énoncé de leur fonction suffit à saisir la dimension experte de leur intervention dans le jugement sur la proposition de loi et à saisir de quel type d'expertise il s'agit là.

Toutes et tous disposent d'une réelle expertise tant sur le plan de la statistique que sur le plan du droit.

Néanmoins, aucun·e n'est à proprement parler expert·e de la question des nouveaux indicateurs de richesse, à l'exception notable de la statisticienne de l'INSEE. Ainsi, Jean Gadrey et Florence Jany-Catrice, les économistes à l'origine de l'idée même des nouveaux indicateurs, ne sont pas consulté·e·s. Si leur nom apparaît dans le rapport parlementaire qui justifie la proposition de loi, leur expertise n'est pas prise en compte dans le cadre de l'écriture législative proprement dite. Ce sont donc d'abord des considérations d'ordre technique et relatives au droit qui priment. Les expert·e·s en question peuvent se prévaloir d'une compétence technique et d'une habitude du jeu juridico-institutionnel qui échappent à la députée nouvellement élue et à son jeune collaborateur parlementaire.

Cette asymétrie entre élue et experts techniques est redoublée lors de la négociation d'une nouvelle formulation juridique avec les conseiller·e·s du Gouvernement : elle aura une incidence directe sur le contenu du second texte proposé par la députée. Durant cette phase, la députée doit échanger avec le Gouvernement afin d'atteindre un consensus sur la formulation potentielle d'un nouveau texte à présenter l'année suivante. Ce n'est pas avec les ministres elles·eux-mêmes que·la députée est en contact direct, mais avec les conseiller·e·s techniques du Premier ministre et du ministre des Finances. L'expertise « technique » s'oppose ici à la légitimité « politique », au profit de la première. La maîtrise technique des enjeux est déterminante dans l'interaction, notamment sur le plan juridique. Dès lors, l'enjeu se déplace : c'est moins la pertinence des indicateurs alternatifs qui est mise en discussion que la faisabilité de la procédure proposée par la députée.

Cette configuration vient incarner le déroulement concret de l'équilibre des pouvoirs entre législatif et exécutif sous la Ve République (Rousselier, 2015 ; Lecomte, 2021). Elle est caractéristique du type de relations qu'entretiennent Parlement et Gouvernement dans la fabrique de la loi (Bloquet et Lecomte, 2019) : l'ouverture de la « boîte noire » parlementaire et l'analyse du rôle des spécialistes du droit dans le processus d'écriture législative font s'interroger en particulier sur le brouillage de la frontière entre technique et politique.

D'une proposition de loi à l'autre : un rapport pour évaluer les politiques publiques à l'aune des nouveaux indicateurs de richesse

Cette dernière négociation avec les conseiller·e·s du Gouvernement aboutit finalement à la rédaction d'une nouvelle formulation de texte de loi. Dès le début de l'année 2014, un brouillon écrit est proposé qui intègre les recommandations formulées lors des auditions ainsi que les accords passés avec le Gouvernement. Le 21 janvier 2014 à 17 h 17, le collaborateur parlementaire d'Éva Sas reçoit de la part d'un conseiller ministériel[19], le courriel suivant :

> « Voici notre proposition de ce que pourrait être une PPL ordinaire sur le sujet qui nous occupe. [...] Est annexé au projet de loi de finances un rapport présentant une analyse sur longue période des indicateurs de qualité de vie et de développement durable, ainsi qu'une évaluation qualitative de l'impact du projet de loi de finances au regard de ces indicateurs. À très bientôt. »

À ce courriel fait suite un court texte qui suggère une formulation pour la future proposition de loi. Le texte est presque intégralement repris dans la proposition de loi mise aux voix l'année suivante. Celle-ci est votée par le Parlement et publiée au Journal officiel le 14 avril 2015. Ici donc, l'interpénétration entre les actions des membres de l'exécutif et du législatif est particulièrement évidente **(Encadré n° 4).**

Le terme « nouveaux indicateurs de richesse » est donc maintenu et c'est une loi de demande de rapport qui est votée. L'administratrice propose que la parution du rapport soit demandée chaque année au début du mois d'octobre — soit la semaine où débutent la procédure budgétaire et le débat parlementaire autour du projet de loi de finances du Gouvernement. Ainsi, l'information relative aux nouveaux indicateurs de richesse est mise en valeur dans un texte dissocié du RESF (Rapport Social, Économique et Financier) qui accompagne le PLF (Projet de Loi de Finances) remis par le Gouvernement au Parlement chaque année.

Néanmoins, si des exemples d'indicateurs sont donnés dans le texte, aucune liste n'est fixée *a priori*. Ce sera donc au Gouvernement de déterminer quels sont les indicateurs à partir desquels son action sera évaluée[20]. De la même

19 Anonymisé.

20 La même année, une liste d'indicateurs est définie à l'issue d'une collaboration entre France Stratégie et le Conseil économique, social et environnemental. Les indicateurs retenus sont au nombre de dix et s'écartent très nettement de ce que préconisait Éva Sas, tout comme les économistes dont elle s'est

manière, c'est au Gouvernement de désigner les rapporteur·se·s chargé·e·s de réaliser l'évaluation des politiques publiques à partir des indicateurs retenus. Autrement dit, le texte présente un degré de contrainte bien plus faible que celui de la proposition de loi organique formulée l'année précédente.

La députée écologiste se montre néanmoins satisfaite d'être parvenue à faire voter une loi sur cette thématique et publie sur son blogue un article au titre enthousiaste : « De nouveaux indicateurs pour un nouveau modèle de développement : la proposition de loi adoptée ! » (Sas, 2015). De son point de vue, il s'agit d'un relatif succès dans la mesure où la loi est adoptée et où le terme de nouveaux indicateurs de richesse fait son entrée dans le corpus juridique français[21]. Sur le plan du jeu parlementaire, la députée parvient à se positionner sur cette thématique, associant dès lors cette dernière à la formation EELV. Si le texte ne représente pas véritablement une rupture significative dans le domaine de l'action publique, il donne néanmoins naissance à un outil nouveau et fait évoluer le droit public. C'est un « petit pas[22] » qui fait avancer la prise en compte de la thématique dans la sphère politico-administrative.

Conclusion

Le processus d'écriture de la loi sur les nouveaux indicateurs de richesse permet de saisir les spécificités d'un déplacement sur le terrain du droit de la contestation de l'ordre budgétaire en place. Il s'agit pour la députée Éva Sas de revaloriser les finalités sociale et environnementale de l'action budgétaire, face à une conception restrictive de la performance des politiques publiques. Elle conçoit une stratégie qui mêle la puissance argumentative des chiffres et la force contraignante du droit. Néanmoins sa stratégie initiale s'avère bientôt inopérante, et l'usage du droit, qu'elle envisageait comme une ressource dans son entreprise, se révèle rapidement un obstacle.

inspirée. On trouve par exemple un indicateur d'endettement (public, privé, et des ménages), un indicateur d'investissement dans la recherche et développement, ou bien un indicateur de décrochage scolaire. Pour une analyse plus détaillée de ces transformations, voir notre article « D'un savoir économique critique à un instrument d'action publique inoffensif : les usages des nouveaux indicateurs de richesse et leurs métamorphoses » dans la *Revue Française de Socio-Économie* (Pagnon, article à paraître).

21 Éva Sas, entretien déjà cité.

22 Administrateur du Conseil économique, social et environnemental, entretien déjà cité.

Encadré n° 4 : la loi n° 2015-411, « visant à la prise en compte des nouveaux indicateurs de richesses dans la définition des politiques publiques »

Le Gouvernement remet annuellement au Parlement, le premier mardi d'octobre, un rapport présentant l'évolution, sur les années passées, de nouveaux indicateurs de richesse, tels que des indicateurs d'inégalités, de qualité de vie et de développement durable, ainsi qu'une évaluation qualitative ou quantitative de l'impact des principales réformes engagées l'année précédente et l'année en cours et de celles envisagées pour l'année suivante, notamment dans le cadre des lois de finances, au regard de ces indicateurs et de l'évolution du produit intérieur brut. Ce rapport peut faire l'objet d'un débat devant le Parlement.

Contrainte de se conformer à des usages institutionnels qu'elle ne connaît pas, elle se voit forcée de recourir à une compétence juridique inégalement distribuée dans le champ politique. Selon qu'un·e élu·e appartient à une formation politique minoritaire ou majoritaire, est membre du Gouvernement ou du Parlement, elle ou il ne dispose pas du même accès à l'infrastructure institutionnelle des expert·e·s du droit. Primo-députée d'une formation politique minoritaire au Parlement, ne disposant pas elle-même d'une connaissance juridique extensive, Éva Sas dépend de l'expertise des acteur·rice·s qui l'entourent. Face aux haut·e·s fonctionnaires de l'Assemblée nationale et aux conseiller·e·s techniques du Gouvernement, elle revoit son ambition initiale et réduit l'ampleur du texte de loi qu'elle propose. C'est finalement une loi de demande de rapport qui sera votée en 2015 : les nouveaux indicateurs de richesse font donc leur entrée dans le corpus juridique français, sans pour autant modifier substantiellement la procédure budgétaire de l'Assemblée nationale.

Bibliographie

Ouvrages

Bezès, Philippe et Siné, Alexandre (dirs) (2011), *Gouverner (par) les Finances Publiques*, Paris, Presses de Sciences Po.

Boelaert, Julien ; Michon, Sébastien et Ollion, Étienne (2017), *Métier : député. Enquête sur la professionnalisation de la politique en France*, Paris, Raisons d'Agir.

Demazière, Didier et Le Lidec, Patrick (dirs) (2014), *Les mondes du travail politique. Les élus et leurs entourages,* Rennes, Presses universitaires de Rennes.

Desrosières, Alain (2014), *Prouver et Gouverner. Une analyse politique des statistiques,* Paris, La Découverte.

Foucault, Michel (1971), *L'ordre du discours,* Paris, NRF.

Gadrey, Jean et Jany-Catrice, Florence (2005), *Les nouveaux indicateurs de richesse,* Paris, La Découverte.

Gill, Stephen et Cutler, Claire (dirs) (2014), *New Constitutionalism and World Order,* New York, Cambridge University Press.

Goody, Jack (1979), *La raison graphique. La domestication de la pensée sauvage,* Paris, Les Éditions de Minuit.

Leroy, Marc (2007), *Sociologie des Finances Publiques,* Paris, La Découverte.

Ollion, Étienne (2021), *Les candidats. Novices et professionnels en politique,* Paris, Presses Universitaires de France.

Rousselier, Nicolas (2015), *La Force de gouverner. Le pouvoir exécutif en France, XIXe-XXIe siècles,* Paris, Gallimard.

Siné, Alexandre (2006), *L'ordre budgétaire. L'économie politique des dépenses de l'État,* Paris, Economica.

Chapitres d'ouvrage

Gadrey, Jean (2006), « Les conventions de richesse au cœur de la comptabilité nationale » *in* François Eymard-Duvernay (dir.), *L'économie des conventions, méthodes et résultats,* Paris, La Découverte, p. 311-324.

Milet, Marc (2018), « Le Parlement et la loi : un "fond d'écran" d'action publique ? », *in* Olivier Rozenberg et Éric Thiers (dirs), *Traité d'études parlementaires,* Bruxelles, Bruylant, p. 467-500.

Torny, Didier (2011), « L'écriture administrative des circulaires : autorégulation professionnelle, produit d'expertise technique ou norme juridique ? », *in* Christian Bessy, Thierry Delpeuch et Jérôme Pélisse (dirs), *Droit et régulations des activités économiques : perspectives sociologiques et institutionnalistes,* Paris, LGDJ, p. 255-268.

Articles

Bloquet, Claire et Lecomte, Damien (2019), « La coordination du travail législatif : pour ouvrir (enfin) la boîte noire parlementaire », *Revue française d'administration publique,* vol. 171 (3), p. 713-726.

Bonnaud, Laure et Martinais, Emmanuel (2013), « Écrire la loi. Un travail de bureau pour hauts fonctionnaires du ministère de l'Écologie », *Sociologie du travail*, vol. 55 (4), p. 475-494.

Chevallier, Jacques (2011), « La place de l'administration dans la production des normes », *Droit et société*, vol. 79 (3), p. 623-636.

Dobry, Michel (1986), « Le jeu du consensus », *Pouvoirs*, vol. 38, p. 47-66.

Gayon, Vincent (2016), « Écrire, prescrire, proscrire. Notes pour une sociogénétique de l'écrit bureaucratique », *Actes de la recherche en sciences sociales*, vol. 213 (3), p. 84-103.

Jany-Catrice, Florence et Zotti, Rabih (2009), « La santé sociale des territoires. Un indicateur de santé sociale pour les régions françaises », *Futuribles*, vol. 350, p. 65-88.

Lascoumes, Pierre (2009), « Les compromis parlementaires, combinaisons de surpolitisation et de sous-politisation. L'adoption des lois de réforme du Code pénal (décembre 1992) et de création du Pacs (novembre 1999) », *Revue française de science politique*, vol. 59 (3), p. 455-478.

Milet, Marc (2010), « Pour une sociologie législative du pouvoir des parlementaires en France », *Revue française d'administration publique*, vol. 135 (3), p. 601-618.

Nay, Olivier (2003), « Le travail politique à l'Assemblée. Note sur un champ de recherche trop longtemps déserté », *Sociologie du travail*, vol. 45 (4), p. 537-554.

Ogien, Albert (2010), « La valeur sociale du chiffre. La quantification de l'action publique entre performance et démocratie », *Revue française de Socio-Économie*, vol. 5 (1), p. 19-40.

Page, Edward C. (2011), « Le fonctionnaire en tant que législateur : l'élaboration du droit par l'administration britannique », *Droit et société*, vol. 79 (3), p. 637-665.

Rozenberg, Olivier et Kerrouche, Éric (2009), « Retour au parlement », *Revue française de science politique*, vol. 59 (3), p. 397-400.

Thèses

Bloquet, Claire (2021), *Aux marges du Palais : La Délégation aux Droits des Femmes. Contribution à une sociologie de l'Assemblée nationale et du travail législatif*, Thèse de doctorat en Science politique, Paris, Université Paris-1.

Lecomte, Damien (2021), *L'abdication du Parlement. Fait majoritaire et discipline partisane à l'Assemblée nationale sous la Ve République*, Thèse de doctorat en Science Politique, Paris, Université Paris-1.

Rapports

Commission des finances, du contrôle budgétaire et des comptes économiques de la nation (2005), *Rapport d'information fait au nom de la commission des finances, du contrôle budgétaire et des comptes économiques de la nation sur les objectifs et les indicateurs de la LOLF*, Paris, Sénat.

Sources en ligne

Assemblée nationale (2014), « Assemblée nationale. XIVe législature. Session ordinaire de 2013-2014. Compte rendu intégral. Deuxième séance du jeudi 23 janvier 2014 » [dossier législatif de la proposition de loi organique n° 1628], <https://www.assemblee-nationale.fr/14/cri/2013-2014/20140142.asp>.

Sas, Éva (2014), « Quelle voie entre croissance et bien-être ? – La prise en compte des nouveaux indicateurs de richesse » [article de blogue], *Alternatives Économiques*, 15 octobre.

Sas, Éva (2015), « De nouveaux indicateurs pour un nouveau modèle de développement : la proposition de loi adoptée ! » [article de blogue], *Alternatives Économiques*, 2 mars.

Félicien Pagnon est docteur en sociologie de l'université Paris-Dauphine-PSL et chercheur postdoctoral à la Kedge Business School. Ses recherches portent sur les indicateurs alternatifs au PIB et les controverses qui entourent leur production comme leurs usages. Il a récemment publié <http://www.pse-journal.hr/upload/files/pse/2019/4/5.pdf>.

felicien.pagnon@sciencespo.fr

Lectures critiques

POLITIQUE EUROPÉENNE
N° 79 | 2023
Christakis Georgiou
p. 216-221

Federico Fabbrini, *EU Fiscal Capacity. Legal Integration After Covid-19 and the War in Ukraine*, Oxford, Oxford University Press, 2022.

Christakis Georgiou
Université de Genève

There is a considerable literature on the politics of Economic and Monetary Union (EMU) and a new wave of such scholarship is now coming into full swing, focusing on post-2020 developments and in particular the significance of Next Generation EU (NGEU). Although the literature is dominated by economists and political scientists, legal scholars are also part of the trend. Federico Fabbrini is one of them. This is his second book on the subject. The previous one from 2016[1] looked at legal developments spawned by the Eurozone crisis. *EU fiscal capacity* builds on that earlier effort to zoom in on NGEU and examine the prospects it opens up for a permanent EU fiscal capacity.

His latest book provides a general overview of legal developments around the issue of a EU fiscal capacity. It is well structured with a chapter surveying the pre-2020 policy debate on a Eurozone budget and then four others on the different dimensions of NGEU and the debate on a permanent EU fiscal capacity, including in the context of the war in the Ukraine.

The book offers very good and concise summaries of the subtle legal and governance differences between the various proposals. Fabbrini shows that the proposal that emerged in February 2020 from the process of intergovernmental bargaining that followed Macron's Sorbonne speech (the Budgetary Instrument for Convergence and Competitiveness (BICC), more colloquially known as the Eurozone budget) was legally hybrid. Its governance structure

1 *Economic Governance in Europe: Comparative Paradoxes and Constitutional Challenges*, Oxford University Press.

would be based on a Council regulation and its revenues on an Intergovernmental Agreement. In contradistinction, NGEU is fully integrated into the EU legal order. The BICC was similar in legal design to the European Stability Mechanism, whereas NGEU follows the blueprint of the European Financial Stabilisation Mechanism. The two have the same legal base, namely 122 TFEU, and operate in the same manner, in that the Commission borrows on the capital markets with the guarantee of the EU budget.

Fabbrini also clarifies the complex legal architecture of NGEU itself, listing no less than six distinct legal texts (two Council regulations, one Council decision, two Regulations of the Parliament and Council and one Interinstitutional Agreement, see table 4.1 p. 70) that were necessary for the scheme to take shape. This allows him to show that the Parliament, although not entirely sidelined (the Regulation establishing the Recovery and Resilience Facility that defines the governance of NGEU was adopted by ordinary legislative procedure as was the Regulation establishing the general regime of rule-of-law conditionality) was still at the margins of the process, since the Regulation establishing the scheme was adopted by special legislative procedure while its resources were set in the Own Resources Decision (ORD). The ORD is not only decided by unanimity but must also be ratified by each one of the legislatures of the member states.

Finally, the book also identifies very well the political stakes by focusing on the Italian National Recovery and Resilience Plan. Italy alone stands to receive slightly less than a third of NGEU's resources and the success or failure of its National Recovery and Resilience Plan (NRRP) will define the mood in which the debate on what happens after NGEU will take place. If the Italian NRRP is a "success", the political mood will be much more favourable to a permanent fiscal capacity than otherwise.

All of this is useful but in no way path-breaking. What really makes the book stand out is its normative dimension. "A roadmap for the EU", in pages 137-143, is the most relevant section in that regard. Fabbrini cogently argues that the post-2020 developments (in which he includes the socio-economic consequences of the war in the Ukraine) make it imperative for the EU to use NGEU as a blueprint for a permanent fiscal capacity and, crucially, that such a prospect would require Treaty revisions to democratically legitimise such a capacity. By a permanent fiscal capacity, Fabbrini means a EU budget that is several times the size of the existing budget, that is funded by borrowing backed by the EU budget and that relies on new EU taxes to service the accumulated EU debt. Indeed, as Fabbrini clearly shows, the Interinstitutional Agreement of 16 December 2020 on new own resources commits the EU's institutions to work towards defining new EU taxes for the EU budget and rules out increased member state contributions. These are NGEU's features that to his mind constitute a paradigm change in relation to the Multiannual Financial Framework (MFF). By democratic legitimation of a permanent EU fiscal capacity, Fabbrini means moving away from unanimity in the Council and bringing the European Parliament into the decision-making loop. The Parliament's full inclusion is seen as the key constitutional change.

Fabbrini's basic argument for linking the prospect of a permanent fiscal capacity to constitutional reform goes something like this: NGEU finally introduces the EU fiscal capacity that is necessary to remedy EMU's asymmetric design, by which he means the mix of a centralised monetary policy and decentralised fiscal policy. In so doing, it crowns a ten-year bargaining process and demonstrates that the EU's constitutional order as it is can accommodate such a capacity and that such a capacity is a step forward. But the unanimity requirement hampers the EU's ability to flexibly and efficiently use its fiscal capacity now that it has discovered it has one. Therefore:

> "the growing economic integration resulting from the EU post-Covid-19 recovery plan – and the prospect of further consolidation of a fiscal capacity in the EU in response to the war in Ukraine – push in favour of a rethinking of the EU constitutional set-up. This can only be addressed through a series of reforms which match the new EU substantive taxing and spending powers with novel institutional mechanisms of democratic legitimacy and accountability at that same level of government." (page 143)

I fully share Fabbrini's argument[2]. Although he does not cite any of his works, Fabbrini's argument echoes Berthold Rittberger's theory of the democratic spillover as the mechanism explaining the gradual empowerment of the European Parliament (EP)[3]. In a nutshell, Rittberger argues that because the prevailing understanding of liberal democracy among European elites has been that of parliamentary democracy since the end

2 I have made the same argument in"Federal Fiscal Capacity and the Challenge of the Green Transition in the EU", *Journal of European Integration*, online first, <https://www.tandfonline.com/doi/full/10.1080/07036337.2023.2201699>.

3 *Building Europe's Parliament: Democratic Representation Beyond the Nation State*, Oxford University Press, 2005.

of World War 2, every time integration took place, political pressure built up to empower the EP so that the powers of directly elected legislatures would not be diminished due to the transfer of power to the European level. There is no space here to explore whether the argument holds for the case of a permanent EU fiscal capacity positively, not just normatively. I nonetheless wish to attract the reader's attention to the potentially huge political implications of such a development. A EU with the capacity to raise taxes that would be democratically decided by ordinary legislative procedure would most definitely cease to be a "regulatory polity" (the term coined by Majone in the 1990s) and move squarely into the realm of "mature" federal polities. The party system would be restructured, EP elections would cease to be second-order elections, and voters would no longer wonder "what has the EU ever done for me?" A new political era in the history of the EU would be ushered in.

Beyond this key contribution of the book, there are several secondary points made by Fabbrini that offer important insights. Most prominently, Fabbrini argues that Brexit has been an enabling factor of post-2020 developments and helps explain why NGEU moved away from the Eurozone-only format of pre-2020 negotiations. British governments insisted stridently during the Eurozone crisis that the Eurozone's problems should be dealt with at that level and not involve EU fiscal resources in any shape or form. This was in line with the UK's perennial and uncompromising opposition to anything remotely moving in the direction of greater fiscal powers for the EU. It is inconceivable that any British government would have agreed in 2020 to a scheme like NGEU. Consequently, Brexit is indirectly leading to de-differentiation in the integration process. This is a welcome corrective to the trend among political scientists[4] of seeing a pervasive process of differentiated integration since the Eurozone crisis.

Despite these strengths, the book at times overplays the constitutional novelty represented by NGEU. Hence, despite convincingly showing early on that the Treaties do create a EU fiscal competence and that NGEU was fully legal and fully within the EU legal order, Fabbrini writes at various places that the EU "acquired" new fiscal powers of borrowing, taxing and spending. It may be the case that NGEU represents a paradigm change in relation to the MFF,

4 See for example the special issue of *Journal of European Public Policy*, vol. 22, issue 6, 2015, on "Differentiated integration in the European Union" and Frank Schimmelfennig and Thomas Winzen "Grand theories, differentiated integration", in *Journal of European Public Policy*, vol. 26, issue 8, 2019.

but "acquiring new fiscal powers" would point to a constitutional revision creating novel powers – plainly not the case. The EU has been raising taxes since the completion of the customs union in 1968 and the Commission made a foray made a foray into borrowing on capital markets in the 1970s in the context of the oil crisis. Again, in 2010, it briefly went back to the markets through the European Financial Stabilisation Mechanism (EFSM) – the very legal precedent on which NGEU is based. If there is paradigm change in fiscal terms, that is in terms of the overall fiscal regime of the EU – not in constitutional terms.

There are a few other points to take issue with. At various places, Fabbrini proposes using the *passerelle* clause (48/7 TEU) to revise 311 TFEU (the article governing the revenue side of the EU budget). As a reminder, the *passerelle* clause allows the European Council to decide (by unanimity) to introduce the ordinary legislative procedure for those policies currently governed by special legislative procedure. However, article 353 TFEU explicitly precludes the use of the *passerelle* clause for article 311 TFEU. Clearly, the drafters of the treaties considered that granting full fiscal powers to the EU (i.e. allowing it to raise revenue and spend using the ordinary legislative procedure) would entail the full political legitimation of a Convention.

Elsewhere, Fabbrini argues that 113 TFEU (harmonisation of indirect taxation) should be revised and brought under the ordinary legislative procedure. I see no reason for this. Building a EU fiscal capacity is unrelated to harmonising the fiscal policies of member states themselves. Capacity and regulation are two distinct ways of building a EU fiscal regime[5]. In my view, the politically optimal solution is to grant full fiscal powers to the EU and allow the EU budget to grow substantially as a condition for doing away with attempts at coercively coordinating member state fiscal policies (starting with the Stability and Growth Pact). I also see no reason for arguing that it is necessary to "introduce a new EU power to set direct taxation" (p. 143). The EU already has that power in that there are no limitations written in the treaties on the kinds of own resources that can be levied to fund the EU budget. The Council can legally decide as part of the Own Resources Decision to levy a corporate income tax for example.

Consequently, it seems to me that the necessary constitutional revision for implementing the programme Fabbrini proposes in his book must focus

5 Christakis Georgiou "Regulation of capacity for the EU's fiscal future? From the Werner and McDougall reports to the current conjuncture", *Global Studies Institute working papers 2023/01.*

on articles 310-312 TFEU, namely the articles that govern the way decisions about the EU budget are made. Article 310 TFEU includes the phrase "The revenue and expenditure shown in the budget shall be in balance." This is interpreted as meaning that the EU budget cannot be in deficit. The EFSM and NGEU are proof that the obstacle can be circumvented in exceptional circumstances, but if the EU is going to run a permanent counter-cyclical budget and borrowing capacity for stabilisation purposes, it just makes no sense to keep that language in the treaties. To put it simply: the article needs to be revised to clarify that the EU budget can be in deficit under normal circumstances. Article 311 lays down that the Own Resources Decision (ORD) is decided by unanimity in the Council (and ratified by member state legislatures) with only the prior consultation of the Parliament whereas 312 TFEU lays down that the MFF is decided by unanimity in the Council after obtaining the Parliament's consent. Both these articles simply need to be brought under the ordinary legislative procedure. The only caveat in this respect is that article 311 should specify that member state contributions shall hereafter be excluded from the list of own resources that can be decided by ordinary legislative procedure. The constitutional conflict that would ensue in case the EU decides that member states should increase their transfers to the EU budget would risk blowing the Union apart – and would not respect the principle that each jurisdiction should be fiscally sovereign.

POLITIQUE EUROPÉENNE
N° 79 | 2023
Karim Fertikh
p. 222-225

Amandine Crespy, *The European Social Question. Tackling Key Controversies*, New Castle, Agenda Publishing, 2022.

Karim Fertikh
Université de Strasbourg (IUF)

Dans ce manuel, Amandine Crespy offre une vue synthétique des travaux relatifs à l'Europe sociale, champ qui s'est progressivement constitué et autonomisé au sein des *European studies*. L'écriture renouvelée de cet ouvrage cerne cette thématique en dépliant neuf controverses qui permettent de porter un regard neuf sur l'Europe sociale. Mettant à distance tout normativisme, le parti-pris constructiviste de l'ouvrage fait de l'Europe sociale une expression recouvrant un patchwork de procédures et d'instruments plutôt qu'un ensemble cohérent de politiques publiques.

Dès -les premiers chapitres, Amandine Crespy aborde les questions qui fâchent, comme celle de savoir si l'Union européenne est un acteur important en matière de politique sociale, si c'est à la faiblesse des groupements intéressés par l'existence d'interventions sociales de l'UE que l'on doit la fragilité relative des politiques de l'UE dans ce domaine ou celle de savoir si l'Europe sociale n'est pas un projet politique du passé (chapitres 2 à 4). Elle montre ainsi que plutôt que comme une progression incrémentale, le patchwork de l'Europe sociale peut être décrit comme un gruyère normatif, ouvert à tous les *opt-outs*. Les acteurs qui, dans d'autres domaines, ont cranté les « avancées » du droit européen ne l'ont pas fait en matière de politique sociale où, par exemple, la Cour de Justice se montre sensible aux contextes politiques – critique du « tourisme social », néolibéralisme – et prompte aux revirements de jurisprudence.

Dans les chapitres suivants (5 à 7), l'ouvrage plonge un regard sans concession sur les grands « instruments » de l'Europe sociale, le dialogue social, les méthodes ouvertes de coordination et les politiques de libéralisation. Alors qu'il s'agit de domaines souvent présentés avec un grand formalisme, Amandine Crespy restitue de manière saisissante la littérature scientifique, rappelle les espoirs investis en eux par des générations successives d'acteurs et d'universitaires et rend compte des conflits qui ont *in fine* miné le dialogue social et les méthodes ouvertes de coordination . Pour résumer un raisonnement fin et informé, le dialogue social aurait ainsi conduit à une délégation impossible du pouvoir législatif à des acteurs syndicaux dont les initiatives ont sans cesse été enrayées. Les méthodes ouvertes se seraient vues largement limitées à une politique des bonnes intentions en raison de contradictions politiques et de changements de braquet successifs. Ces méthodes auraient néanmoins amorcé le renforcement d'un pouvoir administratif sans force de rappel démocratique. Après la crise grecque et sa prise en charge controversée, l'auteure montre que l'Union européenne n'apparaît plus comme un guichet de la justice sociale. Les deux derniers chapitres portent sur les questions de redistribution et les perspectives futures, ouvertes par le Brexit, le Covid et la transition écologique. Ces différents points sont abordés avec distance, soulignant ainsi la difficulté des instruments forgés pour la transition environnementale à prendre en charge aussi les questions de justice sociale.

D'un manuel, l'ouvrage a les qualités que l'on ne trouve que dans les meilleurs exemples du genre : l'esprit synthétique, cartographique presque, l'ampleur de la culture scientifique de l'auteure, l'usage de références à des travaux empiriquement ancrés, le talent pédagogique. Il se caractérise aussi par le soin qu'il apporte à présenter aussi bien les courants d'analyse que leurs principaux résultats. Cet ouvrage est exempt, par ailleurs, des partis-pris presque moraux qui sont légion dans la recherche sur cette question. Cela évite de confronter les réalisations de l'Union européenne à un projet d'Europe sociale qu'on ne saurait délimiter précisément. Il échappe aussi, le plus souvent, au formalisme aride, presque ésotérique, dont sont faits beaucoup des ouvrages consacrés à la question de l'Europe sociale. En effet, Amandine Crespy ne décrit pas simplement des instruments ou des processus ; elle les ploie à des questionnements qui permettent de les voir sous des angles souvent nouveaux.

L'un des points forts de l'ouvrage est aussi de replacer les politiques sociales dans l'espace institutionnel européen. À de multiples reprises, l'ouvrage insiste sur les rapports de force qui peuvent se nouer au sein de cet espace, notamment la marginalisation des acteurs les plus sensibles aux revendications sociales, comme la Confédération syndicale européenne ou le Parlement européen. L'ouvrage évoque aussi les efforts de certains acteurs (administratifs, syndicaux ou politiques) pour « socialiser » les politiques d'ajustement structurel de la Troïka sans parvenir à en endiguer les effets sociaux catastrophiques. En n'enfermant pas les politiques européennes dans une définition institutionnelle préfabriquée, l'auteure va du reste au-delà de la synthèse. Elle dresse, au fil des pages, de multiples pistes de recherche, initie des questionnements qui n'ont pas encore tous trouvé leur réponse. Faire d'un manuel une œuvre originale : c'est le tour de force de *The European Social Question*. La conclusion esquisse des chemins intéressants. Si elle revient sur l'absence de mécanisme de rappel démocratique du milieu européen, cette conclusion insiste également de manière plus générale sur la force des arrangements bureaucratiques multiniveaux dans la formation des politiques européennes. L'auteure propose alors un parlementarisme renouvelé assurant le contrôle de ce pouvoir administratif international.

En raison de la clarté du propos d'Amandine Crespy, on en vient parfois à se demander ce qui fait tenir ce patchwork qu'est l'Europe sociale, au-delà de traditions académiques ou militantes. En effet, l'ancrage administratif, les formes ou l'ampleur des interventions sont hétérogènes d'un secteur à l'autre, et les ambitions politiques ne sont pas moins éloignées. La direction générale Emploi, par exemple, est bien loin d'être la seule direction impliquée dans les champs de l'Europe sociale et les administrations nationales concernées par l'effort européen de coordination sont elles aussi variables. Du reste, l'ouvrage propose en réalité de multiples définitions de cette « Europe sociale », du « patchwork d'instruments » à une « expression », un « projet » (avorté, abandonné), une « catégorie analytique », etc., ce qui interroge *in fine* la consistance du terme. Si l'on voulait, encore, pousser plus loin les interrogations sociologiques portées par le manuel, ce dernier aurait pu gagner à décomposer le meccano institutionnel, décrire, par exemple, plus précisément la nature de ce syndicalisme européen, donner des indications sur les transformations du personnel administratif européen, en dire plus sur ce que la coordination des administrations veut dire au concret et sur ce qui, dans les trajectoires des coopérations entre administrations nationales, peut expliquer la diversité des formes et des degrés d'institutionnalisation des différentes politiques sociales européennes. Une compréhension de la fabrication des politiques européennes qui rendrait compte des propriétés sociales de ses acteurs pourrait ainsi expliquer certaines transformations mentionnées dans l'ouvrage. Ainsi du déplacement des politiques de lutte contre les discriminations, autrefois cruciales pour les directions générales « sociales »

(p. 31), vers la politique des droits fondamentaux (p. 168) ou plus largement des mécanismes de marginalisation évoqués dans le volume.

POLITIQUE EUROPÉENNE
N° 79 | 2023
Laure Neumayer
p. 226-230

Ramona Coman, *The Politics of the Rule of Law in the EU Polity*, Londres, Palgrave Macmillan, 2022.

Laure Neumayer
Université de Picardie Jules Verne, CURAPP-ESS

Ce livre porte sur la politique de défense de l'État de droit développée dans l'Union européenne (UE) entre 2009 et 2021. Il part d'une affirmation forte : tout comme l'État de droit a façonné la modernité et le processus de formation de l'État dans différents contextes historiques, les controverses actuelles à ce sujet dans l'Union européenne concentrent les défis auxquels se heurtent les tentatives d'établissement d'une communauté politique supranationale. Historiquement, l'État de droit a été invoqué pour protéger les citoyens contre l'arbitraire en imposant des contraintes aux souverains et en organisant la compétition pour le pouvoir. Ramona Coman soutient que ce concept sert des objectifs similaires dans la phase actuelle de développement de l'UE. Alors que le projet européen a été façonné par le droit afin de créer un nouvel ordre juridique pour lequel les États membres ont accepté de limiter leur souveraineté, dans la période post-guerre froide, l'État de droit a joué un rôle central dans la répartition de l'autorité et de la légitimité politique entre les institutions nationales et supranationales au sein de l'UE.

Pour démontrer cette thèse, l'ouvrage se compose de neuf chapitres. Le premier, qui fait office d'introduction, pose le contexte général : le passage d'un consensus sur l'État de droit, idéalisé dans les années 1990, à une contestation accrue depuis les années 2010, portée par un rejet du libéralisme. Les deux chapitres suivants poursuivent cette mise en contexte. Le chapitre 2 discute le concept d'État de droit et le dissensus croissant dont il fait l'objet dans l'UE. Quatre volets de l'État de droit sont distingués : d'une part la légalité, le contrôle et le consentement à l'autorité, qui sont des volets « techniques », et d'autre part un volet « substantiel » qui relève de la protection des droits individuels et collectifs. Trois notions sont ensuite mobilisées pour identifier les différents degrés de conflit au sujet de l'État de droit qui se font jour dans l'UE : le consensus, la contestation et le dissensus. Le consensus est compris comme la capacité à surmonter les conflits par la délibération et la persuasion. La contestation consiste à exprimer des désaccords et des points de vue divergents, sans toutefois remettre en cause les fondements de la démocratie libérale. Le dissensus va au-delà du désaccord et se caractérise par son hostilité au compromis, car les points de vue opposés restent irréconciliables. Si le consensus et la contestation ont façonné le processus d'intégration européenne depuis ses origines, c'est le dissensus au sujet de la démocratie libérale qui a poussé l'UE à créer une nouvelle politique publique dédiée à l'État de droit. Le chapitre 3 situe l'émergence de cette politique dans le processus plus large de constitutionnalisation des valeurs dans les traités, principalement par le biais de l'article 2 et de l'article 7 du TUE. Il rappelle les débats des années 2000 au sujet du succès électoral du parti FPÖ de Jörg Haider en Autriche, qui ont révélé les lacunes procédurales et de légitimité de l'article 7 du TUE.

Le reste de l'ouvrage montre comment chaque institution communautaire a cherché à façonner la politique de l'État de droit depuis 2009. Le chapitre 4 examine la manière dont la Commission a mis en place une série d'outils non contraignants (Semestre européen, Tableau de bord de la justice de l'UE et Cadre de l'État de droit) en mobilisant sa légitimité experte et en défendant une conception plus technique que substantielle de l'État de droit. Les gouvernements polonais et hongrois, mais aussi d'autres États membres au sein du Conseil et certains groupes politiques au Parlement européen (PE), ont contesté ces outils non seulement sous l'angle de leur opportunité politique, mais aussi de leur légalité et de la légitimité de la Commission à intervenir dans ces matières. Le chapitre 5 montre que le PE a usé de ses pouvoirs en adoptant des résolutions sur la démocratie, les droits fondamentaux et l'État de droit dans les États membres de l'UE. Par ses résolutions, l'assemblée a non seulement demandé des comptes à la Commission et au Conseil, mais s'est engagée dans l'élaboration d'une nouvelle architecture de gouvernance. Si les débats sur des situations spécifiques (Hongrie, Pologne en particulier) ont clivé le PE selon des lignes nationales et partisanes, celui-ci a réussi à surmonter les divisions et à défendre une acception substantielle de l'État de droit sur des questions plus générales telles que l'établissement d'un Mécanisme européen sur la démocratie, l'État de droit et les droits fondamentaux.

Le chapitre 6 se concentre sur le Conseil, où l'État de droit a été abordé à reculons depuis 2014 et où la plupart des débats se sont déroulés à huis clos. Les États membres ont endossé différents rôles en tant que promoteurs du consensus, du dissensus et de la contestation. Deux outils principaux ont trouvé une place à l'agenda de l'institution : la mise en place du Dialogue sur l'État de droit et les auditions organisées dans le cadre de l'article 7 du TUE avec la Pologne et la Hongrie. L'auteure insiste sur la réticence du Conseil à traiter de l'article 7 et sur l'évolution contestée du Dialogue sur l'État de droit, passé d'un instrument purement intergouvernemental à un outil impliquant également la Commission. Elle souligne qu'au sein du Conseil, le dissensus a entravé la délibération et la persuasion.

Le chapitre 7 examine la difficile adoption de l'outil le plus récent de l'UE en matière d'État de droit : le Règlement 2020/2092 relatif à un régime général de conditionnalité pour la protection du budget de l'Union. Ce texte proposé en 2018 par la Commission a été soutenu par une large majorité au PE, mais a divisé les États membres au sein du Conseil, qui ont invoqué des arguments politiques et juridiques pour le soutenir ou s'y opposer. Le règlement, adopté grâce à un compromis obtenu de haute lutte par le Conseil européen en décembre 2020, a été attaqué dès mars 2021 devant la Cour de justice de l'UE (CJUE) par les gouvernements polonais et hongrois. En octobre 2021, c'est le PE qui a déposé un recours contre la Commission pour dénoncer l'absence de mise en œuvre de ce texte. Ce chapitre résume les luttes de pouvoir au sein de l'UE pour façonner la politique de l'État de droit et illustre le rôle croissant joué par le Conseil européen dans la prise de décision quotidienne.

Le chapitre 8 examine deux modalités d'engagement de la société civile organisée dans l'élaboration des politiques de l'UE sur l'État de droit : la participation aux consultations organisées par la Commission européenne, et deux Initiatives citoyennes européennes. Ce chapitre montre que ni les participants aux consultations (à quelques exceptions près) ni les groupes à l'origine des Initiatives citoyennes n'ont cherché à réduire le champ d'action de l'UE. S'ils ont soutenu son autonomisation de différentes manières, le dissensus et la contestation prévalaient néanmoins dans les consultations. Le dernier chapitre résume l'argument général de l'ouvrage et les principaux enseignements dégagés par l'auteure.

Un des grands mérites de ce livre consiste non seulement à clarifier le concept polysémique d'État de droit, mais aussi à mettre en cohérence les éléments d'une politique européenne créée de manière fragmentaire, combinant *soft law* et outils contraignants, et faisant l'objet d'attaques frontales récurrentes de la part de certains gouvernements. L'ouvrage restitue les logiques d'un *policy making* multi-situé, obéissant à des chronologies distinctes et relevant de dispositifs institutionnels spécifiques. Sont également mises en avant les interdépendances entre les institutions, qui s'appellent les unes les autres à agir, fondent leurs actions sur les décisions prises par d'autres, s'appuient sur la jurisprudence de la CJUE, etc. Ce qui ressort de l'analyse est le changement de nature de la politique menée : l'Union européenne est passée d'une gouvernance diffuse en matière d'État de droit, élaborée de manière furtive à la faveur de l'élargissement à l'Est et destinée aux États candidats à l'adhésion, faite de *soft law* et d'emprunts à d'autres institutions comme le Conseil de l'Europe, à une palette d'outils plus contraignants et à de nouvelles formes de conditionnalité concernant chaque État membre, dont l'élaboration a donné lieu à des conflits ouverts dans toutes les institutions européennes. La perspective diachronique adoptée par Ramona Coman met particulièrement bien en évidence le « durcissement » et « l'internalisation » de la politique d'État de droit, désormais pleinement ancrée dans le système politico-institutionnel européen.

Quelques regrets peuvent être formulés à l'égard de cet ouvrage globalement très stimulant. En premier lieu, la place secondaire accordée à la Cour de justice interroge, alors que cette institution joue un rôle essentiel dans les dynamiques politiques européennes et que ses arrêts sont mentionnés à de multiples reprises au fil du texte. En outre, à certains endroits, l'analyse des jeux politiques dans les différentes institutions européennes laisse un peu sur sa faim : le travail diplomatique de construction de coalitions au Conseil, les rouages du jeu parlementaire au PE, les négociations au sein du collège des commissaires sont parfois évoqués un peu rapidement, alors que des extraits plus longs des entretiens réalisés par l'auteure avec les acteurs impliqués auraient donné plus de chair à l'analyse et apporté des compléments d'information. C'est sans doute le revers inévitable du choix, par ailleurs très pertinent, consistant à couvrir l'ensemble des institutions impliquées dans la production de cette politique composite. Enfin, la conclusion théorique, qui plaide pour une interprétation intergouvernementaliste des directions actuelles de l'intégration européenne, pose la question de la représentativité du cas étudié : dans quelle mesure l'analyse d'une politique touchant directement au cœur de la souveraineté étatique peut-elle être généralisée à l'ensemble des dynamiques d'intégration ?

Ces quelques remarques témoignent de la grande richesse d'un ouvrage théoriquement charpenté et empiriquement nourri, qui contribue de manière innovante à la réflexion sur l'État de droit dans l'Union européenne, en développant une perspective de science politique qui complète très utilement les travaux déjà menés par de nombreux juristes.

Numéros parus :

- **n° 47** 2015 La construction de l'Autre
- **n° 48** 2015 Les politiques militaires en Europe
- **n° 49** 2015 Varia
- **n° 50** 2015 Faut-il continuer à étudier l'Union européenne ?
- **n° 51** 2016 L'approche globale à la croisée des champs de la sécurité européenne
- **n° 52** 2016 Varia
- **n° 53** 2016 Le fédéralisme européen
- **n° 54** 2016 Gouverner (avec) l'opinion au niveau européen
- **n° 55** 2017 Varia
- **n° 56** 2017 La Politique européenne de la culture
- **n° 57** 2017 Profession : Europe ?
- **n° 58** 2017 L'évolution du processus législatif de l'Union européenne
- **n° 59** 2018 Les parlements des États membres face au(x) défi(s) européen(s)
- **n° 60** 2018 Varia
- **n° 61** 2018 L'Europe en transparence
- **n° 62** 2018 Varia
- **n° 63** 2019 Varia
- **n° 64** 2019 Qu'est-ce que l'Europe politique ?
- **n° 65** 2019 La sécurité intérieure européenne au prisme de la sociologie de l'action publique
- **n° 66** 2019 Narrating "Europe": A Contested Imagined Community
- **n° 67-68** 2020 L'Europe à géométrie variable
- **n° 69** 2020 Varia
- **n° 70** 2020 La politique étrangère européenne face au Brexit
- **n° 71** 2021 Le Parlement européen et la politique de la mémoire : explorer la constellation des acteurs
- **n° 72** 2021 Varia
- **n° 73** 2021 Les turbulences du Brexit
- **n° 74** 2021 Les partenaires sociaux à l'épreuve du genre et de l'intersectionnalité dans l'Union européenne
- **n° 75** 2022 Varia : Ré.analyse, chantiers de recherche et lectures critiques
- **n° 76** 2022 Les asymétries de la guerre froide
- **n° 77** 2022 Varia
- **n° 78** 2022 Varia

Structures éditoriales du groupe L'Harmattan

L'Harmattan Italie
Via degli Artisti, 15
10124 Torino
harmattan.italia@gmail.com

L'Harmattan Hongrie
Kossuth l. u. 14-16.
1053 Budapest
harmattan@harmattan.hu

L'Harmattan Sénégal
10 VDN en face Mermoz
BP 45034 Dakar-Fann
senharmattan@gmail.com

L'Harmattan Cameroun
TSINGA/FECAFOOT
BP 11486 Yaoundé
inkoukam@gmail.com

L'Harmattan Burkina Faso
Achille Somé – tengnule@hotmail.fr

L'Harmattan Guinée
Almamya, rue KA 028 OKB Agency
BP 3470 Conakry
harmattanguinee@yahoo.fr

L'Harmattan RDC
185, avenue Nyangwe
Commune de Lingwala – Kinshasa
matangilamusadila@yahoo.fr

L'Harmattan Congo
219, avenue Nelson Mandela
BP 2874 Brazzaville
harmattan.congo@yahoo.fr

L'Harmattan Mali
ACI 2000 - Immeuble Mgr Jean Marie Cisse
Bureau 10
BP 145 Bamako-Mali
mali@harmattan.fr

L'Harmattan Togo
Djidjole – Lomé
Maison Amela
face EPP BATOME
ddamela@aol.com

L'Harmattan Côte d'Ivoire
Résidence Karl – Cité des Arts
Abidjan-Cocody
03 BP 1588 Abidjan
espace_harmattan.ci@hotmail.fr

Nos librairies en France

Librairie internationale
16, rue des Écoles
75005 Paris
librairie.internationale@harmattan.fr
01 40 46 79 11
www.librairieharmattan.com

Librairie des savoirs
21, rue des Écoles
75005 Paris
librairie.sh@harmattan.fr
01 46 34 13 71
www.librairieharmattansh.com

Librairie Le Lucernaire
53, rue Notre-Dame-des-Champs
75006 Paris
librairie@lucernaire.fr
01 42 22 67 13

www.ingramcontent.com/pod-product-compliance
Lightning Source LLC
LaVergne TN
LVHW011022061026
849535LV00006B/2005
9782140497841